KB245726

현대사를
바꾼
고대사
15장면

# 현대사를 바꾼 고대사 15장면

초판 1쇄 발행 2009년 9월 10일
초판 2쇄 발행 2009년 10월 13일
지은이 | 플루타르코스· 헤로도토스 등 16명
엮은이 | 로시터 존슨
옮긴이 | 정명진
펴낸이 | 정명진
북디자인 | 정다희

펴낸곳 | 도서출판 부글북스
등록번호 | 제300-2005-150호
등록일자 | 2005년 9월 8일
주소 | 서울시 노원구 하계동 279번지 청구빌라 101동 203호
우편번호 | 139-872
전화 | 02-948-7289
팩스 | 02-948-7269
전자우편 | 00123korea@hanmail.net

ISBN 978-89-92307-39-0-03900

# 현대사를 바꾼 고대사 15장면

플루타르코스 외 지음, 로시터 존슨 엮음, 정명진 옮김

# 차례

## 글로벌 시대에 꼭 알아야 할 고대 세계사 상식

냉전 시대 소련에서 이런 농담이 유행했다고 합니다. 어느 청취자가 아르메니아의 한 방송 프로그램에 전화를 걸어 "미래를 예측하는 것이 가능한가요?"라고 물었습니다. 이에 프로그램 진행자의 대답이 이랬답니다. "그럼요. 미래가 어떻게 전개될 것인지는 정확히 알 수 있지요. 문제는 과거입니다. 과거가 자꾸 바뀌고 있으니까 말입니다."

그 시절에만 통하는 조크가 아닌 것이 분명합니다. 지금 우리 사회에서도 과거가 자꾸 바뀌고 있습니다. 정권이 교체될 때마다 교과서 문제로 시끄럽습니다. 이렇듯 과거를 온전한 모습으로 보존하는 것은 애초부터 불가능한 일인지도 모르겠습니다.

한때 언론계에서 일할 때 역사적 사건들을 실제로 목격한 사람들의 말을 빌려 역사를 정리하는 것도 뜻있는 작업이겠다는 생각을 가졌습니다. 물론 목격자들이라고 해서 그 문제에 객관적일 수는 결코 없지만, 그래도 후대 사람들에 의한 왜곡은 덜하다는 판단에서였습니다.

그 뒤 관련 자료들을 뒤지다 그런 취지의 영어책을 찾을 수 있었습니다. 『The Great Events by Famous Historians』라는 책입니다. 인류 문명의 시작에서부터 20세기 초까지, 유명한 역사가들이 굵직한 사건들에 관해 쓴 글을 모은 책입니다. 무려 21권이나 되는 야심작입니다.

이 책을 살피다가 고대사의 많은 사건들이 현대사에 그대로 투영되고 있다는 사실을 확인할 수 있었습니다. 문명의 출현은 말할 것도 없고, 그 뒤의 함무라비 법전, 아테네 건설, 불교의 탄생, 유교의 등장, 로마 공화정의 확립, 예수 그리스도의 처형, 유대인 디아스포라 등이 그런 예였습니다. 그 책에 실린 수많은 사건 중에서 글로벌 시대에 상식이 될 만한 고대의 사건들을 15건 간추린 것이 바로 『현대사를 지배하는 고대사 15장면』입니다. 헤로도토스, 리비우스, 투키디데스, 함무라비 등 우리가 교과서를 통해 익히 알고 있는 고대의 역사학자들이나 정치가를 비롯하여 19세기 후반과 20세기 초반에 활동한 이집트학 전문가 가스통 마스페로 등 후대의 유명한 역사학자들의 글만 모았습니다. 한 마디로 말해 인간의 삶에 지대한 영향을 미친 사건들을 그 분야의 가장 탁월한 역사학자들의 글을 통해 전달하고 있습니다. 저자의 명성과 정확성, 재미를 두루 추구한 기획입니다. 각 장마다 엮은이가 서문을 통해 이해를 돕고 있습니다.

이 책에 소개되는 고대사들은 글로벌 시대를 성공적으로 살고자 하는 현대인에게는 상식이 될 만한 것들입니다. 국내 기업들이 GM과 포드 자동차, 월스트리트에서 인재들을 스카우트하고 있다는 뉴스를 비롯하여 우리가 글로벌 시장의 중심에 서 있음을 실감케 하는 현상들이 많이 나타나고 있습니다. 당연히 기업도 글로벌 문화를 추구해야겠지요. 중국이 미국과 어깨를 나란히 하는 G2로 올라서면 그 힘의 배경에 대한 분석이 많이 나올 것입니다. 그러면 제국 내 질서를 강조했던 공자가 당연히 거론될 것입니다. 이런 현실에서 조금 더 앞서나가기 위해서는 세계사에 대한 지식도 많아야 하지 않을까요.

어느 조직에서나 성공을 거두는 사람은 앞을 볼 줄 아는 사람들입니다. 그런데 앞을 볼 줄 아는 그 통찰력이 바로 과거에 대한 지식에서 나오지 않습니까? 과거를 이해하는 것은 곧 미래를 여는 일인 것입니다.

경제적으로 힘든 때에는 역사를 읽는 것만큼 위안이 되는 지적 행위도 없습니다. 과거에도 문명이 붕괴되었고, 어느 나라 할 것 없이 문제를 안고 있었고, 온갖 인간들이 온갖 어리석은 짓을 다 저지르는 것으로 확인되기 때문입니다. 실제로 미국에서는 시민들이 책에서 위안을 얻고 미래를 찾고 있다고 합니다. 경제가 어려워지기 시작한 지난해 독서 인구가 크게 늘었답니다. 지난해 뉴욕시의 경우 도서관을 찾은 주민들의 수가 전년도에 비해 13%나 늘었다는군요. 미국 전체로는 2008년 한 해에 도서관을 찾은 연인원만 13억 명이고, 그들이 빌려간 아이템이 20억 개였다고 합니다. '성인 한 달 독서량 1권 이내'라는 우리 현실은 너무 초라합니다.

유명 역사학자들의 역사 이야기를 통해 글로벌 시대에 세상을 보는 시각을 넓히는 데 이 책이 조금이라도 도움이 되었으면 하는 바람을 가져봅니다.

1장

# 문명의 동이 트다

(B.C. 5867)

GASTON MASPERO

## 가스통 마스페로 (1846-1916)

프랑스의 이집트 전문 고고학자. 1880년에 이집트로 건너가 카이로에 고고학 연구소를 세웠으며, 카이로의 고대 유물 관리청장을 지냈다.

그 전에는 페루 인디오들의 언어를 연구하느라 그곳에서 한동안 지내다 1868년에 파리로 돌아와 1869년에 고등연구원에서 이집트어와 고고학을 가르쳤다.

어릴 때부터 역사에 관심을 특별히 많이 쏟았으며 14살에 이미 상형문자에 조예가 깊었다. 그가 21세 되던 해 이집트 학자 오귀스트 마리에트(Auguste Mariette)로부터 얼마 전에 발견된 상형문자 텍스트를 2건 받아서 2주일 만에 해석해낸 일화는 고고학계에 전설처럼 내려온다. 마리에트가 1881년에 세상을 떠난 후로 그의 일을 물려받아 이집트 사카라 지역에서 피라미드 발굴 작업을 벌였다.

| 엮은이 서문 |

　예수 그리스도가 탄생하기 1만1천 년 전까지 거슬러 올라가는 연구 작업은 무척 험난하다. 그럼에도 인간 종족의 기록이 처음 시작된 나일 강 계곡에서 출토된 도기를 비롯한 유물들과 나일 강의 퇴적물을 분석하면, 인류 문명의 역사가 그처럼 오래되었다는 사실이 드러난다.

　석회암 언덕이 처음 형성되어 지금과 같은 모습으로 다듬어지기까지는 상상조차 할 수 없는 세월이 걸렸을 것이다. 우리는 그런 언덕의 깊은 곳에서 석기시대의 증거물을 찾아낸다. 인간이 돌을 다듬어 도구와 무기를 만들던 시대의 흔적을 말이다. 모서리가 날카로운 이 도구들은 적당한 크기의 부싯돌이나 돌에 열을 가한 뒤 그 위에다가 찬 물로 원하는 모양을 그리는 방식으로 만들어졌다. 이는 곧 석기를 제작한 문명이 불을 인공적으로 피우는 방법을 알았다는 사실을 보여준다.

　이집트는 지구상에서 기념비적인 땅이다. 마찬가지로 이집트인들도 인류 역사에서 기념비적인 민족이다. 이집트 전역을 통치한 최초의 군주는 B.C. 3100년 경에 멤피스(Memphis)를 건설한 것으로 전해지는 메네스(Menes)였다. 아프리카의 관문으로서 이집트는 세계 정치에서 언제나 중요한 위치를 차지했다. 고대 이집트의 부富와 파워는 실로 엄청났다.

　이집트의 연대기에 대한 견해는 학자마다 다 다르다. 메네스 시대만 해도 역사학자들에 따라서 그 시기가 B.C. 3892년에서 B.C. 2717년까지 크게 달라진다. 메네스 이전의 이집트는 독립 왕국들로 나뉘어 있었다. 거대한 나일 강이 자주 범람한 이집트는 그야말로 신비의 나라였다. 끝없이 펼쳐지는 사막, 낙타와 대상隊商, 무덤과 신전, 오벨리스크와 피라미드, 라(Ra)·오시리스(Osiris)·이시스(Isis)·아피스(Apis)·호루스(Horus)·하토르(Hathor) 등 수많은 신들…. 특히 신들은 그 이름만으로도 미스터리와 잔인성, 화려함과 파워를 느끼게 하는 듯하다.

고대 이집트인들은 과학과 예술에 매우 뛰어났다. 지금까지 내려오는 이집트 문학도 많다. 하지만 고대 이집트의 문학은 체계적이지 못하고, 문체가 뛰어나지 못하며, 숭고한 이상이나 매력을 결여하고 있는 것이 흠이다. 그래도 미술, 특히 건축에서는 그리스와 어깨를 겨룰 정도이다.

피라미드를 건설하던 시대는 참으로 찬란했다. 피라미드는 당시 왕들의 장엄함과 그들이 부릴 수 있는 인간 노동력이 대단했다는 사실을 입증하고 있다. 그 시대의 왕권은 정말 막강했다. 쿠푸(Khufu : B. C. 2589년경부터 B. C. 2566년경까지 통치)의 통치는 거대한 피라미드의 건설로 유명하다. 피라미드는 왕들의 무덤이었으며, 오늘날의 카이로에서 위쪽으로 10마일가량 떨어진 멤피스의 대규모 공동묘지에 지어졌다. 그런 거대한 무덤을 지은 목적은 장려함을 보여주는 한편으로 죽은 뒤의 안전을 확보한다는 뜻도 있었다.

어느 유명한 이집트학 전문가가 말했듯이, 이집트인들은 죽음에 대한 사색에 전 생애를 바쳤다. 그렇기 때문에 자연히 무덤 자체가 구체적인 사고를 반영하게 되었다. 고대 이집트인들은 신체가 훼손되지 않고 남아 있는 한 불멸성이 지속된다고 믿었다. 그리하여 위대한 인물들을 미라로 만들고, 무덤에 묻힌 왕에 대한 불가침을 보장하기 의하여 거대한 돌 구조물을 건축하는 관행이 생기게 되었다.

지금까지 나온 고대 유물로는 이집트를 한 사람의 통치 아래로 통합시키기까지의 과정에 대한 설명이 불가능하다. 우리는 단지 봉건 공국의 지배자들이 점진적으로 두 개의 집단으로 뭉쳤을 것이라고 추측만 할 뿐이다. 이 두 집단이 별도의 왕국을 형성했을 것이다. 북쪽에서는 헬리오폴리스(Heliopolis)가 중심 도시가 되었으며, 거기서부터 나일 삼각주의 평원과 늪지로 문명이 퍼져나갔다.

헬리오폴리스의 사제단이 현지 종교들의 주요 신화를 수집하고 압축하고 정리했다. 만약에 헬리오폴리스의 지배자들이 약간의 기간이라도 이웃 평원들에 대하여 영주의 권력을 실질적으로 행사하지 않았다면, '아홉 신'이라는 개념의 '에네아드'(Ennead)가 그렇게 널리 퍼질 수는 없었을 것이다. 하下이집트(Lower Egypt:아래라는 뜻의 한자가 들어있지만 지도상에서는 이집트의 위쪽을 말한다.)의 왕국은 헬리오폴리스를 중심으로 형성되었다. 그리하여 그곳의 모든 것은 헬리오폴리스의 흔적을 지니게 되었다. 왕들의 의전, 왕들이 라의 후손이라는 믿음, 태양에 대한 열광적인 숭배 등이 그런 예이다.

나일 삼각주는 지역적으로 밀집되고 제한적이라는 특성 때문에 통치의 중심으로 안성맞춤이었다. 그러나 나일 계곡은 양쪽 강둑을 따라 가는 띠처럼 이어져 있어 좁고 구불구불했기 때문에 하이집트와 같은 통합을 이뤄낼 만한 구심점을 갖지 못했다. 나일 계곡도 하나의 왕국을 구성하고 상징물로 갈대와 연蓮을 채택했으나 통합이 느슨하고 종교도 덜 체계적이었다. 무엇보다도 정치적, 종교적 중심지의 역할을 맡을 도시가 없었던 것이 한계였다. 헤르모폴리스(Hermopolis)에도 신화와 교리의 개발에 중요한 역할을 맡았을 게 틀림없는 신학자들의 학교가 있었다. 하지만 통치자들의 영향력이 광범위하게 미쳤던 적은 한 번도 없었다.

남쪽에서는 시우트(Siut)가 헤르모폴리스의 지배권에 반발했고, 헤라클레오폴리스(Heracleopolis)는 북쪽으로 향하던 길을 막아버렸다. 이 세 도시는 서로 훼방을 놓았으며, 이 도시 중 하나가 상上이집트 전역에 걸쳐 오랫동안 권력을 행사했던 적은 결코 없었다.

두 왕국은 나름대로 자연적 혜택을 누리며 행정제도를 마련했다. 그 영향이 근대까지 내려올 정도로 두 지역의 성격이 뚜렷하게 차이 나게 되었다. 상이집트 왕국이 더 강력하고 부유했으며, 인구도 더 많았다. 통치자들도 더 활동적이고 모험적이었다. 이집트 전설에서도 두 개의 이집트를 하나의 제국으로 통합하고 인간 왕조의 통치를 연 명예를 상이집트의 통치자에게로

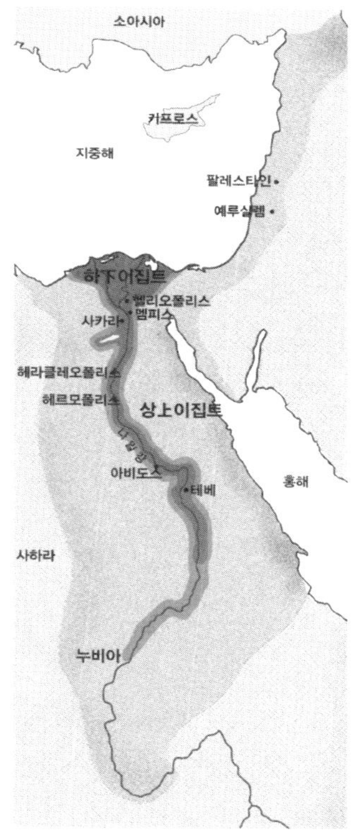



고왕국과 중왕국, 신왕국으로 알려진 시기의 고대 이집트.

돌리고 있다. 그 인물이 바로 티니스(Thinis) 출신의 메네스로 통한다.

티니스는 이집트 역사에 가장 작은 도시 중 하나로 나온다. 나일 강 왼쪽에서 겨우 명맥을 유지하던 도시였다. 그러나 티니스가 어느 곳인지 고고학적으로 확실히 밝히는 것은 불가능하다. 티니스를 수도로 삼았던 '오시리스 성골함(Osirian Reliquary) 공국'이 이 산과 저 산 사이의 계곡을 차지한 뒤 점점 사막을 가로질러 세력을 넓혀 '테베의 대 오아시스'(Great Theban Oasis)까지 확장했다. 그곳 주민들은 하늘신 안후리(Anhuri) 또는 쌍둥이 신 안후리-슈(Anhuri-shu)를 숭배했는데, 이 신들

1898년 상이집트에서 발견된 의식용 팔레트의 앞면. 높이는 64cm.나르메르(메네스)왕이 하이집트를 정복하는 모습이 보인다.

은 급속도로 태양신과 융합되어 라의 호전적인 화신이 되었다.

처음에는 아비도스(Abydos)가 이 나라의 수도였던 것 같다. 하지만 이 도시는 일찍이 쇠퇴하여 정치적 지위를 티니스에게 물려주고 종교적 중요성만 간직하게 되었다. 이유는 오시리스 신이 그 도시에 잠들어 있는 것으로 여겨졌기 때문이다. 아비도스는 리비아 산맥 첫 부분의 능선과 강 사이의 좁고 긴 땅을 차지했다. 벽돌로 쌓은 요새가 베두인(Bedouin) 족의 침입으로부터 도시를 보호해 주었다. 이곳에서는 안후리가 콘타멘티트(Khontamentit)라는 이름으로 숭배되었다. 이 밤의 태양(Sun of the Night)이 어떤 교리적 결합을 통해, 아니면 어떤 정치적 결합을 통해 멘데스(Mendes)의 오시리스와 동일시되게 되었

는지를 밝히는 것은 불가능하다. 그 융합이 아득한 고대로 거슬러 올라가기 때문이다. 신을 다룬 고대의 책들이 편찬되기 훨씬 전에 이미 확고한 사실로 받아들여진 일이었다.

오시리스 콘타멘티트가 급속도로 인기를 얻었다. 매년 그의 사원으로 수많은 순례자들이 몰려들었다. 대 오아시스는 처음에는 일종의 신비스런 천국으로 여겨졌다. 죽은 사람들이 평화와 행복을 찾아가는 곳으로 받아들여졌던 것이다. 그 오아시스는 무덤이라는 뜻으로 '우이트'(Uit)라고 불렸다. 그곳이 실질적으로 이집트의 지방이 된 뒤에도 계속 그 이름으로 불렸다. 그 오아시스에 대한 고대인들의 인식이 사람들의 마음에 그대로 남아 있었던 것이다.

새해 축제가 열릴 때면, 계곡 곳곳에서 정령들이 떼를 지어 나왔다. 정령들은 그곳에서 기울어가는 태양이 자신들에게 오기를 기다렸다. 태양을 타고 콘타멘티트의 영토로 안전하게 들어가기 위해서였다. 역사 시대 이전에는 아비도스가 유일한 도시였고, 그 도시의 신이 유일한 신이었으며, 모든 이집트인들이 이 신을 숭배했다.

이런 식의 윤리적 정복이 훗날 티니스와 아비도스의 왕자들이 영토를 실질적으로 정복했다는 믿음으로 이어진 것일까? 아니면 단일 군주국의 확립을 그들의 공적功績으로 돌리는 전설을 뒷받침할 역사적 근거가 따로 있는 것일까? 테베의 연대기 편자들이 제18왕조의 영광스런 파라오들의 조상으로 꼽는 것이 티니스의 메네스이다. 멤피스의 연대기에서 인간 왕들의 목록 맨 위에 새겨져 있는 것 또한 그이다. B.C. 3세기경의 이집트 역사학자 마네트(Manetho)도 이 기록을 따르고 있다. 또 모든 이집트 사람들이 오랜 세월 동안 그를 최초의 인간 지배자로 인정해왔다.

물론 티니스의 우두머리가 그런 이름을 가졌을 수도 있고, 그 사람이 공적을 많이 쌓아 스스로 유명해졌을 수도 있는 일이다. 하지만 면밀히 검토해 보면, 그의 현실적 존재감은 사라져버리고 그의 개성도 별 볼일 없었던 것으로 드러난다.

사제들에 따르면, 이 메네스가 멤피스 둘레에 수로를 팠다. 그 전에는 나일 강이 리비아 안의 상당한 지점까지 모래 언덕을 따라 흘렀다. 이제 메네스가 멤피스 남쪽 2㎞ 정도에서 물길을 막아 두 산 줄기 사이에 판 인공 수로로 돌렸기 때문에 그 전의 강은 말라버렸다.

그런 뒤 최초의 왕이던 메네스는 수로로 상당한 영토를 둘러싼 뒤 도시를 건설했다. 그것이 지금도 멤피스로 불리고 있는 그 도시이다. 그는 또 그 강물로 도시의 북쪽과 서쪽 외곽에 호수를 만들었다. 그 도시의 동쪽 경계는 나일 강이었다. 유물을 근거로 한 멤피스의 역사는 고대 그리스의 역사가 헤로도토스(Herodotus:B.C. 484년경–B.C. 425년경) 시대에 이집트에서 통하던 전설과는 상당히 다르다.

멤피스가 건설된 그 지점에는 당초 '흰 성벽'이란 뜻의 작은 요새 안부–하주(Anbu–hazu)가 서 있었던 것 같다. 이 요새는 헬리오폴리스에 의존하고 있었으며, 그 안에는 프타(Phtah) 신의 신전이 있었다. 이 '흰 성벽'은 헬리오폴리스 공국에서 분리되어 자체적으로 하나의 행정 구역으로 독립한 뒤에 중요성을 더욱 확실히 띠게 되었으며, 소위 티니스를 계승한 왕조들에게 필요한 것들을 공급했다. 그러나 '흰 성벽'의 번영은 제5대와 제6대 왕조의 국왕들이 그곳을 거주지로 정하고 난 뒤에야 이뤄지게 된다. 그런 왕 중 하나인 페피'(Pepi) 1세는 자신을 위해서만 아니라 죽은 뒤 자신의 '생령'生靈을 위해서 새로운 도시를 건설했다. 그 도시를 그는 자신의 묘의 이름을 따서 민노피루(Minnofiru)라 불렀다. 멤피스의 기원이 된 이 새 도시는 아마 훌륭한 안식처, 선한 자들의 천국, 또는 축복받은 사자死者들이 오시리스 옆에서 휴식을 취하는 매장지를 의미했을 것이다.

사람들이 금방 그 도시의 진정한 해석을 망각해버렸거나, 아니면 그 해석이 낭만적인 이야기를 좋아하는 그들의 취향에 맞지 않았을 수도 있다. 이집트 사람들은 대체로 자신들이 익숙한 도시나 나라의 이름이 역사 초기의 어느 개인에게서 따 왔다는 사실을 별로 달가워하지 않았다. 만약에 그 어떤 전설도 이집트 사람들에게 그런 이야기를 들려주지 않았다면, 그들은 그것을 꾸며내면서도 아무런 양심의 가책을 느끼지 않았을 터였다.

프톨레마이오스(Ptolemy) 왕조 시대의 이집트인들은 멤피스의 수호자를 그 도시를 건설한 전설 속의 인물 우코레우스(Uchoːeus)의 딸, 즉 멤피스의 공주로 삼았다. 그런데 이 공주는 현실의 존재가 아닌 것 같다. 그 도시가 멤피스로 이름이 바뀌기 전 시대의 이집트 사람들은 민노피루 혹은 '미니 노피르'(Mini Nofir), '선왕善王 메네스'(Menes the Good)에서 델타의 수도의 유명한 건설자의 이름을 발견할 수 있다고 생각했다. '선왕 메네스'에서 별칭을 빼면 통합 이집트의 첫 번째 왕인 메네스와 똑같아진다. 그러므로 선왕 메네스의 존재는 어원학에 크게 기대고 있다.

　왕국의 확립과 멤피스의 건설을 동일시하는 전설은 멤피스가 아직 왕들의 거처와 행정의 중심지 역할을 하고 있을 때 생겨난 것임에 틀림없다. 그렇다면 늦어도 멤피스 시대가 끝나기 전에는 그런 전설이 존재했다는 말이 된다. 테베 왕조 시대에는 이미 해묵은 전설이 되었음에 분명하다. 이유는 테베 왕조가 북부의 그 도시가 자기 나라보다 우수하다는 이야기를 아무런 거리낌 없이 순순히 받아들였기 때문이다. 그 영웅이 창조되어 입지를 확고히 하게 된 뒤로는 그에 관한 이야기를 만들어내는 일이 별로 어렵지 않게 되었다. 그를 영웅이나 이상적인 통치자로 묘사하는 것은 아무 문제가 되지 않았다.

　메네스는 이어 건축가와 전사, 정치인으로 그려졌다. 그는 멤피스를 건설하고, 프타 신전의 건축을 시작하고, 법률을 제정하고, 신들 특히 아피스(Apis) 신의 숭배를 관장하고, 리비아 사람들을 상대로 원정을 벌였다. 그가 꽃다운 나이의 외동아들을 잃었을 때, 백성들이 그를 위로하기 위해 만가輓歌 '마네로스'를 지어 불러주었다. 이 만가의 가사와 곡조는 대를 거듭하여 전해졌다.

　그는 더구나 식탁의 호사를 혐오하지 않았다. 만찬 상을 차리고 그것을 편안한 자세로 먹는 예절을 고안한 인물이 바로 그였기 때문이다. 어느 날 사냥 중에 일어난 일이다. 그의 개들이 무엇에 흥분했는지 갑자기 물어죽일 듯이 그에게 달려들었다. 그는 가까스로 위기를 모면하고 달아났으나 모에리스(Moeris) 호수에 이르러 오도 가도 못할 상황에 처했다. 그가 막 개들에게 먹히려던 순간이었다. 그때 악어

한 마리가 그를 태워 호수 반대편으로 대피시켜 주었다. 그는 악어에 대한 감사의 표시로 그곳에 새로운 도시를 건설하여 크로코딜로폴리스(Crocodilopolis)라고 이름을 짓고 자신을 구해준 악어를 그 도시의 수호신으로 정했다. 그런 다음에 그는 그 유명한 미궁迷宮과 자신의 무덤으로 쓸 피라미드를 건설했다.

다른 전설은 그를 조금 덜 호의적으로 묘사한다. 그가 흉악한 죄를 저질러 신들의 분노를 샀으며, 62년에 걸친 통치 끝에 나일 강에서 온 하마에게 죽음을 당했다는 내용이다. 그 전설들은 또한 사이스(Saits)의 테프나크트(Tefnakht)가 온갖 역경 속에서 아랍인들을 상대로 원정을 벌이고 돌아와서 그를 무척 저주한 나머지 테베의 아몬(Amon) 신전에 세운 석주石柱에 저주의 내용을 새기게 했다는 이야기를 들려준다. 그럼에도 불구하고, 이집트인들이 자신들의 첫 파라오에 대해 간직하고 있는 기억을 보면 좋은 것이 나쁜 것보다 더 많다. 그는 멤피스에서 프타와 람세스 2세(Ramses Ⅱ)와 나란히 숭배를 받았다. 그의 이름은 왕족 족보의 맨 위를 장식했으며, 그를 기리는 제식은 프톨레마이오스 시대까지 계속되었다.

그의 직계 후계자들도 그와 마찬가지로 실제로 존재했는가 하는 점에서는 의문을 남긴다. 족보는 승계 순서를 보여준다. 통치 기간을 일수까지 세세하게 적고 있다. 자신의 생애 내내 통치한 것으로 되어 있는 이도 간혹 보인다. 이쯤 되면 그 연대기 편자가 도대체 어디서 그렇게 정확한 정보를 얻었을까 궁금해진다. 그들도 이들 고대 왕에 관한 문제라면 우리와 똑같은 처지였을 것이다. 전설이나 신전에 보

관된 파피루스 조각, 그리고 왕의 이름이 담긴 유물 등을 통해 그 왕
들을 알았을 것이란 뜻이다. 말하자면 자신들이 가진 몇 가지 정보만
을 서로 꿰맞추는 방식으로 짐작했는데, 연구 방법이 대단히 부적절
한 때가 종종 있었다. 연대기 편자들이 제1왕조와 제2왕조를 내세우
면서도 그 왕조를 구성한 개인들의 이름을 과거의 유물에서 찾아내
지 못했을 가능성도 상당히 크다. 이 이름들은 짧고 세련되지 못하
며, 미개하고 야만적인 나라를 암시한다. '격투기 선수 아티'(Ati the
Wrestler), '도주자 테티'(Teti the Runner), '분쇄기 케운코니'(Qeunqoni
the Crusher) 따위의 이름이라면 추종자들을 이끌고 전쟁터에 나가 전
투를 다른 누구보다도 더 열성적으로 벌이는 것을 주된 임무로 삼는
그런 지도자에게나 어울릴 법하지 않는가.

유물에 새겨진 내용을 보면 이 군주들 중 일부는 현존하면서 통치
를 했다는 증거가 있다. 제2왕조로 분류되는 손디(Sondi)는 제3왕조
말까지 지속적으로 숭배를 받았다. 그렇지만 그보다 앞섰거나 뒤선
것으로 되어 있는 다른 왕들도 그처럼 실제로 존재했을까? 만약 그
들이 존재했다면, 그 순서와 상호 관계는 현실을 그대로 반영하는 것
일까? 다양한 역사 기록들을 보면 같은 왕의 이름이 같은 위치에 일
관되게 나오지는 않는다. 합당한 이유 없이 더해지거나 제외된 파라
오들도 있다. 고대 이집트의 역사가 마네토가 '켄케네스'(Kenkenes)
와 퀘네페스(Ouenephes)를 적고 있는 곳에, 세티 Ⅰ세의 연표는 아티
(Ati)와 아타(Ata)를 제시한다. 마네토는 제2왕조에 왕을 9명 넣는 반
면에 다른 역사학자들은 5명만을 포함시키고 있다. 그렇기 때문에

우리는 아귀가 맞지 않는 시기의 기록들에 대해서는 훨씬 훗날에 조작된 것으로 보아야 한다. 그보다 더 훌륭한 자료가 없는 까닭에 부분적으로 받아들이기는 하되 과도하게 신뢰해서는 안 된다는 뜻이다.

전설상의 인물 메네스의 직계 후손들인 티니스의 2개 왕조는 그 영웅과 마찬가지로 역사 대신에 낭만적인 이야기와 기적의 전설을 들려준다. 메네스의 아들인 테티의 첫 해에 나타난, 머리가 두 개인 황새는 이집트에 오랜 번영을 예고했다. 그러나 퀘네페스 통치 하의 기근과 세멤프세스(Semempses) 통치 하의 무서운 전염병이 그 나라의 인구를 격감시켰다. 법이 느슨해졌고, 중대한 범죄들이 저질러지고, 반란이 일어났다.

헤텝세켐위(Hotepsekhemwy: 그리스어로는 보에토스(Boethos)로 알려져 있음)의 통치 기간에는 부바스티스(Bubastis) 근처에 심연深淵이 열려 많은 사람들을 삼켰으며, 네페르케레스(Nephercheres) 시대에는 15일 동안이나 나일 강이 꿀로 넘쳤다. 그리고 세소크리스(Sesochris)는 거인이었던 것으로 기록되어 있다. 왕족의 건축물에도 이런 경이가 얽혀 있다. 테티는 멤피스의 위대한 궁전의 초석을 놓았다. 퀘네페스는 사카라(Saqqara) 근처에 피라미드들을 건설했다. 고대 파라오 몇 명은 신학에 관한 책들을 출간하거나 해부와 의학에 관한 논문을 썼다. 또 몇몇 파라오들은 남자 중의 남자 또는 수컷 중의 수컷이라는 뜻으로 카코우(Kakou)라 불리던 법률들을 만들었다. 카코우라는 파라오가 그런 이름을 얻게 된 데 대해 사람들은 그가 신성한 동물들에 관심이 많았다는 식으로 설명했다. 카코우는 멤피스의 아피스(Apis: 황소신), 헬리오폴리스의 므네비스(Mnevis: 황소신), 멘데스의 염소를 신들로 선언했다.

카코우에 이어 비노트리스(Binothris)가 왕족의 모든 여자들에게도 왕위 계승권을 부여했다. 마네토에 따르면, 멤피스 왕조인 제3왕조의 계승은 처음에는 이처럼 기적적인 내용이 강한 역사의 성격을 바꾸어 놓지 못했다. 리비아인들이 네케로페스(Necherophes)에 반대하여 반란을 일으켰고, 이어 두 부대가 서로 마주 보며 주둔하게 되었다. 그러던 어느 날 밤 달의 원반이 이루 말로 표현할 수 없을 정도로 커졌다고 한다. 이런 현상을 천상의 분노의 징후로 받아들인 반란군들이 대경실색해 싸움도 한번 해보지 않고 항복했다고 한다. 네케로페스의 계승자인 토소르트로스(Tosorthros)는 상형문자를 소개하고 돌 다듬는 기술을 완벽의 경지로 끌어올렸다. 테티가 했던 것처럼, 그도 의학 서적을 썼다. 이것이 그와 치유의 신인 임호텝(Imhotep)을 동일시하게 만드는 계기가 되었다. 사제들은 이런 일들을 진지하게 엮어 놓았다. 그리스 작가들은 자신들이 이집트 현자들을 대할 때 품은 존경의 마음 그대로 사제들의 입에서 나오는 말들을 받아 적었다.

사제들이 인간 왕들에 대해 한 말들은, 우리가 보듯이, 그들이 신들에 대해 한 설명보다 결코 더 자세하지 않았다. 신을 다룬 전설이든 왕을 다룬 전설이든, 우리가 아는 모든 것은 대중의 상상이 아니라 사제들의 교리에서 나온 것이었다. 그 전설들은 그 이야기가 다루는 시대보다 훨씬 뒤에 신전의 후미진 곳에서 어떤 의도를 가지고 창작되었다. 그 전설들이 창작된 방식을 보여주는 예를 우리는 유물에서도 찾아낼 수 있다.

B.C. 3세기 중반 남쪽 국경의 제1 폭포 근처에 주둔하던 그리스 병사들 사이에 '필라이의 이시스'(Isis of Philae)를 숭배하는 열기가 대단했던 적이 있다. 그때 병사들의 신앙이 돈독하다는 이야기가 고위 장교들의 귀에까지 들어갔다. 군 당국에서 조사가 나왔다. 추적해 들어가니 테바이드(Thebaid)의 인구 전체로 거슬러 올라가고 마지막에는 마케도니아 왕들의 궁전에 닿았다. 당시 마케도니아 왕들은 숭배자들을 공동의 신전으로 끌어들여 자신들이 통치하던 두 민족을 하나의 의식으로 묶어놓을 수 있는 것이면 무엇이든 적극 권장하고 있었다. 그들은 그때까지 이시스의 숭배 의식이 치러지던 사이스 왕조시대의 초라한 건물을 허물고 엄청난 돈을 들여 신전을 새로 건설했다. 마케도니아 왕들은 이 신전에 누비아(Nubia)에 있던 소유물 중 상당수를 할당했는데, 이것이 그 여신을 남부 이집트에서 가장 부유한 지주로 만들었다. 물론 개인들이 내놓은 선물도 많았다.

이시스가 등장하기 전까지 그 폭포에 대한 권한을 명백히 행사했던 크누무(Knumu)와 그의 두 아내 아누키트(Anukit)와 사티트(Satit)가 이웃의 번영에 질투심을 품었다. 그들의 사원은 내란과 세월의 풍화에 파괴되었다. 그들의 빈곤은 새롭고 참신한 '존재'의 부富와 극적인 대조를 이뤘다.

사제들은 자신들이 이집트를 위해 그때까지 해오던 노력을 프톨레마이오스 왕에게 알려주고, 무엇보다도 고대 파라오들의 관대함을 일깨워주기 위하여 그 슬픈 사연을 그에게 털어놓기로 작정했다. 직전의 파라오들은 빈곤 때문에 자비를 제대로 베풀지 못했다는 내용이었다. 사제들의 문서실에는 자신들의 주장을 뒷받침할 만한 문서가 부족했다. 그래서 그들은 세헬(Sehel) 섬에 있던 어느 바위에다가 제3왕조의 조세르(Zosiri)의 것인 양 장문의 글을 새겼다. 이리하여 이 왕은 죽어서 구체적인 근거도 없이 그저 막연히 위대한 존재라는 명성을 얻게 되었다. 제12왕조의 우시르타센(Usirtasen) 3세의 경우에는 조세르가 자기 아버지라고 주장하면서 그의 조각상을 세웠다. 성직자들도 조세르를 언급하면 자신들에게 발언의 기회가 주어진다는 사실을 잘 알았다.

그들이 꾸며내어 새긴 글에는 조세르가 통치 18년째 되던 해에 엘레판티네(Elephantine) 섬의 영주 마디르(Madir)에게 다음과 같은 내용의 편지를 보낸 것으로 되어 있었다. '지금 나는 왕위에 오른 사실에 대해, 그리고 궁전 안에 살고 있는 사람들에 대해 대단한 슬픔을 느끼고 있소. 나는 가슴이 찢어질 듯 아프오. 내가 통치한 8년 동안에 나일 강이 범람하지 않았기 때문이오. 양식은 바닥나고, 목초도 귀하고, 먹을 것이라곤 이제 하나도 없소. 이웃에 도움을 청하러 가려 해도 사람들이 몸을 움직일 힘조차 없는 실정이오. 아이들은 울부짖고, 젊은이들은 불안해하고, 늙은이들의 마음은 절망에 찢어지고 있소. 사람들은 사지가 휘어 땅바닥에 기고 있소. 옛날에 물건으로 넘쳤던 가게들도 이제 텅 비어 있소. 가게에 있던 모든 것이 사라져버렸오. 나의 정신도 모든 일의 처음을 생각하면서 나보다 앞서 이곳에 있었던 구원자를 찾으려고 애쓰고 있소. 신들의 시대에 지혜의 신으로 이름을 떨쳤던 토트-이비스(Thot-Ibis)와 멤피스의 프타의 아들 임호텝을 찾고 있단 말이오. 나일 강이 태어나는 곳은 어디요? 그곳을 감추고 있는 신이나 여신은 누구요? 그 신은 어떤 모습이오?’

엘레판티네의 영주는 직접 왕을 찾아 대답을 내놓았다. 그는 그때까지 왕이 모르고 있었을 게 분명한 내용을 들려주었다. 그 섬의 상황이며 폭포의 바위들, 홍수 현상, 그 홍수를 주관하는 신들과 이집트를 재앙에서 구할 수 있는 신에 대한 이야기였다.

조세르는 그 공국의 신전을 찾아 엘레판티네의 영주가 설명한 제물을 바쳤다. 그러자 신이 일어나 두 눈을 뜨고 숨을 헐떡이며 “내가 그대를 창조한 크누무이니라!”라고 크게 외치며 그에게 나일 강의 범람과 기근의 해소를 약속했다.

그 파라오는 신성한 아버지가 자신에게 보여준 너그러움에 감동을 받았다. 그는 즉시 칙령을 내렸다. 반경 20마일 안에 있는 갑岬에 대한 지배권을 그 신전으로 넘긴다는 내용이었다.

그 후로 경작자든 포도 재배자든, 아니면 어부든 사냥꾼이든 불문하고 모든 주민이 수입의 10분의 1을 성직자들에게 내놓아야 했다. 채석장도 크누무의 동의를 받아야 했으며 적당한 보상금을 그의 금고에 넣어줘야 했다. 이집트 쪽으로 선적된 모든 금속과 목재들도 그 신전을 위하여 통행료를 지불해야 했다.

그렇다면 헬레니즘 계열인 프톨레마이오스 왕조는 그 지방의 사제들이 이런 낭만적인 이야기에서 끌어내려고 애썼던 주장들을 받아들였을까? 그리고 크누무 신은 사람들이 그의 권리라고 선언한 영역과 세금을 다시 누렸을까? 그 석비는 필사자들이 일상에 긴급 상황이 벌어질 경우에 공식 문서를 얼마나 쉽게 조작할 수 있는지를 우리들에게 잘 보여주고 있다. 그 석비는 또한 그런 허구의 연대기들이 어떤 식으로 정교하게 다듬어지는지를 알려준다. 고대 작가들이 인류를 위해 간직해 둔 유물 중에서도 그런 허구가 많을 것이다. 마네토가 들려주는 모든 경이로운 일과 '사실'도 조세르가 남겼다는 그 석비와 비슷한 자료에서 끌어낸 것이다.

그러므로 인류 초기의 진정한 역사는 우리의 연구를 거부한다. 이집트가 한 사람의 통치 아래 하나의 왕국으로 합병되기 전까지 이 나라가 거쳐 온 영고성쇠를 더듬게 하는 기록은 전혀 없다. 막강하고 훌륭했을 것이 분명한 군주들의 이름이 사람들의 기억 속에 내려왔다. 이 기억들을 모으고 분류하여 왕조로 나누고 있지만, 그것들을 기억한 사람들은 그 이름에 연결된 사실들에 대해서는 정확히 모르고 있었을 것이다. 그렇기 때문에 역사학자들도 나름대로 자신의 '신성한 문서 보관소'를 위하여 출처가 의심스러운 전설까지 수집하게 되었다.

하지만 아득한 옛 시대의 기념물들이 완전히 사라질 수는 없다. 우리가 아직 발굴 작업을 벌이지 않은 곳에도 존재할 수 있는 법이다. 현재 확보하고 있는 유물들은 제3왕조보다 조금 더 거슬러 올라갈 뿐이다. 이 중 조세르의 계단식 피라미드는 전적으로 근처 산에서 가져온 석회암으로 만들어졌다. 그 돌덩어리들은 작고, 다듬는 기술이

다소 거칠다는 점을 보여준다. 돌을 쌓은 방식은 상부 구조물의 무게와 지진의 충격을 잘 견디도록 되어 있다. 피라미드의 전체 구조물은 견고하며, 그 안에는 여러 개의 방이 들어 있다. 이 방들은 수 세기를 내려오면서 확장되거나 좁아지는 작업을 거쳤다. 각 방들을 연결하는 통로는 완벽한 미로를 이룬다. 기둥이 선 현관과 방과 홀은 모두 어떤 거대한 축으로 향하고 있다. 피라미드의 설계자는 그 축의 바닥에 장례식에 쓴 값비싼 물건들을 담아둘 목적으로 비밀의 장소를 만들어 놓았다.

이집트의 군주와 왕들이 자신들의 권력의 증거로 아니면 미래 세대의 경건함을 불러일으킬 목적으로 세운 도시와 궁전, 신전들은 세월을 내려오면서 침입자들의 발에 짓밟히고 사라졌다. 피라미드만이 세월의 풍화에도 거뜬히 살아남았다. 이집트의 역사적 유물 중에서 가장 오래된 것은 무덤인 것이다.

# 2장

# 함무라비,
# 세계 최초의 법전을 편찬하다
### (B.C. 1760년경)

**HAMMURABI**
## 함무라비 (B.C. 1728년경-B.C. 1686년경)

바빌로니아의 제6대 왕이자 바빌로니아 제국의 초대 왕이었다. 인근 왕국들을 상대로 한 전쟁에서 승리를 거둬 영토를 크게 넓혔다. 그가 죽을 당시에는 메소포타미아 전역을 지배했으나, 그의 후계자들이 제국을 지켜나가지 못했다. 그는 인류 역사상 가장 오래된 법전 중 하나를 남겼다. 그 법 조항들이 적힌 돌은 1901년에 발견되었다. 함무라비가 통치한 수십 년은 상대적으로 평화적인 시기였다. 그 시기에 그는 도시 성벽을 높이고, 신전들을 확장하는 돈사를 자주 벌였다.

B.C. 18세기 중엽부터 바빌로니아 제국의 몰락까지, 바빌로니아의 모든 법 제정의 기초가 되었던 것은 바빌로니아 제국의 초대 왕이던 함무라비의 법전이었다. 그는 자신의 영토에서 침입자들을 몰아내고, 바빌로니아 북부와 남부의 연합을 공고히 하고, 바빌론(Babylon)을 수도로 정하여 거의 14세기나 이어질 제국의 기초를 다졌다. 그가 편찬한 법전은 역사에 알려진 법 중에서 가장 오래되었다. 모세의 율법보다는 거의 400년이나 앞서고, 소위 말하는 고대 인도의 마누 법전보다도 빠르다. 함무라비 법전은 지금까지 존재하는 유물 중에서 가장 중요한 랜드 마크의 하나로 통하며, 그것이 없었다면 알기 힘들었을 나라와 국민, 문명에 대한 지식을 많이 전하는 유물이다. 이 유물이 발견되기 전까지 안개에 가려져 있던 인간의 삶이 이 유물을 통해 세세하게 모습을 드러내게 되었다.

아브라함(Abraham)과 동시대인인 아므라벨(Amraphel)과 동일시되는 함무라비는 법전을 통해 이스라엘 사람들의 전통에도 크게 기여한 존재로 평가받는다. 그렇기 때문에 이 법전의 발굴은 성경의 연구에도 특별한 의미를 지닌다.

함무라비 법전은 1901년과 1902년 사이에 페르시아의 수사(Susa)에서 M. 드 모르강(M. de Morgan)이 이끄는 프랑스 발굴 팀에 의해 발견되었다. 법전이 새겨진 기념물은 높이가 2.4m의 검정 설록암으로 만들어졌으며, 내용은 아시리아 전문 학자들에 의해 해독되었다. 이 내용은 다시 독일 고고학자 위고 빙클러(Hugo Winckler:1863~1913)에 의해 번역되었으며, 여기 소개하는 법전의 내용도 그의 번역을 따르고 있다. 법전은 자서전적 인상이 강한 서문을 비롯하여 2백80개의 법률 조항과 발문跋文으로 구성되어 있다. 성경에 익숙한 사람들은 성경의 내용과 비슷한 것이 많다는 사실을 깨닫게 될 것이다. 법 조항을 옮긴다.

## | 함무라비 법전 |

**제 1조** 만약 사람이 다른 사람에게 죄를 덮어씌워놓고도 그것을 입증하지 못할 때에는 모함한 사람을 사형에 처한다.

**제 2조** 만약 사람이 누군가를 고발했는데 고발당한 사람이 강물에 뛰어들어 그대로 빠져 죽으면 고발한 사람이 그의 집을 갖는다. 그러나 만약에 그 강이 고발당한 사람의 무고함을 입증하여 그가 다치지 않고 물에서 빠져나온다면, 그때는 고발한 사람을 사형에 처한다. 그러면 강물로 뛰어든 사람이 자신을 고발한 사람의 집을 소유한다.

**함무라비 법전이 새겨진 기념물의 윗부분 부조**

**제 3조** 만약 사람이 원로들 앞에서 어떤 범죄에 대한 고발을 해놓고는 자신이 고발한 내용을 증명하지 못할 경우 그 고발이 사형으로 다스릴 수 있는 내용일 때, 거짓으로 고발한 사람을 죽음으로 다스린다.

**제 4조** 만약 그 사람이 원로들로 하여금 곡물이나 돈을 벌금으로 물릴 수 있도록 할 경우에는 그 사건으로 부과된 곡물이나 돈은 고발한 사람의 몫이 된다.

**제 5조** 만약 재판관이 사건을 심리하여 결정에 이르러 자신의 판결을 글로 작성한 후에 그 결정에 실수가 있었던 것으로 드러날 경우, 그것

이 그 자신의 잘못이면 재판관은 소송에서 내린 청구액의 12배를 물어
야 한다. 그리고 그 재판관은 판사의 자리에서 공개적으로 쫓겨날 것이
며 그 자리에 다시는 앉지 못한다.

**제6조** 만약 사람이 사원이나 궁전의 재산을 훔치면 사형에 처한다. 또
한 그렇게 훔친 물건을 받는 사람도 사형에 처한다.

**제7조** 만약 사람이 다른 사람의 아들이나 노예로부터 증인이나 계약
서 없이 은이나 금, 남녀 노예, 소나 양, 나귀 등을 사거나 코관하기 위
해 받으면 그 사람은 도둑으로 여겨 사형에 처한다.

**제8조** 만약 사람이 신이나 궁전에 속하는 가축이나 양, 나귀, 돼지나
염소를 훔치면 도둑질한 값어치의 30배를 물린다. 만약 그 동물들이 자
유민의 것일 때에는 10배를 물린다. 만약 그 도둑이 그럴 능력이 없으
면 사형에 처한다.

**제9조** 만약 어떤 물건을 잃은 사람이 다른 사람의 수중에서 그것을 발
견할 경우, 그 물건을 가진 사람이 "어떤 상인이 이 물건을 나에게 팔았
고, 나는 사람들이 보는 앞에서 그 물건의 값을 치렀다."면서 "그것이
나의 재산이라는 사실을 아는 증인들을 데려오겠다."고 나서면, 그 물
건을 산 사람은 자신에게 물건을 판 상인과 그 거래를 목격한 증인들을
데려와야 하고, 그 물건이 자신의 것이라고 주장하는 사람은 그것이 자
신의 재산임을 증언할 증인들을 데려와야 한다. 그러면 재판관은 그들
의 주장을 심리해야 한다. 그리고 돈이 지급되는 것을 보았다고 증언할
목격자와 잃은 물건임을 증언할 목격자들은 선서를 해야 한다. 그리하
여 상인이 도둑인 것으로 드러나면 죽음에 처한다. 잃어버린 물건의 소
유자는 물건을 되찾을 것이고, 돈을 주고 그 물건을 산 사람은 상인의
재산에서 자신이 지급한 돈을 받는다.

**제10조** 만약 물건을 샀다는 사람이 상인과 그 물건을 살 때 현장을 지

켜본 증인을 데려오지 못하는 반면에 그 물건의 소유자가 소유권을 증언할 목격자를 데려오면, 물건을 샀다는 사람이 도둑으로 확인되어 사형에 처해진다. 소유자는 잃은 물건을 되찾는다.

**제11조** 만약 소유자라고 주장한 사람이 잃어버린 물건임을 입증할 증인들을 데려오지 못할 경우, 그 사람은 악인이 된다. 그러면 그는 다른 사람을 비방한 죄인이 되어 사형에 처해진다.

**제12조** 만약 증인들을 당장 데려올 수 없는 상황이라면 재판관이 6개월의 기한을 정한다. 만약 6개월이 지나도 증인이 나타나지 않을 경우에는 소유자라고 주장한 사람이 악한 짓을 한 사람이 되어 그 소송 사건의 벌금을 부담해야 한다.

**제14조** 만약 사람이 다른 사람의 미성년 자식을 훔치면 사형에 처해진다.

**제15조** 만약 사람이 궁전의 남자 노예나 여자 노예, 평민의 남자 노예나 여자 노예를 도시의 성문 밖으로 나가게 하면 사형에 처해진다.

**제16조** 만약 사람이 도망 중인 궁전이나 평민의 남자 노예나 여자 노예를 자기 집으로 받아들여 놓고는 관리의 외침에도 그 노예를 떠나게 하지 않으면, 그 집의 주인이 사형에 처해진다.

**제17조** 만약 사람이 들판에서 도망 나온 남자나 여자 노예를 발견하여 주인에게 데려다 주면, 그 노예의 주인은 그 사람에게 은 2세켈(shekel)을 지불해야 한다.

**제18조** 만약 그 노예가 주인의 이름을 대지 않으면, 노예를 발견한 사람은 그를 궁전으로 끌고 가야 한다. 그러면 추가 조사를 벌인 뒤 그 노예를 주인에게 돌려주어야 한다.

제19조 만약 도망 노예를 발견한 사람이 노예를 자기 집에 숨겨두었다가 발각되는 날에는 사형에 처해진다.

제20조 만약 그 사람이 잡은 노예가 그에게서 달아났고, 그 사람이 그 노예의 주인에게 그 사실을 신 앞에서 맹세할 경우 그는 모든 비난을 피하게 된다.

제21조 만약 사람이 타인의 집을 뚫고 침입하면 그 사람을 그 구멍 앞에서 죽여 거기에 묻는다.

제22조 만약 사람이 강도짓을 하다가 붙잡히면 죽음에 처한다.

제23조 만약 강도가 붙잡히지 않으면, 강도를 당한 사람이 잃은 물건의 금액을 신 앞에 선서하고 밝히면 강도가 행해진 구역의 공동체가 빼앗긴 물건에 대해 보상해야 한다.

제24조 만약 생명의 상실이 있을 경우에는 공동체가 그 희생자의 친척들에게 은 1미나(mina)를 보상해야 한다.

제25조 만약 어떤 집에 불이 났는데 불을 끄러 온 누군가가 집 주인의 물건에 눈독을 들여 재산을 훔쳐간다면 그 사람을 화형에 처한다.

제26조 만약 장교나 사병이 왕의 군사작전을 수행하라는 명령을 받고도 거기에 따르지 않고 용병을 고용한다면, 그 장교나 사병을 사형에 처한다. 그러면 그를 대리했던 용병은 그의 집을 소유하게 된다.

제27조 만약 장교나 사병이 왕의 군사작전에 나섰다가 포로가 되어 그의 경작지와 과수원이 다른 사람의 소유가 되었을 경우, 그가 돌아와 본래의 자리로 돌아간다면 그 경작지와 과수원을 그에게 돌려줘야 한다. 그러면 그 사람은 그것을 다시 찾게 된다.

검정 설록암에 새긴 함무라비 법전

**제 28조** 만약 장교나 사병이 왕의 군사작전에 나섰다가 포로가 되더라도 그의 아들이 소유할 수 있는 상황이라면 그 경작지와 과수원은 아들에게 줘야 한다. 그러면 아들은 아버지의 재산을 물려받는다.

**제 29조** 만약 그의 아들이 아직 어려 소유할 수 없다면, 경작지와 과수원의 3분의 1을 그의 어머니에게 줘 자식을 기르도록 한다.

**제 30조** 만약 장교나 사병이 자신의 집이나 과수원, 경작지를 방치하여 다른 사람이 그 집과 과수원, 경작지를 소유하여 3년 동안 관리했다면, 원래 주인이 돌아와 그 집과 과수원과 경작지를 자신의 것이라고 주장해도 돌려줄 필요가 없다. 그것을 소유하고 관리해 온 사람이 계속 이용할 수 있다.

**제 31조** 만약 그 장교나 사병이 1년 동안 방치했다가 돌아오면 집과 과수원, 경작지를 그에게 돌려줘야 한다. 그러면 그는 그것을 다시 건네받게 된다.

**제 32조** 만약 장교나 사병이 왕의 군사작전 수행 중에 포로로 잡혔다가 상인의 도움으로 자유의 몸이 되어 고향으로 돌아오게 되었다면, 그 장교나 사병은 자기 집에 자신의 자유를 살 재산이 있으면 그 돈을 지불

해야 한다. 만약 그의 집에 그의 자유를 살 재산이 전혀 없다면 그가 사는 공동체의 신전이 그 돈을 지급한다. 그 신전에도 그의 자유를 살 돈이 전혀 없을 경우에는 법원이 그의 자유를 사야 한다. 그의 경작지와 과수원, 집을 그의 자유를 사는 데 사용해서는 안 된다.

**제33조** 만약 (문맥상 족장보다 더 높은 직위의 사람)이 왕의 군사작전에 출정하라는 명령을 받고도 자기 대신에 용병을 보낼 경우에는 사형에 처한다.

**제34조** 만약 (문맥상 족장보다 더 높은 직위의 사람)이 지휘관의 재산에 피해를 입히거나 지휘관에게 부상을 입히거나 왕이 지휘관에게 내린 선물을 빼앗을 경우에는 사형에 처한다.

**제35조** 만약 사람이 왕이 지휘관에게 준 가축이나 양을 살 경우 그 돈을 잃게 된다.

**제36조** 장교와 사병 또는 조세징수관의 경작지와 과수원과 집은 팔 수 없다.

**제37조** 만약 사람이 장교와 사병과 조세징수관의 젖지와 과수원과 주택을 매입하면 계약이 파기되고 그 사람은 돈을 잃게 된다. 경작지와 과수원과 주택은 원 소유자에게 되돌려준다.

**제38조** 장교나 사병, 조세징수관은 자신의 경작지나 과수원, 집의 보유권을 아내나 딸에게 넘기지 못하며, 채무 변제를 위해 양도할 수도 없다.

**제39조** 그러나 장교나 사병, 조세징수관은 자신이 매입하여 재산으로 보유한 경작지나 과수원이나 주택은 자기 아내나 딸에게 넘길 수도 있고 채무변제를 위해 양도할 수도 있다.

**제 40조**  장교와 사병, 조세징수관은 자신의 경작지나 과수원, 주택을 상인이나 다른 공무원들에게 팔 수 있으며, 매수인은 매수한 경작지나 과수원, 주택에 대해 사용권을 갖는다.

**제 41조**  만약 사람이 장교나 사병 또는 조세징수관의 경작지나 과수원, 주택에 말뚝으로 울타리를 만들 경우에는 그 장교나 사병, 조세징수관이 자신의 경작지나 과수원, 주택으로 돌아오더라도 그 말뚝들은 울타리를 만든 사람의 소유이다.

**제 42조**  만약 사람이 타인의 경작지를 빌렸으나 그 땅에서 수확을 전혀 하지 못했다면 그 땅에서 일을 하지 않은 것으로 인정되며, 그 사람은 경작지 소유자에게 이웃 경작지의 수확량만큼 곡물을 주어야 한다.

**제 43조**  만약 경작지를 빌린 사람이 그 땅을 경작하지 않고 그대로 내버려 두면, 그 사람은 이웃 경작지의 수확량에 따라 일정 비율의 곡물을 경작지 소유자에게 줘야 한다. 또 그 사람은 자신이 경작하지 않은 경작지를 갈고 써레질한 다음에 소유자에게 반환해야 한다.

**제 44조**  만약 사람이 개간을 위해 황무지를 3년간 빌려놓고는 게을러서 경작하지 못했다면, 그 사람은 4년째 되는 해에 그 땅을 갈고 써레질하여 주인에게 반환해야 하며, 매년 경작지 10간(gan: 넓이 단위)당 10 구르(gur:건량乾量 단위)의 곡물을 지급해야 한다.

**제 45조**  만약 사람이 자신의 경작지를 고정 지대地代를 받고 다른 사람에게 빌려주었는데 날씨가 좋지 않아 수확을 망쳤다면, 그 손실은 그 땅을 경작한 사람이 진다.

**제 46조**  만약 그 사람이 자신의 경작지에 대해 고정 지대를 받지 않고 수확량의 반 또는 3분의 1을 받기로 했다면, 경작지의 수확물은 경작자와 토지 주인 사이에 그 비율에 따라 나눠야 한다.

제 47조  만약 경작자가 첫 해에 성공을 거두지 못해 다른 사람에게 그 땅을 경작하게 하더라도 경작지의 소유자는 이에 반대해서는 안 된다. 어쨌든 그 경작지는 경작될 것이며, 소유자는 계약에 따라 수확물을 받는다.

제 48조  만약 사람이 빚을 지고 있는데 폭풍우가 덮쳐 곡물을 쓰러뜨리거나 수확을 망쳐놓거나, 물이 부족하여 곡물이 자라지 못했다면, 그 해에는 채권자에게 곡식을 주지 않아도 된다. 그 사람은 채무계약서를 물에 씻고(돈을 지급할 능력이 없음을 말해주는 상징적인 행위) 그 해에는 지대를 하나도 지급하지 않아도 된다.

제 49조  만약 사람이 상인에게서 돈을 빌리고 그 상인에게 곡물이나 깨를 경작할 수 있는 땅을 주면서 거기에 곡물이나 깨를 경작하여 수확하라고 말했는데 그 경작자가 경작지에 곡물이나 깨를 심었다면, 수확기에 그 경작지에 자란 곡물이나 깨는 경작지 소유자의 것이 되며, 경작지 소유자는 상인에게 빌린 돈과 이자와 경작자의 생계비를 곡물로 지급해야 한다.

제 50조  만약 그(상인에게 돈을 빌린 사람)가 곡물이나 참깨를 심어놓은 경작지를 준다면, 그 경작지의 곡물이나 참깨는 경작지 소유자의 것이 된다. 그는 상인에게 이자로 돈을 지불해야 한다.

제 51조  만약 그(상인에게 돈을 빌린 사람)에게 빚을 갚을 돈이 전혀 없다면 그 사람은 상인에게 빌린 돈에 대한 이자를 왕이 정한 세율에 따라 곡물이나 참깨로 지급한다.

제 52조  만약 경작자가 그 경작지에 곡물이나 참깨를 심지 않는다 하더라도 채무자의 계약에는 아무런 변화가 없다.

제 53조  만약 사람이 너무 게을러 제방을 적절히 관리하지 않아 제방

이 터져서 경작지가 모두 물에 잠겼다면, 제방이 뚫린 그 사람을 팔아 그 돈으로 곡물 피해를 보상한다.

제54조  만약 그 사람에게 곡물 피해를 보상할 능력이 없으면, 그의 게으름 때문에 피해를 본 농민들이 그와 그의 재산을 나눠 가진다.

제55조  만약 사람이 자신의 농토에 물을 대기 위해 수로를 열었다가 부주의로 이웃 경작지를 침수시킬 경우에는 이웃의 피해에 대해 곡물로 보상해야 한다.

제56조  만약 사람이 물을 대다가 이웃의 농작물까지 넘치게 할 경우에는 경작지 10간 당 곡물 10 구르를 지급해야 한다.

제57조  만약 양치기가 경작지 소유자의 허락을 받지 않고 어떤 경작지에 양떼를 풀어 곡물을 뜯어 먹게 했다면, 경작지 소유자는 자신의 곡물을 수확할 것이다. 이때 경작지 소유자의 허락 없이 경작지에 양떼를 풀어놓은 그 양치기는 10간당 20 구르의 곡물을 지급해야 한다.

제58조  만약 양떼들이 방목장을 떠나 도시 성문에 있는 공동의 우리에 갇힌 뒤에, 어떤 양치기가 그 양떼들을 경작지에 풀어 풀을 뜯게 했다면, 그 양치기는 그 경작지를 소유하고 그 대신에 수확기에 10간당 60구르의 곡물을 지급해야 한다.

제59조  만약 사람이 과수원 주인 몰래 과수원의 나무를 베어버릴 경우에는 2분의 1 미나를 돈으로 보상해야 한다.

제60조  만약 사람이 과수 재배자에게 경작지를 넘겨주고 그 과수 재배자가 그 경작지를 과수원으로 가꿨다면, 그리고 그 과수 재배자가 그 과수원을 4년 동안 돌보았다면 5년째 되는 해에 소유자와 재배자는 그 과수원을 반으로 나눈다.

**제61조** 만약 그 과수 재배자가 그 경작지를 전부 다 활용하지 않고 일부를 그냥 남겨두었다면, 그냥 둔 땅이 그 사람의 몫이 된다.

**제62조** 만약 그 사람이 자신에게 과수원으로 넘겨진 경작지에 과수를 심지 않았다면, 그리고 그 경작지가 경작 가능한 땅일 경우에는 그 과수 재배자는 그 땅을 놀린 햇수 동안 경작지 소유자에게 이웃 경작지들의 산출량에 따라 배상해야 하고 그 경작지를 경작 가능한 상태에서 소유자에게 돌려줘야 한다.

**제63조** 만약 과수 재배자가 황무지를 경작 가능한 땅으로 일구어 소유자에게 돌려줄 경우에는 소유자가 그 사람에게 1년에 10간당 10구르의 곡물을 줘야 한다.

**제64조** 만약 사람이 자신의 과수원을 과수 재배자에게 넘겨주고 재배를 하도록 할 경우 그 과수 재배자는 소유자에게 과수된 산출량의 3분의 2를 줘야 한다. 나머지 3분의 1은 과수 재배자의 몫이 된다.

**제65조** 그 과수 재배자가 과수원에서 제대로 일을 하지 않아 산출량이 뚝 떨어질 경우, 그 사람은 이웃 과수원의 산출량에 따라 지급해야 한다.

(이 후 35개 조항에 달하는 텍스트는 없는 상태임)

**제100조** … 돈에 대한 이자, 그 사람은 자신이 받은 액수만큼 어음을 끊고 서로 합의한 날에 상인에게 돈을 지급해야 한다.

**제101조** 만약 그가 간 장소에 상업적 거래가 전혀 없다면, 그 사람은 자신이 받은 돈 모두를 상인에게 줄 수 있도록 중개인에게 맡겨야 한다.

**제102조** 만약 어떤 상인이 행상인에게 투자를 위해 돈을 맡겼는데,

그 중개인이 어딘가에서 손실을 입었다면, 행상인은 상인에게 원금을
돌려줘야 한다.

제103조  만약 행상인이 여행 중에 적에게 자신이 갖고 있던 물건을
빼앗겼다면, 그 행상인은 신 앞에 서약을 하면 의무에서 자유로울 수 있
다.

제104조  만약 상인이 행상인에게 곡물과 양털, 기름이나 다른 물건들
을 주면 행상인은 그 금액에 대한 영수증을 써 주고 나중에 그 상인에게
그것을 갚아야 한다. 그러면 행상인은 상인에게 갚은 돈만큼 영수증을
받아야 한다.

제105조  만약 행상인이 부주의하여 상인에게 준 돈에 대해 영수증을
받지 않았다면, 그 사람은 영수증을 받지 않은 돈에 대해서는 자신의 것
으로 여겨서는 안 된다.

제106조  만약 행상인이 상인으로부터 돈을 받고도 그 상인과 다툼을
벌일 경우에는 그 상인이 신 앞에 선서를 하고 자신이 그 돈을 행상인에
게 주었다고 증언하면 행상인은 그 금액의 3배를 상인에게 물어야 한
다.

제107조  만약 상인이 행상인을 속인다면, 이를 테면 행상인이 자신이
받은 것을 다 돌려주었는데도 상인이 그런 사실을 부인할 경우에는 이
행상인이 신과 재판관 앞에 그 상인의 죄를 고발할 수 있다. 그렇게 했
는데도 그 상인이 행상인으로부터 받았다는 사실을 부인할 경우에는 상
인이 그 금액의 6배를 행상인에게 지급해야 한다.

제108조  만약 술집 주인(여자)이 술값으로 곡물을 무게에 따라 받지
않고 돈을 요구하거나 술의 가격을 곡물의 가격보다 낮게 할 경우에는
그 여주인은 유죄가 확증되어 물속에 던져진다.

**제109조** 만약 공모자들이 술집에서 모의를 하는데도 여주인이 그들을 잡아 궁전에 데려가지 않으면 그 여주인은 사형에 처한다.

**제110조** 만약 여사제가 술집을 열거나 술을 마시러 술집에 들어가면 화형에 처한다.

**제111조** 만약 주막 주인이 우사카니(usakani) 술 60카를 제공하면, … 그녀는 추수 때 50카의 곡물을 받는다.

**제112조** 만약 사람이 여행을 떠나면서 금과 은, 귀금속 또는 동산을 다른 사람에게 맡기고 나중에 그 사람으로부터 그것들을 돌려받기를 원하는데 후자가 그 재산 모두를 지정된 장소에 가져오지 않고 자신을 위하여 이용한다면, 재산을 다 가져오지 않은 사람이 유죄로 확증되며 처음 맡겨진 것의 5배에 해당하는 돈을 지급해야 한다.

**제113조** 만약 사람이 곡물이나 돈을 위탁받아놓고는 소유자 몰래 창고나 금고에서 곡물이나 돈을 챙길 경우에는 소유자 도르게 창고에서 곡물을 빼내거나 금고에서 돈을 빼낸 그 사람은 법적으로 유죄가 인정되며 자신이 빼낸 곡물을 물어내야 한다. 그러면 그 사람은 자신에게 지급되었거나 지급될 구전을 몽땅 잃게 된다.

**제114조** 만약 사람이 다른 사람에게 곡물이나 돈을 받을 것이 전혀 없으면서도 그것을 강제로 요구한다면, 그 사람은 각각의 경우에 은화 3분의 1미나를 물어야 한다.

**제115조** 만약 어떤 사람이 다른 사람에게 곡물이나 돈을 청구한 결과 그 사람이 교도소에 수감되었는데 그 사람이 교도소어서 자연사하게 되면 송사는 그것으로 끝이다.

**제116조** 만약 그 죄수가 폭력이나 가혹 행위로 교도소에서 죽었다면,

그 죄수의 주인은 재판관 앞에서 그 상인의 유죄를 입증해야 한다. 유죄가 입증될 경우 만약 죽은 죄수가 자유민이라면 그 상인의 아들이 죽음에 처해진다. 만약 죽은 죄수가 노예라면 그 상인은 금화 3분의 미나를 물어야 한다.

**제117조** 만약 어떤 사람이 채무를 이행하지 못해 자신과 아내, 아들과 딸을 팔거나 강제 노동을 해야 할 경우 그들은 자신들을 산 사람의 집에서 3년 동안 일하다가 4년째 되는 해에 자유의 몸이 된다.

**제118조** 만약 그 사람이 남자나 여자 노예를 강제 노동에 내보낼 경우에는 그 상인이 그 노예를 다른 사람에게 다시 빌려주거나 돈을 받고 팔더라도 이의를 제기하지 못한다.

**제119조** 만약 어떤 사람이 채무를 이행하지 못해 자신에게 아이를 낳아준 여자 하인을 팔 경우에는 상인이 지급한 돈을 노예의 주인이 다시 지급하게 되면 그 노예는 자유의 몸이 된다.

**제120조** 만약 어떤 사람이 다른 사람의 집에 곡물을 보관시켰다가 저장 중인 곡물에 손실이 발생하거나, 그 집의 주인이 창고를 열고 곡물 중 일부를 취하거나, 특히 그가 자신의 집에 그런 곡물을 보관하고 있다는 사실 자체를 부인할 경우에는 그 곡물의 주인이 신 앞에 자신의 곡물을 주장하면 그 집의 주인은 자신이 취한 곡물 모두를 물어줘야 한다.

**제121조** 만약 어떤 사람이 다른 사람의 집에 곡물을 보관시킬 경우에는 1년에 곡물 5카당 1구르의 보관료를 지불해야 한다.

**제122조** 만약 어떤 사람이 다른 사람에게 은과 금을 비롯한 물건을 맡길 경우에는 그 물건들을 증인에게 보여주고, 안전한 보관을 위해 계약서를 작성한 다음에 물건을 넘겨줘야 한다.

**제123조** 만약 물건을 맡긴 사람이 증인을 확보하지 않거나 계약서를 쓰지 않고 물건을 맡겼을 경우에는 물건을 맡은 사람이 부인하면 그 물건에 대한 청구가 허용되지 않는다.

**제124조** 만약 어떤 사람이 증인들 앞에서 은, 금 또는 다른 물건들을 안전한 보관을 위해 받아놓고도 이를 부인하면, 보관을 위해 물건을 받은 사람은 재판관 앞에 나가야 하며 자신이 부인한 것 모두를 배상해야 한다.

**제125조** 만약 어떤 사람이 다른 사람에게 안전한 보관을 위해 물건을 맡겼는데 맡긴 물건과 보관을 부탁받은 사람의 재산까지 도둑이나 강도에게 잃어버릴 경우, 주의를 게을리 한 그 집의 주인은 그 물건의 주인에게 맡긴 물건만큼 배상해야 한다. 그러나 그 집의 주인은 자신의 재산을 추적하여 도둑으로부터 되찾을 수 있다.

**제126조** 만약 어떤 사람이 물건을 잃어버리지 않고도 거짓으로 물건을 잃어버렸다고 말할 경우에 그 사람이 신 앞에서 자신의 물건과 피해액을 선서한다면, 그가 그 물건을 잃어버리지 않았다 할지라도 그는 자신이 잃어버렸다고 주장한 물건을 전액 배상받을 수 있다. (즉, 잃어버린 물건에 대한 배상을 받는 데는 서약만 필요하다.)

**제127조** 만약 어떤 사람이 여사제나 다른 사람의 아내가 나쁜 짓을 했다고 손가락질해놓고 그것을 입증하지 못할 경우에는 그 사람을 재판관 앞으로 데려가 그의 이마에 그런 잘못을 저지른 사람이라는 표시를 한다.

**제128조** 만약 남자가 아내를 얻어놓고도 그녀와 육체관계를 하지 않는다면, 그 여자는 그의 아내가 아니다.

**제129조** 만약 결혼한 여자가 다른 남자와 함께 누워 있다가 발각되면

두 사람을 묶어서 물속으로 던진다. 그러나 만약 남편이 아내를 용서하면 왕도 자신의 백성(그 남자)을 살려줄 수 있다.

**제130조** 만약 어떤 남자가 아직 남자를 전혀 알지 못하는 상태에서 자기 아버지의 집에서 살고 있는 다른 사람의 아내(어린 아내)를 범하다가 발각될 경우에는 남자는 사형에 처하지만 그 여자는 아무 죄가 없다.

**제131조** 만약 남편이 자기 아내를 비난하는데도 그녀가 다른 남자와 자다가 발각된 적이 없다면, 그녀는 신 앞에 맹세한 뒤 친가로 돌아갈 수 있다.

**제132조** 만약 남편이 있는 아내가 다른 남자와 놀아났다는 손가락질을 받지만 그 남자와 함께 자다가 걸리지는 않았다면, 그녀는 자기 남편을 위하여 강물에 투신해야 한다.

**제133조** 만약 남편이 포로가 되었으나 집에 생계 수단이 있다면, 아내는 포로가 된 남편에게 충실해야 한다. 그녀가 집을 지키지 않고 다른 사람의 집으로 갈 경우에는 그녀를 법적으로 처벌하여 강물로 던져 죽여야 한다.

**제134조** 만약 남편이 포로가 되었는데 집에는 생계 수단이 하나도 없을 경우에는 그녀가 다른 집으로 가더라도 탓해서는 안 된다.

**제135조** 만약 남편이 포로로 잡혔는데 그의 집에 먹을 것이 없어서 아내가 다른 집으로 가 아이를 낳았을 경우 훗날 그 남편이 돌아오면 아내는 본래 남편에게 돌아가야 하지만 자식들은 아버지를 따라야 한다.

**제136조** 만약 남자가 자기 집을 떠나 다른 곳으로 도망갔다가 나중에 집으로 돌아와 아내를 돌려받기를 원한다면, 이 남자는 도망을 간 사람이기 때문에 아내가 남편에게 돌아갈 필요가 없다.

**제137조** 만약 남자가 자신에게 아이를 낳아준 여인이나 부인과 헤어지기를 원할 경우에는 그 여자에게 그녀의 지참금을 돌려주고 경작지나 과수원, 재산 등을 사용할 권리 일부를 줘야 한다. 그 여자가 아이들을 다 길렀을 때에는 모든 것 중 일부가 아이들에게 돌아가며 그 여자에게도 아들의 몫만큼 줘야 한다. 그러면 그녀는 마음에 간직한 남자와 결혼할 수 있다.

**제138조** 만약 남자가 자신의 아이를 낳지 않은 아내와 헤어지기를 원할 경우에는 그녀를 사는 데 든 액수만큼의 돈과 그녀가 자기 아버지의 집에서 가져온 지참금을 줘서 보내야 한다.

**제139조** 만약 이때 남자가 아내를 맞아들이면서 돈을 한 푼도 지급하지 않았다면 아내를 놓아주는 선물로 금 1미나를 줘야 한다.

**제140조** 만약 남자가 자유민이라면 여자에게 3분의 1미나를 줘야 한다.

**제141조** 만약 아내가 집을 떠나길 원하고 가산을 낭비하여 빚더미에 앉은 것이 법적으로 확인되고 남편도 아내를 놓아주기를 원한다면, 그녀는 자신의 길을 걸을 수 있다. 이때는 남편이 그녀에게 아무것도 줄 필요가 없다. 만약 그녀의 남편이 그녀를 놓아주길 원하지 않으면서 다른 부인을 얻으면, 그녀는 남편의 집에서 종으로 살아야 한다.

**제142조** 만약 여자가 남편과 말다툼을 하다가 "당신은 나와 어울리지 않는다."라고 말하면, 그녀가 그런 편견을 갖게 된 이유를 제시해야 한다. 만약 그녀에게 아무런 잘못이 없는데도 그가 아내를 무시했다면, 이 여인에게는 죄를 물을 수 없으며 그녀는 자신의 지참금을 챙겨 자기 아버지의 집으로 돌아갈 수 있다.

**제143조** 만약 그녀가 순진하지 않으면서 남편을 두시하고 패가망신

시킨다면, 그 여자를 물속으로 던진다.

**제144조** 만약 남편이 아내를 얻었는데 이 아내가 남편에게 여자 종을 얻어줘 아이를 낳게 했다면 남편이 또 다른 부인을 얻기를 원하더라도 그것이 용납되지 않는다. 그는 두 번째 부인을 얻을 수 없다.

**제145조** 만약 남자가 아내를 얻었는데 그 여자가 자녀를 낳지 못할 경우에는 남편이 두 번째 아내를 집으로 데려올 수 있지만 두 번째 부인에게는 본부인과 똑같은 권리가 주어지지 않는다.

**제146조** 만약 남자가 아내를 얻었는데 그 여자가 남편에게 여자 종을 아내로 주어 아기를 갖게 했다면, 이 여자 종은 본부인과 똑같은 권리를 누린다. 그 여자 종이 그에게 아이를 낳아주었기 때문에 그녀의 주인은 돈을 받고 그녀를 팔지 못할 것이다. 그렇지만 그 남자는 그녀를 여전히 노예로 부릴 수 있다.

**제147조** 만약 여자 종이 그 남자에게 아기를 낳아주지 못하면, 그녀의 안주인이 돈을 받고 그녀를 팔 수 있다.

**제148조** 만약 남자가 아내를 얻었으나 그 아내가 병에 걸린 탓에 두 번째 부인을 얻기를 원한다면 그 사람은 병에 걸린 부인을 버릴 수 없다. 그 사람은 자신이 지은 집에 그녀를 살게 하면서 죽을 때까지 부양해야 한다.

**제149조** 만약 그의 본처가 남편의 집에 남기를 원하지 않는다면 남편은 그녀가 가져온 지참금을 돌려줘야 한다. 그러면 그녀는 자기 아버지의 집으로 돌아갈 수 있다.

**제150조** 만약 남자가 자기 아내에게 경작지와 과수원과 주택과 그것을 증명하는 증서를 주었고 남편의 사후에도 아들들이 그것들에 대한

소유권을 주장하지 않는다면, 그 어머니는 자신이 좋아하는 아들 하나에게 모든 것을 물려주고 다른 아들들에게는 주지 않아도 된다.

**제151조** 만약 남편의 집에서 살았던 여자가 자기 남편과 결혼 전에 어떠한 채권자도 자신을 체포하지 못한다는 내용의 합의를 하고 그것을 뒷받침할 서류를 작성했다면, 어떤 채권자도 남편이 그 여자와 결혼하기 전에 진 빚 때문에 그녀를 잡아두지 못한다. 만약 그 여자에게 남편의 집으로 들어가기 전에 빚이 있었다면, 그녀의 채권자는 그 일로 그녀의 남편을 체포할 수 없다.

**제152조** 만약 그 여자가 남자의 집으로 들어간 뒤에 양측이 빚을 지게 될 경우에는 두 사람이 채권자에게 빚을 갚아야 한다.

**제153조** 만약 한 남자의 아내가 다른 남자 때문에 그들의 짝(그녀의 남편과 다른 남자의 아내)을 살해했다면, 두 사람 모두 말뚝으로 찔러 죽인다.

**제154조** 만약 남자가 자신의 딸을 범하면 그는 도시에서 추방된다.

**제155조** 만약 사람이 어떤 소녀를 자기 아들과 약혼시켜 놓고 자기 아들이 그녀와 성관계를 한 후에 그녀를 더럽히다 붙잡히면 그를 묶어 물속으로 던진다.

**제156조** 만약 사람이 어떤 소녀를 자기 아들과 약혼시켜 놓고 자기 아들이 아직 그녀를 알지 못하는 가운데 그녀를 더럽혔다면, 그는 그녀에게 금 반 미나를 주고 그녀가 자기 아버지의 집에서 가져온 모든 것을 배상해야 한다. 그러면 그녀는 자신이 마음에 품었던 남자와 결혼할 수 있다.

**제157조** 만약 누군가가 자기 아버지가 죽은 뒤에 어머니를 범한다면

화형에 처해진다.

**제158조** 만약 누군가가 자기 아버지가 죽은 뒤에 아버지의 아기를 낳았던 계모와 함께 있다가 붙잡힌다면, 그는 아버지의 집에서 추방된다.

**제159조** 만약 사람이 장인의 집에 선물들을 갖다 주고 그 대금을 치른 뒤에 다른 아내를 찾기 위해 그 장인에게 "저는 당신의 딸을 원하지 않습니다."라고 말한다면, 그 소녀의 아버지는 그가 준 모든 것을 가질 수 있다.

**제160조** 만약 사람이 장인의 집에 선물들을 갖다 주고 자기 아내를 위하여 그 물건의 대금까지 지급했는데 그 소녀의 아버지가 "나는 자네에게 내 딸을 주지 않을 걸세."라고 말한다면, 그 장인은 그 남자가 가져온 모든 것을 돌려줘야 한다.

**제161조** 만약 사람이 장인의 집으로 선물들을 갖다 주고 그 대금을 치렀는데 그의 친구가 그를 중상하는 바람에 그의 장인이 젊은 남편에게 "자네는 내 딸과 결혼할 수 없네."라고 말한다면 그 장인은 젊은이가 가져온 것을 몽땅 돌려줘야 한다. 그러나 그 여자는 친구를 중상한 그 사람과는 결혼할 수 없다.

**제162조** 만약 남자가 여자와 결혼을 하고 그녀가 아들을 낳았는데 이 여인이 죽는다면 그녀의 아버지는 그녀의 지참금에 대해 아무 권리도 주장할 수 없다. 그것은 그녀의 아들들의 것이다.

**제163조** 만약 남자가 여자와 결혼하고 그녀가 아들을 낳지 않은 가운데 죽고 그가 장인의 집에 지급한 '구입비'를 돌려받았다면, 그녀의 남편은 아내의 지참금에 대한 권리는 전혀 주장하지 못한다. 그 지참금은 그녀의 아버지 집의 것이다.

제164조  만약 장인이 그 남자가 신부를 사는 데 들인 돈을 내놓지 않는다면, 그는 지참금에서 그 돈만큼 빼고 나머지만 장인의 집에 주면 된다.

제165조  만약 어떤 사람이 아들 중에서 자기가 좋아하는 아들 하나에게 경작지와 과수원과 주택을 주었는데 훗날 그 아버지가 죽고 형제들이 재산을 나눈다면, 그 형제들은 아버지가 좋아했던 아들에게 아버지의 선물을 먼저 준 뒤에 나머지 재산을 나눠 갖는다.

제166조  만약 사람이 자기 아들들에게 아내를 얻어주었으나 어린 아들에게는 아직 아내를 얻어주지 못한 상태에서 죽는다면 아들들이 아버지의 유산을 나눌 때 어린 형제가 신부를 사는 데 필요한 돈을 별도로 떼어놓아야 한다.

제167조  사람이 아내와 결혼하여 아이들을 낳았는데 이 아내가 죽고 다시 얻은 아내도 아이를 낳은 후에 죽는다면, 아들들은 어머니에 따라 부동산을 나눠서는 안 된다. 아들들은 어머니의 지참금만 그런 식으로 분배해야 한다. 아버지가 남긴 유산은 서로 똑같이 나눠야 한다.

제168조  사람이 자기 아들을 집에서 쫓아내기를 원하여 재판관 앞에서 "나는 아들을 쫓아버리기를 원한다."고 선언하면 재판관은 그 이유를 조사해야 한다. 만약 그 아들이 집에서 쫓겨날 만한 중대한 잘못을 저지르지 않았다면, 그 아버지는 아들을 쫓을 수 없다.

제169조  만약 그 아들이 부자 관계를 끊어야 할 만큼 중대한 실수를 저질렀다 하더라도 그런 일이 처음일 경우에는 아버지가 아들을 용서해줘야 한다. 그러나 만약에 아들이 그런 중대한 잘못을 재차 저지른다면 그 아버지는 아들에게서 부자관계를 박탈할 것이다.

제170조  만약 어떤 사람의 아내만 아니라 하녀와의 사이에도 아들을

낳고 살아생전에 그 하녀가 낳은 아이들을 "나의 아들들"이라고 불렀다면, 그 사람은 하녀와의 사이에 난 아들도 자기 아내의 아들로 여기는 것이다. 만약 그런 가운데 그 아버지가 죽는다면 아내와 하녀의 아들들은 아버지의 유산을 똑같이 나눠야 한다. 단, 나눈 재산을 먼저 선택할 권리는 아내의 아들에게 있다.

**제171조** 그러나 만약에 아버지가 생전에 하녀가 낳은 아들을 보고 "나의 아들들"이라고 말하지 않은 상태에서 죽는다면, 하녀의 아들들은 아내의 아들들과 똑같이 재산을 나눠 갖지 못한다. 그러나 하녀와 그녀의 아들들에게 자유는 보장해줘야 한다. 아내의 아들들에게는 하녀의 아들들을 노예로 삼을 권리가 없다. 아내는 자기 아버지로부터 받아온 지참금과 자기 남편이 준 선물을 챙겨 남편의 집에서 산다. 그녀가 살아 있는 한 그녀는 그 집을 이용할 수 있지만 돈을 받고 팔아서는 안 된다. 그녀가 남기는 것이면 무엇이든 그녀의 아이들의 것이다.

**제172조** 만약 그녀의 남편이 전혀 선물을 남기지 않았다면 그녀는 그녀의 선물에 해당하는 것만큼 배상을 받고 남편의 재산 중에서 아들의 몫과 똑같이 받는다. 만약 아들들이 어머니를 압박하여 집에서 내쫓으려 들면 재판관이 그 문제를 조사해야 한다. 만약 아들들이 잘못을 했다면 그 여자는 남편의 집을 떠나지 않아도 된다. 만약 그 여자가 그 집을 떠나기를 원하면 남편이 준 선물들을 아들들에게 넘겨줘야 하지만 자기 아버지의 집에서 가져온 지참금은 가지고 갈 수 있다. 그런 다음에 그녀는 자신이 마음에 품은 남자와 결혼할 수 있다.

**제173조** 만약 이 여인이 두 번째 남편과의 사이에 아들을 낳은 뒤에 죽게 된다면, 그녀가 전 남편에서 낳은 아들과 두 번째 남편에서 낳은 아들들이 그녀의 결혼지참금을 나눠 갖는다.

**제174조** 만약 그녀가 두 번째 남편과의 사이에 아들을 남기지 않은 경우 첫 번째 남편과의 사이에 태어난 아들들이 그 지참금을 갖는다.

제175조 만약 국가의 노예나 자유 시민의 노예가 자유 시민의 딸과
결혼하여 아이를 낳는다면, 그 노예의 주인에게는 자유 시민의 아이들
을 노예로 만들 권한이 없다.

제176조 그러나 만약에 국가의 노예나 자유 시민의 노예가 어떤 사람
의 딸과 결혼했는데 그 여자가 결혼한 뒤에 자기 아버지의 집에서 지참
금을 가져왔고, 그 후에 두 사람이 그 지참금으로 가정을 꾸리고 재산
을 늘렸는데 그 노예가 죽었다면, 자유의 몸으로 태어난 그 여자는 자
신의 지참금을 챙길 수 있다. 그녀와 남편이 번 재산은 이등분한 뒤 반
은 노예의 주인에게 주고 반은 자녀들을 위하여 그녀가 갖는다.

제177조 만약 미성년의 자녀를 둔 과부가 다른 사람의 집으로 들어가
기를 원한다면 재판관의 동의를 받지 않고 들어가서는 안 된다. 만약 그
녀가 다른 사람의 집에 들어간다면, 재판관은 그녀의 전 남편의 재산을
조사해야 한다. 그런 다음에 전 남편의 집은 두 번째 남편에게 맡기고
그녀가 그 재산을 관리하게 된다. 이때는 기록을 남겨야 한다. 그녀는
그 집을 잘 관리하고 아이들을 키워야 하며 집안 세간을 팔아서는 안 된
다. 과부의 자녀들의 세간을 사는 사람은 그 돈을 잃고 말 것이다. 그 세
간은 원래 소유자들에게 돌려줘야 한다.

제178조 만약 '신에게 헌신한 여자'나 매춘부가 자기 아버지로부터
결혼 지참금과 그에 대한 증서를 받았지만 그 증서에 그녀가 지참금을
유언을 통해 원하는 사람에게 물려줄 수 있다거나 그녀가 마음대로 처
분할 권한을 갖는다는 내용이 명확히 언급되어 있지 않은 상태에서 그
녀의 아버지가 죽는다면, 그녀의 남자 형제들이 그녀의 경작지와 과수
원을 갖고 그녀에게는 그녀의 몫에 따라 곡물과 기름, 우유를 줘서 그
녀를 만족시켜야 한다. 만약 그녀의 남자 형제들이 그녀의 몫에 따라 곡
물과 기름, 우유를 주지 않을 경우에는 그녀의 농경지와 과수원은 그녀
가 선택하는 농부에게 줘야 한다. 그러면 이 농부는 그녀를 부양해야 한
다. 그녀는 살아 있는 동안에는 자기 아버지가 준 경작지와 과수원 등

모든 것의 사용권을 갖지만 그것을 다른 사람에게 넘기거나 팔아서는 안 된다. 상속에 대한 그녀의 지위는 그녀의 남자 형제들이 갖는다.

**제179조** 만약 '신의 여자' 또는 매춘부가 자기 아버지로부터 선물과 더불어 그것을 그녀 마음대로 쓸 수 있다는 내용이 담긴 증서를 받는다면, 그녀는 아버지가 죽더라도 자신의 재산을 자신이 원하는 사람에게 남길 수 있다. 여기에 대해서는 그녀의 남자 형제들이 이의를 제기할 수 없다.

**제180조** 만약 아버지가 결혼할 수 있거나 결혼할 수 없는 딸에게 지참금을 주지 않은 가운데 죽게 되면, 그녀는 그 사람의 자식으로서 아버지 재산에서 일정 몫을 받아 자신이 살아 있는 동안에 그것의 이용권을 누린다. 그래도 그 재산의 소유권은 그녀의 남자 형제들에게 있다.

**제181조** 만약 아버지가 자신의 딸을 여사제로 신에게 바친 뒤 그녀에게 지참금을 남기지 않은 가운데 죽는다면, 그녀는 아버지의 유산 중에서 아들 상속분의 3분의 1에 해당하는 것을 받아 살아 있는 동안에는 그것의 사용권을 누릴 수 있다. 그 재산의 소유권은 그녀의 남자 형제들에게 있다.

**제182조** 만약 아버지가 자기 딸을 바빌론의 마르둑(Marduk) 신의 아내로 바쳐놓고 그녀에게 지참금이나 증서를 남기지 않은 상태에서 죽는다면, 그녀는 아버지의 유산 중에서 자식으로서 받을 수 있는 몫의 3분의 1을 받지만 그것을 관리해서는 안 된다. 마르둑의 아내는 자신의 재산을 자기가 원하는 사람 누구에게나 넘길 수 있다.

**제183조** 만약 아버지가 첩에서 난 딸에게 결혼 지참금을 주고 남편을 얻어주고 증서를 남긴 가운데 죽는다면, 그녀는 아버지가 남긴 재산에서는 아무것도 받지 못한다.

**제184조** 만약 아버지가 첩에서 난 딸에게 결혼 지참금을 남기지도 않고 남편도 얻어주지 않은 가운데 죽으면, 그녀의 남자 형제가 그녀에게 아버지가 남긴 부에 따라 지참금을 주고 남편을 구해줘야 한다.

**제185조** 만약 어떤 사람이 아이를 입양하여 자신의 이름으로 아들로 키우면, 그 양자를 다시 돌려달라고 요구하지 못한다.

**제186조** 만약 어떤 사람이 아들을 입양하여 키우는데 그 아이가 양부모에게 부상을 입히면, 이 양자는 자기 아버지의 집으로 돌려보내야 한다.

**제187조** 궁정에서 일을 하는 궁녀나 매춘부의 아들은 되돌려달라고 요구할 수 없다.

**제188조** 만약 장인匠人이 어떤 아이를 기르는 일을 맡아 그에게 자신의 기술을 가르쳐주면, 그 아이를 돌려달라고 요구할 수 없다.

**제189조** 만약 그 장인이 자신의 기술을 그 아이에게 가르쳐주지 않으면 이 양자는 자기 아버지의 집으로 돌아갈 수 있다.

**제190조** 만약 사람이 아이를 아들로 입양해 키워놓고는 자기 자식들과 똑같이 부양하지 않는다면, 그 양자는 자기 아버지의 집으로 돌아갈 수 있다.

**제191조** 만약 아들을 입양하여 키운 사람이 가정을 이루어 아이들을 낳은 다음에 이 양자를 내보내기를 원한다면, 그 아들을 그냥 보내서는 안 된다. 양부가 자신의 재산에서 자기 자식들이 물려받을 몫의 3분의 1을 그 양자에게 줘야 한다. 그러면 양부는 그에게 경작지와 과수원, 주택을 줄 필요가 없다.

제192조 만약 궁녀나 매춘부의 아들이 자기 양부나 양모에게 "당신은 나의 아버지나 어머니가 아니다."라고 말한다면, 그 아이의 혀를 자른다.

제193조 만약 궁녀나 매춘부의 아들이 자기 아버지의 집을 갖기를 원하여 양부와 양모를 버리고 자기 아버지의 집으로 돌아가면, 그 아이의 눈알을 뽑는다.

제194조 만약 남자가 자기 아이를 유모에게 맡겼는데 그 아이가 그녀의 보살핌을 받는 동안에 죽었고, 그 유모가 그 아버지와 어머니가 모르는 다른 아이를 돌보고 있었다면, 죽은 아이의 부모가 그녀의 죄를 입증할 경우 유모의 유방을 자른다.

제195조 만약 아들이 아버지를 때리면 아들의 손을 자른다.

제196조 만약 사람이 다른 사람의 눈을 빠지게 만들면, 그 사람의 눈을 뽑는다.

제197조 만약 사람이 다른 사람의 뼈를 부러뜨리면, 그 사람의 뼈를 부러뜨린다.

제198조 만약 그 사람이 자유 시민의 눈을 뽑거나 자유 시민의 뼈를 부러뜨리면, 금 1미나를 물어야 한다.

제199조 만약 사람이 어떤 사람의 노예의 눈을 뽑거나 뼈를 부러뜨리면, 그는 노예의 가격의 2분의 1을 지불해야 한다.

제200조 만약 어떤 사람이 같은 계층의 사람의 이빨을 부러뜨리면, 그 사람의 이빨을 부러뜨린다.

제 201조  만약 그 사람이 자유 시민의 이빨을 부러뜨리면, 그 사람은 금 3분의 1 미나를 지불해야 한다.

제 202조  만약 누구라도 자기보다 높은 계층의 사람을 때리면 사람들이 다 보는 가운데 소가죽 채찍으로 60번 맞아야 한다.

제 203조  만약 자유 시민이 같은 신분의 자유 시민의 신체를 때린다면 금 1미나를 지급해야 한다.

제 204조  만약 자유 시민이 다른 자유 시민의 몸을 때리면 그 사람은 돈으로 10셰켈을 지급해야 한다.

제 205조  만약 자유 시민의 노예가 자유 시민의 신체를 대리면, 그 노예의 귀를 자른다.

제 206조  만약 사람들이 서로 다투다가 상대방을 때려 부상을 입힌다면 그 사람은 "고의로 상처를 입힌 것이 아니다."라고 맹세하고 치료비를 물어줘야 한다.

제 207조  만약 그 사람이 그 상처로 죽는다면, 상처를 입힌 사람은 그와 비슷한 맹세를 하고 만약에 죽은 사람이 자유 시민이라면 돈으로 반 미나를 지급해야 한다.

제 208조  만약 죽은 사람이 자유의 몸이 된 평민이라면 상처를 입힌 사람은 3분의 1 미나를 물어야 한다.

제 209조  만약 사람이 자유의 몸으로 태어난 여자를 때려 뱃속의 아기를 죽게 한다면, 그는 그녀에게 보상금으로 10 셰켈을 지급해야 한다.

제 210조  만약 그 여자가 죽었다면, 그 사람의 딸을 죽인다.

**제211조** 만약 자유의 몸으로 풀려난 계급의 여자가 폭력에 뱃속의 아이를 잃게 되면, 그 사람은 돈으로 5세켈을 지급해야 한다.

**제212조** 만약 이 여인이 죽는다면, 그 사람은 2분의 1 미나를 물어줘야 한다.

**제213조** 만약 사람이 어떤 사람의 하녀를 때렸는데 그녀가 아이를 잃었다면, 그는 돈으로 2세켈을 지불해야 한다.

**제214조** 만약 이 하녀가 죽는다면, 그 사람은 3분의 1미나를 지불해야 한다.

**제215조** 만약 의사가 수술용 칼로 수술을 하여 낫게 하거나 (눈 위의) 종양을 째서 눈을 낫게 한다면, 그에게 10 세켈을 줘야 한다.

**제216조** 만약 그 환자가 자유의 몸이 된 사람이라면, 그 의사는 5세켈을 받는다.

**제217조** 만약 그 환자가 누군가의 노예라면, 노예의 주인이 의사에게 2세켈을 줘야 한다.

**제218조** 만약 의사가 수술용 칼로 크게 절개하여 환자를 죽게 하거나 혹은 수술용 칼로 종양을 절개하다 환자의 눈을 못쓰게 만들면, 의사의 손을 절단한다.

**제219조** 만약 의사가 자유를 얻은 사람의 노예를 수술하다가 죽인다면, 그 의사는 그 노예 대신에 다른 노예로 배상해야 한다.

**제220조** 만약 그 의사가 수술용 칼로 종양을 쨌다가 그 노예의 눈을 못 쓰게 만들면, 의사는 노예의 가치의 반을 돈으로 지급해야 한다.

제 221조  만약 의사가 부러진 뼈를 고치거나 감염된 부위를 낫게 하면, 환자는 의사에게 돈으로 5셰켈을 지급해야 한다.

제 222조  만약 치료를 받은 사람이 자유의 몸이 된 사람이라면 그는 3셰켈을 지급하면 된다.

제 223조  만약 치료를 받은 사람이 노예라면, 그 노예의 주인이 의사에게 2셰켈을 지급한다.

제 224조  만약 수의사가 나귀나 소에게 어려운 수술을 하여 낫게 하면, 그 동물의 주인은 수의사에게 치료비로 6분의 1 셰켈을 지급한다.

제 225조  만약 수의사가 나귀나 소에게 중대한 수술을 하다가 죽일 경우 의사는 동물의 주인에게 동물의 가치의 4분의 1을 배상한다.

제 226조  만약 이발사가 노예의 주인 몰래 노예의 표시를 잘라 노예를 팔지 못하게 만든다면, 이발사의 손을 자른다.

제 227조  만약 사람이 이발사를 속여서 매물로 내놓지 않은 노예에게 노예의 표시를 하게 하면 그 사람을 죽여 자기 집에 묻는다. 이때 이발사는 "고의로 그런 표시를 한 것이 아니다."라고 맹세하면 죄를 묻지 않는다.

제 228조  만약 건축업자가 누군가를 위해 집을 지으면, 그 집의 주인은 수고에 대한 대가로 건평 1 사르(sar)당 2셰켈을 지급한다.

제 229조  만약 건축업자가 다른 사람의 집을 튼튼하게 짓지 않아 집이 무너져 집 주인을 죽게 했다면, 그 건축업자는 사형에 처한다.

제 230조  만약 그 사고로 집 주인의 아들이 죽었다면 그 건축업자의

아들을 죽인다.

**제 231조** 만약 그 사고로 집 주인의 노예가 죽었다면, 건축업자는 집 주인에게 노예로 갚아야 한다.

**제 232조** 만약 그 사고로 재화에 손실을 입었다면, 건축업자는 파손된 것 모두를 배상해야 한다. 건축업자가 그 집을 튼튼하게 짓지 않아 그런 사고가 일어났다면, 건축업자는 자신의 돈으로 그 집을 다시 지어주어야 한다.

**제 233조** 만약 건축업자가 다른 사람의 집을 다 짓기도 전에 벽들이 흔들거리면, 그 업자는 자신의 돈으로 벽을 단단하게 만들어야 한다.

**제 234조** 만약 배를 건조하는 사람이 어떤 사람을 위해 69 구르(gur) 짜리 배를 만들었다면, 배의 주인은 그 조선업자에게 돈으로 2세켈을 지급해야 한다.

**제 235조** 만약 조선업자가 다른 사람을 위해 배를 튼튼하게 짓지 않아 배를 물에 띄운 그 해에 부상자가 생기면 그 업자는 배를 해체하여 자신의 부담으로 다시 단단하게 조립해 주어야 한다.

**제 236조** 만약 사람이 자신의 배를 선원에게 빌려주었는데 그 선원이 부주의하여 배가 부서지거나 좌초하면, 선원은 배의 주인에게 다른 배를 배상으로 줘야 한다.

**제 237조** 만약 사람이 선원과 그 선원의 배를 고용하여 배에 필요한 곡식과 의류, 기름 등을 제공하였는데 그 선원이 부주의하여 배가 부서지고 내용물이 파괴되었다면, 선원이 부서진 배와 그 안에 있던 모든 것에 대해 배상해야 한다.

**제 238조**  만약 선원이 다른 사람의 배를 난파시켜놓고도 그것을 구하지 않았다면, 그가 그 배의 가치의 반만큼 돈으로 지급해야 한다.

**제 239조**  만약 사람이 선원을 고용하면, 그는 1년에 곡물 6구르를 노임으로 지급해야 한다.

**제 240조**  만약 상선이 나룻배와 충돌하여 나룻배를 난파시키면 난파된 배의 주인이 신 앞에서 자신이 잃은 것을 전부 밝혀야 한다. 그러면 나룻배를 난파시킨 상선의 주인은 나룻배 주인에게 나룻배와 그 안에 든 모든 것에 대해 배상해야 한다.

**제 241조**  만약 사람이 노동력으로 쓰기 위해 소를 빌리면, 그 사람은 돈으로 3분의 1미나를 주인에게 지급해야 한다.

**제 242조**  만약 사람이 소들을 1년간 빌리면, 그 사람은 임차료로 곡물 4구르를 지급해야 한다.

**제 243조**  다른 가축을 빌릴 때에는 임차료로 3구르의 곡물을 지급해야 한다.

**제 244조**  만약 사람이 소나 나귀를 고용했는데 그 동물이 경작지에서 사자의 공격을 받아 죽었다면, 그 손실은 그 동물의 주인에게 돌아간다.

**제 245조**  만약 사람이 소를 빌렸다가 잘못 다루거나 때리다가 죽이게 되면, 그 사람은 소의 주인에게 소로 배상해야 한다.

**제 246조**  만약 사람이 소를 빌렸다가 소의 다리를 브러뜨리거나 목의 인대를 끊으면, 그 사람은 소의 주인에게 소로 배상해야 한다.

**제 247조**  만약 사람이 소를 빌렸다가 소의 눈을 못 쓰게 만들면, 그 사

람은 소의 주인에게 소의 가치의 반을 지급해야 한다.

**제 248조**  만약 사람이 소를 빌렸다가 뿔을 부러뜨리거나 꼬리를 자르거나 주둥이에 손상을 입히면, 그 사람은 소의 가치의 4분의 1을 돈으로 지급해야 한다.

**제 249조**  만약 사람이 소를 빌렸다가 신의 뜻으로 그 소가 죽게 되면, 그 소를 빌린 사람이 신 앞에 맹세를 하면 죄를 묻지 않는다.

**제 250조**  만약 소가 거리를 지나는 동안에 누군가가 소를 밀어 죽게 한다면, 그 소의 주인은 (소를 빌린 사람을 상대로) 소송을 제기하지 못한다.

**제 251조**  만약 소가 뿔로 받는 버릇을 갖고 있고 그 소가 뿔로 받는 것으로 확인되었는데도 뿔을 묶지 않아 그 소가 자유의 몸으로 태어난 사람을 받아 죽인다면, 그 소의 주인은 돈으로 2분의 1미나를 지급해야 한다.

**제 252조**  만약 그 소가 어떤 사람의 노예를 죽이면, 그 소의 주인은 3분의 1미나를 지급해야 한다.

**제 253조**  만약 사람이 다른 사람에게 자신의 경작지를 돌보며 경작해 달라고 종자를 주고 소를 건네주었는데 그 사람이 곡물을 훔친다면, 그 사람의 손을 잘라버린다.

**제 254조**  만약 그 사람이 종자를 자기 자신을 위해 취하고 소를 이용하지 않는다면, 그 사람은 종자의 양만큼 배상해야 한다.

**제 255조**  만약 그 사람이 건네받은 소의 멍에를 다른 사람에게 빌려주거나 종자를 훔치고 경작지에 아무것도 심지 않은 것이 드러나면 그에

게 유죄판결이 내려지며, 그는 1백 간당 곡물 60구르씩 지급해야 한다.

제 256조  만약 그의 마을이 그를 대신해서 지급하지 않으면, 그 사람을 그 경작지에서 가축과 같이 일을 하게 한다.

제 257조  만약 누군가가 경작지에 노동자를 고용한다면, 1년에 8구르의 곡물을 지급한다.

제 258조  만약 누군가가 소를 모는 사람을 고용한다면, 1년에 6구르의 곡물을 지급한다.

제 259조  만약 누군가가 경작지에서 양수차揚水車를 훔친다면, 주인에게 돈으로 5셰켈을 지급해야 한다.

제 260조  만약 누군가가 쟁기를 훔친다면, 돈으로 3셔켈을 지급해야 한다.

제 261조  만약 누군가가 양이나 가축을 돌볼 사람을 고용한다면, 한 해에 8구르를 지급해야 한다.

제 262조  만약 누군가가, … 소나 양을 …

제 263조  만약 사람이 자신에게 맡겨진 소나 양을 죽인다면, 그는 주인에게 소는 소로, 양은 양으로 배상해야 한다.

제 264조  만약 소와 양을 맡은 사람이 계약한 임금에 만족하면서도 소나 양의 수가 줄어들게 만들었다면, 그 목자는 계약 조건에 따라 소와 양의 수를 늘리고 줄어든 이익을 늘려야 한다.

제 265조  만약 소나 양을 맡은 사람이 사기를 일삼거나 자연적 증가분

을 거짓 보고하거나 돈을 받고 팔았다면, 그 목자는 유죄가 인정되며 손실의 10배를 주인에게 지급해야 한다.

제 266조  만약 그 동물이 신의 뜻에 따라 마구간에서 죽거나 사자에게 죽음을 당했다면 그 목자가 신 앞에 자신의 무고함을 선서할 경우에는 주인이 마구간에서 일어난 사고에 따른 손실을 떠안아야 한다.

제 267조  만약 그 목자가 무엇인가를 간과하여 마구간에서 사고가 일어났고 그의 잘못이 인정될 경우에는 그는 주인에게 그 소나 양을 배상해줘야 한다.

제 268조  만약 사람이 타작을 위하여 소를 빌린다면, 임차료는 곡물 20카이다.

제 269조  만약 사람이 타작을 위하여 나귀를 빌린다면, 임차료는 곡물 20카이다.

제 270조  만약 사람이 타작을 위하여 어린 동물을 빌린다면, 임차료는 곡물 10카이다.

제 271조  만약 사람이 소와 수레를 빌리고 마부까지 고용한다면, 임차료는 하루에 1백80카이다.

제 272조  만약 사람이 수레만을 빌린다면, 임차료는 하루에 곡물 40카이다.

제 273조  만약 사람이 일용 노동자를 고용한다면, 그는 새해부터 다섯째 달(4월부터 8월까지는 낮도 길고 일도 힘든다)까지는 하루에 돈으로 6게라(gerah)를 지급해야 한다. 여섯째 달부터 그해 말까지는 하루에 5게라를 지급하면 된다.

제 274조  만약 사람이 숙련된 장인을 고용한다면, 그는 옹기장이에게
는 하루에 5게라를 지급한다.

제 275조  만약 사람이 나룻배를 빌린다면, 그는 돈으로 하루에 3게라
를 지급해야 한다.

제 276조  만약 그가 짐배를 빌린다면, 그는 하루에 2.5게라를 지급해
야 한다.

제 277조  만약 사람이 60구르 짜리 배를 빌린다면, 그는 하루에 돈으
로 6분의 1세켈을 지급해야 한다.

제 278조  만약 사람이 남자 노예나 여자 노예를 샀는데 한 달이 채 지
나기도 전에 간질을 일으킨다면, 그 사람은 그 노예를 원래 주인에게 돌
려주고 지급했던 돈을 돌려받는다.

제 280조  만약 외국에 머무는 동안에 사람이 자기 나라 사람의 남자나
여자 노예를 샀는데 나중에 집으로 돌아와서 그 노예의 주인이 노예를
알아볼 경우에는 그 남자 노예나 여자 노예가 그 나라에서 태어났다면
그는 돈을 받지 않고 그 노예를 돌려줘야 한다.

제 281조  만약 그 노예들이 다른 나라에서 왔다면 그들을 산 사람은
자신이 지급한 돈의 액수를 신 앞에 맹세할 경우 그 노예의 주인은 상인
에게 지급한 돈을 주고 그 노예를 가질 수 있다.

제 282조  만약 노예가 자기 주인에게 "당신은 나의 주인이 아니오."라
고 말하면, 그 주인은 그가 자기 노예임을 증명한 뒤에 그의 귀를 자른
다.

3장

# 테세우스, 아테네를 건설하다

(B.C. 1235)

PLUTARCH
**플루타르코스** (A.D. 46년경- A.D. 120년)

『영웅전』으로 널리 알려진 고대 그리스의 철학자이며 정치가, 작가, 역사가. 그리스 델포이 인근에서 태어난 그의 집안은 풍족했다. 그가 남긴 또 다른 저작인『도덕론』에는 형제를 비롯한 가족에 관한 이야기가 자주 나온다.

그는 A.D. 66년부터 2년가량 아테네의 아카데미에서 철학을 배웠다. 지금의 스페인과 이탈리아, 그리스, 알렉산드리아 등 여러 지방을 여행했다. 아폴로 신전의 신관으로 활동하기도 했다. 그 덕에 그는 로마 제국에서 유명 인사가 될 수 있었다.

그리스 신화 속에서는 아테네라는 도시의 이름이 아테나 여신에서 비롯된 것으로 전해온다. 그럼에도 그리스인들은 아테네의 건설을 이집트 출신인 사이스(Sais)의 공으로 돌린다. 하지만 아테네의 진정한 창설자, 즉 아테네를 하나의 도시이자 왕국으로 만든 사람은 서출 庶出이던 테세우스(Theseus)였다. 그의 출생과 성장을 둘러싼 신화가 많이 이야기되고 있다.

그의 아버지인 아티카의 왕 아이게우스(Aegeus)는 아이트라(Aethra)와 정을 통했다. 아이게우스는 아이트라의 곁을 떠나기 전에 그녀에게 자신의 검과 샌들을 커다란 바위 밑에 숨겨 두었다고 일러주었다. 둘 사이의 통정으로 아들이 태어날 경우에는 아이가 그 바위를 들 정도로 성장하면 아이트라가 아들에게 그 물건들을 찾게 한 뒤에 몰래 숨겨 아버지를 찾도록 하게 되어 있었다. 아이게우스가 한때 체류했던 트로이젠(Troezen)에서 일어난 일들이었다.

기대했던 일들이 현실로 나타났다. 아이게우스의 아들 테세우스가 바위를 들어 아버지가 숨겨 둔 물건들을 챙겨 아버지의 고향인 아티카를 향해 출발했다. 아버지를 찾아가는 길에 테세우스는 자신의 용맹을 입증할 모험을 여러 차례 겪었다. 곤봉을 귀신처럼 잘 휘둘러 '곤봉잡이'로 불리던 페리페테스(Periphetes)를 물리친 것은 아무것도 아니었다.

테세우스는 자기 나라의 관습에 따라 델피로 가서 자신의 배냇머리를 제단에 바쳤다. 그리스인들 사이에는 세상에 태어나 처음 머리를 자르는 행위가 매우 신성하게 받아들여졌으며, 당연히 그 머리카락은 어느 신에게 바치게 되어 있었다. 호메로스(Homer)도 '일리아드'에서 이 의식에 대해 노래하고 있다.

그리스의 역사를 거론할 때 반드시 짚고 넘어가야 할 명백한 사실이 한 가지 있다. 각각의 도시가 독립적인 주권을 누렸다는 사실이다. "그리스인의 애국심은 자신의 도시에 국한되었으며, 헬라스(Hel-las: 그리스의 옛 이름) 전체의 번영을 염원하는 마음까지 불러일으키는 경우는 극히 드물었다."

아테네의 그리스 시민도 같은 반도 안의 다른 도시에 가면 외국인이었다. 이런 정치적 분열 때문에 여러 도시들이 서로 반목의 관계에 놓였으며, 그 결과 마케도니아 사람들에게 쉽게 정복당하고 말았다.

　테세우스가 자신의 여정을 재촉하면서 케피소스(Cephisus) 강에 닿았을 때에야 처음으로 피탈리데(Phytalid) 사람들이 그를 따뜻하게 맞아 주었다. 그는 그 사람들에게 자신이 여행 도중에 사람들을 죽인 죄를 씻어달라고 부탁했고, 그들은 그의 죄를 씻어주고 아픈 마음을 달래주기 위해 물건들을 내놓고 그를 집으로 불러 환영했다. 여행길에 나선 후로 그에게 친절을 베푼 사람들은 이들이 처음이었다.

　테세우스가 자신이 목적한 도시에 닿은 것은, 오늘날 헤카톰바이온(Hecatombaion: 아테네의 1년 중 첫 번째 달로, 하지夏至 지나서 달이 새로 생기는 첫 날에 시작된다)이라 불리는 크로니온 달의 8일째 되던 날로 전해온다.

　그 도시로 들어가던 테세우스는 사회가 도당들에 의해 어수선하게 돌아가고 있다는 사실을 깨달았으며, 아이게우스의 집도 엄청난 무질서 상태에 빠져 있다는 것을 확인했다. 코린토스(Corinth)에서 추방당한 메데아(Medea)가 아이게우스와 함께 살며 아이게우스에게 약을 먹여 아이를 가질 수 있게 함으로써　벌어진 일이었다.

　테세우스의 정체를 가장 먼저 눈치 챈 사람이 바로 메데아였다. 반면에 나이가 많았던 아이게우스는 혼란스런 사회상 때문에 모든 사람을 두려워하고 있었으며, 테세우스를 알아보지도 못했다. 이어서 그녀가 아이게우스를 구슬려 삶아 테세우스를 연회에 초청하도록 했다. 그 기회를 틈타 그를 독살할 계략이었다.

　당연히 테세우스가 아이게우스의 테이블로 가게 되었다. 그는 자신의 이름을 먼저 밝히고 싶지는 않았지만 자기 아버지에게 아들을 알아볼 기회를 주기 위해 칼을 끄집어냈다. 그러면서 마치 그것으로 식탁의 고기를 썰려는 듯한 동작을 취하면서 칼을 아이게우스에게 보여주었다. 그러자 아이게우스가 당장 그 칼을 알아보고는, 독이 든 잔을 엎질러가며 자기 아들을 유심히 뜯어 살핀 뒤 마침내 뜨겁게 끌어안았다.

　그런 뒤 아이게우스는 공식적인 회의를 소집하고 시민들에게 테세우스를 자기 아들로 소개했다. 이때 이미 테세우스는 용맹으로 그곳 시민들 사이에 인기가 높은 상태였다.

　그러나 아이게우스의 처남인 팔라스(Pallas)의 아들들의 분노가 이만저만이 아니었다. 아이게우스가 죽기만 하면 왕국을 고스란히 물려받을 것으로 생각하고 있었는데, 느닷없이 테세우스가 아이게우스의 후계자로 선언되었기 때문이다. 판디온(Pandion)의 양자로, 에레크테우스(Erechtheus)와는 피가 한 방울도 섞이지 않은 아이게우스가 왕이 된 것도 억울한 일인데, 이제는 이방인이며 외국인인 테세우스가 왕국을 승계하게 되었으니 팔라스의 아들들의 분노도 이해할 만했다. 마침내 그들은 전쟁을 선포하고 나섰다.

　팔라스의 아들들은 두 집단으로 나뉘었다. 한 집단은 그들의 아버지 팔라스의 지휘 아래 스페토스(Sphettus)로부터 공개적으로 그 도시를 공격했다. 그 사이에 다른 한 집단은 적들을 양측에서 습격하기 위하여 가르게토스(Gargettus)에 숨어 기다리고 있었다. 그러나 그 무리 중에는 레오스(Leos)라는, 아그노스(Agnus) 출신의 전령이 있었는데, 이 친구가 팔라스의 아들들의 계획을 테세우스에게 누설했다.

이어 테세우스는 매복하고 있던 적들을 기습 공격하여 모두 죽였다. 팔라스의 지휘 아래 공격에 나섰던 다른 한 집단도 이 소식을 듣고 달아나버렸다. 그날 이후로 팔레네(Pallene) 출신은 아그노스 출신과는 절대로 결혼을 하지 않았으며, 전령들 사이에는 레오스의 배반 때문에 레오라는 발음까지 싫어하게 되어 포고문을 읽을 때에도 ‘Acouete Leo’(영어로는 ‘hear ye people’(너희들이여 듣거라) 정도로 옮겨짐)로 시작하던 관습을 버린 것으로 전해진다.

이런 일이 있은 직후, 크레타에서 조공을 받으러 보낸 배가 아테네에 도착했다. 그때가 세 번째였다. 대부분의 작가들이 이 조공의 기원에 대해서는 의견을 일치를 보인다. 사연은 이렇다. 안드로게우스(Androgeus)가 아이게우스의 배신으로 아티카(Attica)에서 죽음을 당한 직후, 그의 아버지 미노스(Minos)가 전쟁을 선포해 이미 하늘의 저주를 받고 있던(대지는 열매를 맺지 않았고, 지독한 흑사병이 돌았으며, 강들은 바닥을 드러냈다) 아테네에 엄청난 피해를 안겼다.

그러자 아테네 시민들에게 이런 신탁이 내려졌다. 만약 그들이 미노스를 달래어 그와 화해를 이루면, 하늘의 분노도 멈출 것이고 그러면 그들도 고통에서 일시적으로 풀려날 수 있을 것이라는 내용이었다. 그래서 아테네 시민들은 미노스에게 사절단을 보내 그를 설득하여 평화조약을 맺기로 했다. 조건은 9년마다 한 번씩 아테네 주민들이 미노스에게 젊은 청년 7명과 젊은 처녀 7명을 조공으로 받친다는 것이었다.

그 전설 중에서 가장 슬픈 대목은 이 불쌍한 젊은이들을 그린 부분이다. 젊은이들은 크레타(Crete)에 도착하면 예외 없이 미궁迷宮으로 던져졌다. 그러면 젊은이들은 그곳에서 미노타우로스(Minotaur)에게 삼켜지든가 아니면 빠져나오는 길을 찾지 못해 굶어죽든가 둘 중 하나의 운명을 맞았다. 에우리피데스(Euripides: B.C. 480년 경–B.C. 406: 고대 그리스의 3대 비극 작가 중 한 사람)가 들려주는 미노타우르스는 "태어날 때부터 반은 인간이고 반은 소인 괴물"이었다.

그리하여 세 번째로 조공을 바쳐야 하는 때가 되었으며, 따라서 젊은 아들을 둔 아버지들이 제비뽑기를 해야 할 운명에 처했다. 그러자 슬픔에 빠진 사람들이 아이게우스를 욕하기 시작했다. 정작 재난을 부른 장본인임에도 불구하고 아들과 딸을 사지死地로 보내야 하는 부모의 아픔을 나눠질 생각은 한 번도 않고 주민들이 합법적인 가정을 이뤄 낳은 자식을 강탈당하는데도 가만히 지켜보고만 있으면서 외국인이며 서자인 테세우스를 왕국의 후계자로 앉혔다는 불평을 늘어놓은 것이다.

이런 민심이 테세우스를 안절부절못하게 만들었다. 그는 시민들과 멀찍이 떨어져 지내는 쪽보다는 그들과 운명을 함께하는 쪽을 택하기로 작정한 뒤 시민들 앞에 나서서 추첨도 하지 않고 자신이 조공으로 가겠다고 말했다. 주민들 모두가 그의 용기와 애국심을 경탄해마지 않았다. 아이게우스도 아무리 간청해보았자 아들의 마음을 돌려놓을 수 없다는 사실을 깨닫고는 나머지 조공을 추첨으로 정하는 작업에 나섰다.

이 대목에서 헬라니코스(Hellanicus:B.C. 5세기 후반에 활동한 그리스 역사가)는 그 도시가 젊은이와 처녀를 추첨으로 고르지 않았다고 말한다. 미노스 자신이 직접 거기까지 와서 조공을 선택했는데 테세우스를 가장 먼저 골랐다고 한다. 또 조건에 따라 아테네 주민들이 배를 한 척 제공했고, 젊은이들은 무기 같은 것은 전혀 소지하지 않은 채 미노스와 함께 그 배를 타고 항해했으며, 미노타우로스가 죽고 나서야 그 조공이 끝났다고 한다.

그 전까지 그 배에 오른 젊은이들은 살아 돌아올 희망을 절대로 품지 못했다. 그렇기 때문에 사람들은 아예 그 배에 검정 돛을 달았다. 모두가 죽음의 운명을 맞게 되어 있다는 뜻이었다. 그러나 이번에는 테세우스가 자기 아버지를 달래고 나서면서 반드시 미노타우로스를 죽이고 말겠다고 큰소리를 쳤다. 그러자 아이게우스가 배의 키잡이에게 흰 돛을 주면서 만약에 돌아오는 길에 테세우스가 안전하게 살아오면 흰 돛을 올릴 것이고 그렇지 못할 경우에는 애도의 표시로 검정 돛을 달으라고 주문했다.

그러나 시모니데스(Simonides:B.C.556년경–B.C.468년경: 고대 그리스의 시인)는 아이게우스가 준 것이 흰 돛이 아니라 털가시나무 수액으로 물을 들인 진홍빛 돛이었다고 전한다. 시모니데스에 따르면 그 배의 키잡이가 아마르시아스(Amarsyas)의 아들 페레클로스(Phereclus)였다.

그들이 크레타에 도착했을 때, 대부분의 역사학자와 시인들에 따르면, 아리아드네(Ariadne)가 테세우스와 사랑에 빠졌으며, 그는 그녀로부터 실꾸리를 이용하여 미궁의 미로를 찾는 방법을 배웠다. 그는 미노타우로스를 죽이고, 아리아드네와 다른 젊은이들을 배에 싣고 달아났다.

페레키데스(Pherecydes:B.C. 6세기의 그리스 사상가)는 또한 테세우스가 추격을 막기 위해 크레타 선박들의 밑바닥을 모두 망가뜨렸다고 전한다. 그러나 어떤 학자는 테세우스가 배로 달아날 때 미노스의 장군 타우로스(Taurus)가 항구에서 전투를 벌이다 죽음을 당했다고 말한다.

그러나 필로코로스(Philochorus:B.C. 3세기의 고대 그리스 역사학자)에 따르면, 미노스가 경기를 주관할 때 타우로

6세기의 도자기에 그려진 테세우스와 미노타우로스의 결투 장면

스가 모든 상을 휩쓸 것으로 예상되었기 때문에 미노스의 시샘을 사게 되었다고 한다. 타우로스는 막강한 영향력과 바르지 못한 행실 때문에 미노스의 사랑을 받지 못했으며, 그가 미노스 왕의 아내 파시파에(Pasiphae)와 너무 친하다는 소문도 돌았다. 이 때문에 테세우스가 타우로스와 한판 경쟁을 벌이겠다고 제안했을 때, 미노스가 동의하게 되었다. 크레타에서는 남자들만 아니라 여자들도 경기를 구경하는 것이 관례였는데, 그 현장에 있던 아리아드네가 모든 경쟁자들을 물리치는 테세우스의 용모와 힘에 홀딱 반해버렸다. 미노스는 레슬링 경기에서 타우로스가 패배한 데 대해 특히 기뻐하며 조공으로 간 젊은이들을 테세우스에게 돌려주며 장래에는 공물을 면제해주었다.

테세우스가 아티카에 가까워질 때, 그와 키잡이 둘 다 너무 기뻤던 나머지 그만 아이게우스에게 무사 귀환을 알리는 신호로 정한 돛을 올리는 것을 망각하고 말았다. 그 실수 때문에 아이게우스는 깊이 낙담하여 낭떠러지로 몸을 날려 버렸다. 테세우스는 항구에 도착하자마자 자신이 안전하게 귀환하면 신에게 제물을 바치겠노라고 한 약속에 따라 팔레룸(Phalerum)에서 의식을 올리기로 결정하고, 아테네로 전령을 보내 자신의 무사귀환을 알렸다.

이 전령이 만난 사람들은 뜻밖에도 왕의 죽음을 애도하고 있었다. 그런 한편으로 그들의 무사 귀환 소식에 환호하는 사람들도 있었다. 이들은 그 전령에게 축하를 보내면서 꽃다발을 걸어주기를 원했다. 그는 이 모든 것들을 다 받아 전령의 지팡이 위에 걸었다. 그런 뒤 그는 해안으로 다시 돌아갔다. 테세우스는 아직 제주祭酒를 다 올리지 않은 상태였다. 전령은 그 의식을 방해하고 싶지 않아 신전 밖에서 기다렸다. 제식이 끝나자 그가 아이게우스의 죽음을 알렸다. 그곳의 사람들 모두 큰 소리로 비탄을 쏟아내면서 도시로 발길을 서둘렀다. 그런 이유로 오스코포리아(Oschophoria)에서는 오늘날까지 면류관을 쓰는 것은 전령이 아니라 그의 지팡이이며, 제주를 바치는 동안에는 옆에서 지켜보는 사람들이 '에레루, 이우, 이우!'(Eleleu, Iou, Iou!)라고 소리치는 것이 관습으로 자리 잡게 되었다고 한다. 이중 첫 번째 단어는 병사들이 급할 때나 전투를 위해 용기를 북돋울 때 사용되는 것인 반면에 두 번째 단어는 사람들이 놀라거나 곤경에 처했을 때 사용된다.

테세우스는 아버지를 묻은 뒤 피아네프시온(Pyanepsion: 아테네력으로 4번째 달)의 7일째 되는 날에 아폴론에게 맹세를 했다. 목숨을 구한 젊은이들이 그 도시로 들어간 것도 바로 이날이었다. 해마다 이 날이 되면 콩을 삶는 것이 관습으로 내려오는데, 이는 그때 목숨을 구한 젊은이들이 자신들에게 남은 콩을 모두 한 냄비에 집어넣고 삶아서 함께 실컷 먹었기 때문이다. 그리고 이 날이 되면 아테네 주민들은, 테세우스가 예전에 온갖 종류의 생산물 중에서 처음 수확한 것들을 들고 다녔던 것처럼, 양모로 화환처럼 만들어 장식한 올리브 나뭇가지 에이레시오네(Eiresione)를 갖고 다녔다. 그러면 그 날만은 불모지도 비옥해지는 것으로 전해진다. 사람들은 이렇게 노래를 불렀다.

> "에이레시오네, 우리에게 무화과를 주오,
> 그리고 빵과 기름을 주오.

또 마실 포도주를 주오. 그러면 우리 모두는
일손을 놓고 즐겁게 쉴 수 있으리.”

그러나 일부 사람들은 이 의식이 헤라클레이다이(Heracleidae:헤라클
레스의 후손들)를 기린 것이고 그리하여 이들이 아테네 주민들의 환대
를 받았다고 말하지만, 대부분의 작가들은 내가 지금까지 한 이야기
를 그대로 전한다.

아이게우스가 죽은 뒤, 테세우스는 거대하고 중요한 구상을 하나
품었다. 그는 아티카의 주민들 모두를 모아놓고, 그들을 한 도시의
시민으로 만들었다. 그 전에는 사람들이 흩어져 살았기 때문에 공통
의 번영을 위하여 함께 모이기도 힘들었고 심지어 서로 싸우는 경우
도 간혹 있었다.

테세우스는 모든 마을과 부족들을 방문하여 그들의 동의를 끌어냈
다. 가난한 계층과 낮은 계층의 사람들도 그의 제안을 기꺼이 받아들
였다. 그런 한편으로 그는 새 헌법에는 왕을 포함시키지 않고 국가를
순수한 공화국으로 만들겠다고 약속했다. 자신도 군대의 장군과 법
의 수호자로서의 역할만 맡기로 했다.

그 헌법은 모두에게 완벽한 자유와 평등을 허용할 것이었다. 이런
주장을 통해 그는 주민들 일부를 납득시켰다. 그의 권력과 용기를 알
고 있던 나머지 주민들은 어쩔 수 없이 순응하는 길보다는 설득을 당
하는 쪽을 선택했다.

그리하여 그는 프리타네움(prytaneum:고대 도시 국가의 시청)들과 상원,

각 마을의 치안관을 없애고, 현재의 아크로폴리스에 모두를 위한 상원과 단 하나의 프리타네움을 짓고, 그 도시를 아테네로 부르고, 모두가 함께 즐길 수 있는 '판아테나 축제'를 열었다. 그는 또한 헤카톰바이온 달 16일에 아테네에 거주하는 외국인들을 위한 축제를 제정했으며, 이것은 근대까지도 이어져왔다.

그는 자신의 약속에 따라 주권을 내놓고 신들의 보호 아래 새 헌법을 마련했다. 그는 그 도시를 어떻게 다스려야 할 것인지에 대해 델피 신전에 신탁을 물어 다음과 같은 답을 받았다.

> "그대 아이게우스와 피테우스 딸의 아들이여,
> 나의 아버지께서 그대의 도시 안에
> 수많은 도시의 경계를 놓았노라.
> 그대 영혼을 생각으로 짓누르지 말게나.
> 부레는 물에 빠질 수 없는 법이거든."

훗날 시빌(무당)이 그 도시와 관련하여 한 예언에도 같은 내용이 보인다.

> "부레는 물에 잠길 수는 있을지 몰라도 빠질 수는 없는 법이다."

테세우스는 시민의 숫자를 더 늘리기를 원하여 이방인들에게도 그 도시로 와서 똑같은 특권을 누리라고 권했다. 당시 테세우스가 즐기던 구호는 '모든 사람들이여 이리로 오라'(Come hither all ye peoples)였다. 그리하여 그 도시를 모든 민족의 공화국으로 만들었다. 그러나 그는 다양한 민족의 유입으로 자기 나라가 무질서 상태로 빠지도록 내버려두지는 않았으며, 시민들을 3계급, 즉 귀족인 에우파트리다이(Eupatridae)와 농민인 게오모로이(Geomori)와 기능공인 데미우르고이(Demiurgi)로 나눴다.

에우파트리다이에게는 종교 의식의 관리, 도시에 필요한 장관 인력의 공급, 법률과 신성하거나 세속적인 관습에 대한 해석을 맡겼다. 그러면서도 테세우스는 귀족들도 다른 시민들과 동등한 지위에 놓았다. 귀족들은 늘 위엄에서 뛰어나고, 농부들은 유용성에서 탁월하고, 기능공은 수數에서 앞선다는 생각이었다.

아리스토텔레스는 민주주의를 선호하여 왕의 타이틀을 포기한 최초의 사람이 테세우스라고 말한다. 호메로스는 자신의 선박 목록에 언급된 나라 중에서 유일하게 아테네 주민들에 대해서만 이야기함으로써 이 관점을 뒷받침하는 것 같다.

테세우스는 화폐에 황소의 형상을 새겼다. 마라톤의 황소 또는 미노스의 장군 타우로스를 암시하든가 아니면 시민들 사이에 농경을 장려하려는 의미였을 것이다. 이리하여 '황소 10마리의 값이 나가는' 또는 '황소 100마리의 값이 나가는'과 같은 표현이 생겨나게 되었다. 그는 메가라(Megara)를 아티카에 영구히 합병시켰으며 이스트무스(Isthmus)에, 나라들 사이의 경계를 새겨놓은 그 유명한 기둥을 세웠다. 동쪽을 향하는 면에는 이렇게 적었다.

"이곳은 펠로폰네소스가 아니고 이오니아이다."

서쪽으로 향하는 기둥에는 이렇게 적었다.


"이곳은 이오니아가 아니고 펠로폰네소스이다."


그는 또한 그곳에서도 헤라클레스를 모방하여 경기를 개최했다. 헤
라클레스가 제우스에게 경의를 표하여 올림픽 경기를 거행해야 한다
고 규정한 것과 똑같이, 테세우스의 약속에 따라 그곳의 사람들은 포
세이돈에게 경의를 표하여 이스트무스 경기를 열어야 했다.

# 4장

# 인도에 카스트가 형성되다

## (B.C. 1200년경)

GUSTAVE LE BON

**귀스타브 르 봉** (1841-1931)

프랑스의 사회 심리학자로 활동했으며 물리학에도 조예가 깊었다. 군중 심리에 관한 그의 연구는 20세기 초반 학계에 상당한 영향을 끼쳤다. 그의 저서 『군중심리』는 개인의 합리성과는 달리 맹목적이고 충동적인 군중의 특성을 파헤친 책이다. 『물질의 진화』라는 책도 프랑스에서 꽤 인기를 누렸다. 모든 물질은 원래가 불안정하다는 그의 아이디어는 앙리 푸앵카레(Henri Poincaré) 같은 과학자들에게도 우호적으로 받아들여졌다.

카스트 제도가 인도에만 특별히 존재한 것은 아니다. 로마에서도 결혼을 둘러싸고 계층 간에 오랫동안 갈등이 있었다. 그리스인들 사이에서는 계층 간에 식사를 함께 하는 행위가 엄격히 제한되었다. 실제로 카스트 현상은 정도의 차이가 있을 뿐 세계 어디서나 공통적이다. 인도의 경우에는 성직자들과 귀족들이 가장 높은 위치를 놓고 경쟁을 벌였다. 인도는 민족의 변화를 겪으면서 부족들의 느슨한 연합체에서 시작해 왕과 성직자들이 통치하는 몇 개의 국가로 통합되어 갔다. 그 과정에 카스트의 족쇄는 더욱 단단하게 죄어졌다.

처음에는 가족의 아버지가 성직자였다. 그러다 추장과 현자賢者들이 영적 가르침의 자리를 차지하고 제식을 주관했다. 처음에는 글이 알려지지 않았기 때문에 전례를 외워야 했으며, 가족에게 대물림되었다. 말하자면, 고대의 찬송가에 대한 독점적 지식이 세습된 것이다. 신에 봉사하는 사람들이 수적으로 증가했고, 따라서 막강한 성직자 카스트가 탄생했다.

그 다음에는 전사 계급이 나타나 머릿수를 늘리고 권력을 키움에 따라 농민들과 차별화하면서 군사적인 카스트를 형성하기에 이르렀다. 농부들은 또 다른 카스트로 뭉쳤으며, 세 계급은 서로 간의 결혼을 금함으로써 엄격히 분리되었다.

맨 밑바닥에는 인구 중에서 최하층을 이루는 노예의 무리 수드라(Sudra)가 자리 잡았다. 세월이 흐르면서 다양한 영향력이 작용함에 따라 세 번째 계층은 많은 지방에서 거의 사라지게 되었다. 요람에서 무덤까지, 이 잔인한 장벽들은 여전히 국민들의 계층 사이를 가로막고 있으며, 죽음만큼이나 운명적이어서 극복이 거의 불가능하다.

고대에는 인도 왕들의 권력은 명목뿐이었다. 작은 공화국을 형성하고 있던 아리아 사람들의 마을에서는 추장이 라자(rajah)라는 타이틀을 달고 자신의 요새 안에서 안전하게 살면서 전권을 행사했다. 인도에서는 시대를 막론하고 그런 식의 정치제도를 보였다. 이 제도는 정복자들로부터도 언제나 보호를 받아왔다. 그리하여 수 세기 전에 처음 나타난 요소들이 지금도 여전히 내려오게 되었다.

여기서 우리는 카스트 제도의 시작을 확인할 수 있다. 각 계급들이 단지 서로로부터 구분되고자 했던 초기 단계에도 카스트 제도는 매우 엄격했다. 그것이 민족적인 여러 가지 이유로 인해 굳어지게 되자 민족들 사이에 깊이를 가늠할 수 없는 나락이 형성되게 되었다.

'베다'(옛 인도의 성전聖典)를 보면 성직자와 전사들 사이의 거리가 처음에는 조금이다가 세월이 갈수록 점점 더 멀어진 과정을 알 수 있다. 역할의 분화는 거기서 멈추지 않았다. 제식을 올리는 성직자가 날이 갈수록 신성한 의식의 수행과 찬가의 작곡에 자신을 더 충실하게 바치고 전사가 용맹스런 원정이나 위험한 무훈을 쌓느라 세월을 보낸다면, 땅은 도대체 어떻게 될 것이며 누가 경작을 한단 말인가? 세 번째 계급, 즉 농경민이 형성되었다.

'리그베다'의 마지막 찬가들 중 하나에는 3개의 계급이 등장하여 서로 명백히 구분되고 있었으며 이미 브라만(Brahman), 크샤트리아(Kchatrya), 바이샤(Baisya)라는 이름을 얻은 것으로 되어 있다.

네 번째 계급, 즉 수드라는 그 뒤에 나타났으며, 정복을 당한 사람들 중에서 아리아 문명에 합류한 대중을 포함하게 되었다. 지금까지 뒤섞이던 계급들이 이제는 엄격히 분리된 카스트가 되었다.

이 구분 중에서 가장 중요하고 가장 먼저 형성된 것이 성직자와 전사 사이의 구분이다. 인간과 신 사이의 매개자 역할을 맡은 브라만들은 곧 더욱 더 엄격하게 변하여 마침내 자신들을 다른 인간들보다 월등히 우수한 존재로 여기기에 이르렀고, 또 다른 사람들에게도 그런 존재로 받아들여졌다.

전사들과 농경민 사이의 구분도 또한 두드러지게 되었으며, 두말할 필요도 없이 기능의 차이보다는 운명의 차이에서 비롯되었다. 전리품을 가득 안고 돌아오는 전사들의 지도자는 자신을 황금 반지와 멋진 의상과 번득이는 무기로 장식했다. 그러면 그는 베다 시대에 쓰인 단어의 의미 그대로, '빛나다'라는 뜻의 '라자'가 되었다.

그래도 아직까지는 각 계급 간에 절대적인 장벽이 세워지지는 않았다. 각 계급들은 제물을 바치기 위해 함께 섞이기도 하고 공동으로 식사를 하기도 했다.

서서히 관직과 직업의 세습이 정착되기 시작했다. 신성한 종교 노래들이 가족 사이에 대물림 되었고, 제식을 치르는 사람들의 역할 또한 후손에게 물려졌다.

베다의 절대적 권위를 인정하던 아리아인들 사이에 훗날 인도에서 막강한 파워를 행사하게 될 그 제도의 싹들이 움트고 있는 것이 보였다. 그 제도는 지금도 불변의 힘을 인도에 행사하고 있다.

인도의 카스트는 21세기에도 여전하다. 사진은 천민들이 도시의 역 앞에서 텐트를 치고 사는 모습. (사진 제공=백성호 중앙일보 기자)

카스트 제도는 2,000년 동안 인도의 모든 제도의 초석이 되어왔다. 이 제도가 매우 중요한데도 오해를 받는 경우가 자주 있었기 때문에 그것의 기원과 원천, 결과를 간략히 설명하는 것이 바람직할 것이다. 어떤 제도 덕에 몇 명 되지 않은 유럽인들이 당시에 2억5천만 명이 넘던 사람들을 좌지우지할 수 있었다면, 그 제도는 관심을 끌 충분한 가치가 있다.

인도에서는 카스트 제도가 스무 번의 세기를 넘도록 이어져오고 있다. 그건 두말할 필요도 없이 세습법의 인정에 기원을 두고 있다. 우리가 아리아족이라고 부르는 흰 피부의 정복자들이 인도로 쳐들어왔을 때, 그들은 우랄 알타이에서 온 다른 침략자들 외에도 그 침략자들에게 종속되어 있던 검은 피부의 반#야만적인 사람들을 발견했

다. 이 정복자들은 목축과 정착을 반반 정도 하던 부족들이었다. 이
들을 이끈 추장들의 권력과 신들의 보호를 구하는 것을 임무로 여기
던 성직자들의 영향력은 서로 비슷했다. 그들의 직업은 곧 3개의 계
층으로 분리되었다. 성직자 또는 브라만, 전사 또는 크샤트리아, 노
동자나 기능공인 바이샤가 그 계층들이다. 마지막 계층은 아마 방금
설명한 대로 아리아인들보다 먼저 인도를 침공한 사람들에 의해 형
성된 것 같다.

이 구분은 우리 서구의 고대 카스트, 즉 성직자와 귀족과 제3의 계
급과 일치한다. 이 계급들 밑에는 전체 인구의 4분의 3을 차지하는
원주민인 수드라가 있었다.

실제 경험을 통해서 우수한 인종과 열등한 인종의 결합이 많은 불
편을 낳는다는 것이 확인되었다. 그리하여 종교의 모든 금지 조항들
이 인종 간 결합을 막는 경향을 보였다. 고대 힌두교의 법전 제정자
인 현자賢者 마누(Manu)는 "인종 간 혼혈을 낳게 하는 나라들은 예외
없이 그곳에 사는 사람들과 함께 곧 망하게 되어 있다."라고 말했다.
이처럼 가혹했던 마누 법전은 혈통의 순수성을 지키기 위한 일이면
무엇 하나 게을리 하지 않았다.

그 법전은 계급 사이의 모든 혼혈에 대해, 특히 수드라 계급과의
결혼에 대해 무거운 형벌을 가했다. 수드라 계급의 격리를 위해 가능
한 모든 조치가 다 동원되었다.

그러나 수 세기의 세월을 내려오면서 자연이 이런 무서운 금지조
항들을 누르고 승리를 거두었다. 제아무리 계급이 낮은 여자라 하더

라도 매력을 발산하기 마련이다. 마누 법전에도 불구하고, 계급 간의 결혼이 많았으며, 오늘날에는 인도 전역을 돌지 않더라도 모든 인종이 피를 상당히 많이 섞었다는 사실을 확인할 수 있다. 자신이 순수한 백인이라는 점을 입증할 수 있을 만큼 백인의 피가 많이 흐르는 인구는 매우 적다. 카스트라는 단어는 이제 더 이상 원래의 뜻대로 색깔과 동의어일 수는 없게 되었다.

만약에 카스트라는 것이 옛날처럼 인종적인 이유만을 가졌다면, 카스트의 원래 구분은 오래 전에 사라졌다. 그 구분은 이제 새로운 구분으로 대체되었다. 새로운 구분의 기원은, 지금도 인구 중에서 혼혈이 덜한 부분으로 남아 있는 브라만의 경우를 제외하고는 인종의 차이와는 다른 곳에 있다.

카스트 제도를 영속화시켜온 원인들 중에는 세습법이 가장 중요한 역할을 지속적으로 해오고 있다. 재능은 불가피하게 힌두 사람들 사이에 상속되고, 또한 불가피하게 아들은 아버지의 직업을 잇는다. 직업 상속의 원칙이 보편적으로 허용되고 있기 때문에 카스트의 형성이 직업의 수만큼이나 많게 되었다. 오늘날 인도에는 카스트가 1천 개에 달한다. 새로운 직업이 나타날 때마다 새로운 카스트가 하나 탄생한다고 보면 무방하다.

살기 위해 인도에 오는 유럽인들은 자신을 도와줄 사람들을 고용하는 과정에 수많은 사람들을 관찰하면서 그 사회에 카스트가 어느 정도로 복잡하게 얽혀있는지 금방 파악하게 될 것이다. 카스트 형성의 원인으로 앞에서 제시한 두 가지, 즉 오늘날엔 매우 약해진 인종적인 원인과 여전히 매우 강한 직업적 원인에다가 정치적 관점과 종교적 신앙의 차이가 더해졌다.

정치적 관점에서 비롯된 카스트는 엄격히 말하면 직업적인 카스트의 범주에 넣을 수 있다. 하지만 종교적 믿음의 다양성에서 야기된 카스트들은 그 전의 원인 어디에도 덧붙일 수 없다.

이론적으로, 즉 책을 통해서만 판단하면, 인도 전체는 두 세 개의 큰 종교로 구분될 것처럼 보일 것이다. 그러나 실제로 보면 인도에는 종교가 무수히 많다. 고대 신들을 다시 불러내는 것에 지나지 않는 새로운 신들이 매일 태어나고 죽는다. 그 신들의 성직자들은 곧 다른 성직자들만큼이나 배타적인 카스트를 새롭게 형성하게 된다.

같은 카스트에 속하는 사람끼리의 일치를 보여주는 중요한 신호가 두 가지 있다. 모두가 자기 카스트에 속한 사람들을 다른 사람들로부터 분리시키는 역할을 하고 있다. 첫 번째 신호는 사람들이 다른 카스트의 사람들과는 식사를 함께 하지 않는다는 것이다. 두 번째 신호는 사람들이 다른 카스트 사람하고는 결혼을 할 수 없다는 점이다.

이 두 가지 금지 사항은 상당히 중요하다. 첫 번째 금지 사항도 두 번째 금지 사항 못지않게 중요하다. 당신도 인도에 가면 우체국과 철도 등에 고용된 브라만 공무원들을 심심찮게 만날 수 있을 것이다. 심지어 거지가 된 브라만도 있다.

브라만의 사회적 지위는 세습이다. 유럽의 귀족 타이틀과 마찬가지다. 브라만은 일반적으로 알려진 것처럼 성직자의 동의어는 아니다. 성직자들이 이 계급에서 나오는 관계로 생겨난 오해이다. 이 카스트는 옛날에 너무나 기고만장했기 때문에 왕족까지도 브라만의 딸과 결혼할 생각을 품기 어려울 정도였다.

힌두 사람들은 자신의 카스트가 정한 법을 어기느니 차라리 죽음을 택할 것이다. 힌두 사람에게는 카스트를 잃는 것보다 더 무서운 것은 없다. 그 상실은 중세의 파문이나 근대 유럽의 악명 높은 범죄에 내린 저주에 비교될수 있을 것이다. 카스트를 잃는 것은 자신의 모든 것을, 부모와 인간관계와 재산을 한꺼번에 잃는 것이나 마찬가지다. 모든 사람이 그 사람에게 등을 돌리고, 그와는 어떤 거래도 거부할 것이다. 그러면 그는 카스트가 없는 부류에 속하게 되며 비천하기 짝이 없는 일에만 고용될 것이다.

그런 제도의 사회적·정치적 영향에 대해 말하면, 힌두 사람 사이의 유일한 사회적 끈은 카스트라고 할 수 있다. 카스트를 벗어나면 그 사람에게는 세상이 존재하지 않는다. 그는 다른 카스트의 사람들과는, 유럽인들이 국적을 구분하는 것보다도 더 깊은 심연에 의해 분리되어 있다. 유럽 사람들은 나라가 달라도 서로 결혼한다. 그러나 카스트가 다른 사람끼리는 결혼할 수 없다. 그 결과 인도에서는 마을마다 카스트의 수만큼 많은 집단이 형성되게 되었다.

그런 제도가 정착된 곳에서는 주인에 대항할 연합의 결성이 불가능하다. 영국의 지배를 받을 때 2억5천만 명에 이르는 인도인들이 겨우 6, 7천명 밖에 되지 않는 이방인들에게, 그것도 자신들이 혐오하는 외국인에게 불평 한 마디 없이 복종했던 현상도 이 카스트 제도로 설명된다. 힌두 사람들의 유일한 조국은 그들의 카스트이다. 그들에

겐 다른 조국이 없다. 그들의 나라는 그에게 조국이 아니다. 그들은
자기 나라의 통합에 대해서는 꿈도 꾸지 않는다.

5장

# 트로이 함락

(B.C. 1184)

GEORGE GROTE
**조지 그로트** (1794-1871)

그리스 역사에 특별히 밝은 영국 역사학자. 방대한 분량의 저서인『그리스 역사』(History of Greece)는 지금도 읽히고 있다. 청교도주의를 신봉하던 어머니와 학문을 별로 달가워하지 않던 아버지 밑에서 자란 그는 데이비드 리카도(David Ricardo)와 제임스 밀(James Mill), 제러미 벤담(Jeremy Bentham)과 같은 정치학자와 경제학자의 영향을 많이 받았다. 저서로는『플라톤과 소크라테스의 다른 동료들』(Plato and the Other Companions of Socrates)이 있다.

‘역사의 아버지’ 헤로도토스가 역사로 전하고 있음에도 불구하고 트로이 포위는 역사로 여겨지지 않는 사건이다. 그리고 ‘키오스 섬의 장님 방랑시인’ 호메로스가 쓴 것으로 전해지는 ‘일리아드’와 ‘오디세이아’에 대한 연구 없이는 그리스 사람들의 역사와 그들의 성격을 온전히 이해하는 작업은 불가능할지도 모른다. 유럽이 동방문제(19세기와 20세기 초에 걸쳐 오스만 제국이 해체되면서 영토의 지배권을 둘러싸고 발생한 외교문제)로 고민하기 시작할 때, 그리스 영웅들이 아시아에서 벌였다는 그 전쟁이 과거의 역사적 사건으로 여겨지게 된다. 이 신화적인 사건을 둘러싸고 엄청나게 많은 이야기와 시詩가 전해오고 있다. 일리움(Ilium) 또는 트로이의 노래인 ‘일리아드’는 지금도 여전히 매력을 발산하고 흥미를 자극하는 시이다.

일리움 또는 트로이는 소아시아의 한 도시였다. 헬레스폰트(Helle-spont)보다 약간 남쪽에 자리 잡았다. 그곳은 인종적으로나 언어적으로나 그리스인이던 사람들이 형성한 한 막강한 국가의 중심지였다. 프라아모스(Priam) 왕의 아들 파리스(Paris)가 스파르타를 방문하여 스파르타 왕 메넬라오스(Menelaus)의 아름다운 아내를 채어 가자 그리스의 모든 영웅들이 힘을 합하여 프라아모스의 영토를 침공했다.

트로이로 향한 1천2백 척의 선박이 10만 명의 병사를 시모이스(Simois) 강과 스카만데르(Scamander) 강의 계곡에 내려놓았다. 그들 중에는 메넬라오스의 형제이며 ‘사람들의 왕’인 아가멤논(Agamemnon)

이 끼어 있었다. 그가 지휘관이었으며, 그의 수행원 중에는 '발이 빠른' 아킬레우스(Achilles)와 '신처럼 현명한' 이타카의 왕 오디세우스(Odysseus), 소小아이아스와 대大아이아스, 그리고 나이가 많은 네스토르(Nestor)가 포함되어 있었다. 그들의 모험에 얽힌 이야기는 호메로스의 시에서 음악적인 표현력과 언어의 매력과 상상력이 결합되면서 생생하게 그려진다.

트로이 공격에 나선 병사들은 10년 동안이나 프리아모스의 도시를 포위했다. '바람이 거센 트로이의 평원'에서 여러 차례 전투를 벌인 뒤에 그리스인들의 위대한 영웅인 테살리아의 아킬레우스가 아가멤논에게 불쾌한 대우를 받게 된다. 아가멤논이 '빠른 발'의 아킬레우스에게 전리품으로 할당된 예쁜 포로 소녀 브리세이스(Briseis)를 낚아채버린 것이다. 이 일로 테살리아의 영웅은 전쟁에 참가하기를 거부하고 자신의 텐트에서 옴짝달싹 하지 않았다. 그가 다시 기운차게 앞으로 나서서 헥토르(Hector)와 일대일 대결을 벌여 마침내 그를 죽이게 되는 것은 절친한 친구 파트로클로스(Patroclus)가 사악한 헥토르에게 죽음을 당한 뒤의 일이다. 그때 아킬레우스는 헥토르의 시신을 자신의 전차에 매어달고 트로이 성벽을 세 바퀴 돌았다. '일리아드'는 헥토르의 시신을 놓고 장례식을 치르는 것으로 막을 내린다.

지금 우리는 그리스 서사시 '일리아드'에서 가장 중요한 정점에 닿았다. 트로이의 포위에 이른 것이다. 트로이의 포위와 점령을 이야기할 단계에 온 것이다. 두 번째로 그 도시를 점령하고 파괴한 뒤에 그리스 영웅만 아니라 트로이의 영웅들이 맞은 운명이 극적으로 묘사된다. 이 흥미로운 이야기가 더욱 확장해 간 과정을 일일이 다 전하려면 아마 엄청난 분량의 글이 필요할 것이다. 처음에는 많은 서사 시인과 서정 시인이 나름대로 내용을 덧붙이고 변형시켰으며, 그 다음에는 역사가들이 나서서 시인과 같은 허풍으로 새로운 맥락의 산문적인 창작을 내놓았으며, 마지막으로는 철학자들이 도덕성을 불어넣는 작업을 벌였다.

오늘날 그리스 전설로 통하는 이야기에서 트로이 전쟁은 그리스 역사가 헤카타이우스(Hecataeus)와 헤로도토스가 그리스인들의 과거를 돌아보면서 자신들의 역사라고 여긴 수많은 사건 중 하나에 지나지 않는다. 전설 속의 특별한 사건으로 받아들일 경우 트로이 전쟁은 다른 어떤 사건보다도 더 흥미롭고 의미도 크다. 하지만 마치 그 사건만이 다른 어떤 것보다 더 신뢰할 만한 근거를 바탕으로 하고 있는 것처럼 판단하면 큰 실수가 될 것이다. 그러므로 나는 오늘날에 사실로 받아들여지는 것들만 논의의 대상으로 삼을 것이다.

트로이 전쟁에 관한 언급 중에서는 모순되는 것들이 수없이 발견된다. 그렇기 때문에 옛날 기록들을 두루 비교하는 것보다 더 훌륭한 접근법은 없다고 나는 믿는다. 우리가 갖고 있는 기록 중에서 가장 오래된 '일리아드'도 그보다 앞선 자료들을 바탕으로 하고 있다. 트로이 계통의 왕들의 시조는 제우스의 아들로 다르다니아(Dardania)의 건설자이며 그런 이름을 낳게 한 장본인인 다르다노스(Dardanus)이다. 훗날 작가들의 설명에 따르면, 다르다노스는 제우스와 아틀라스의 딸 엘렉트라 사이에 태어난 아들로 불렸으며, 사모트라케(Samoth-race) 또는 아르카디아(Arcadia) 혹은 이탈리아에서 왔다는 이야기도 있다. 그러나 이에 대해 호메로스는 전혀 언급을 하지 않는다.

다르다노스가 건설한 다르다니아라는 도시는 이다 산 높은 곳에 자리 잡았다. 그 이유는 그가 평원에 도시를 건설할 정도로 아직 강하지 않았기 때문이다. 그러나 그의 아들 에리크토니오스(Erichtho-nius)는 제우스의 호의로 인류 중에서 가장 부유한 존재가 되었다. 그의 가축과 양떼는 기하급수적으로 늘어났으며, 그의 목초지에는 말이 3천 마리나 있었다. 이 말들의 후손 일부가 종마種馬로 변한 북풍의 신 보레아스(Boreas)와 관계를 맺어 불가사의할 정도의 속도를 자랑하는 말들을 낳게 된다.

에리크토니오스의 아들이며 트로이 사람이라는 이름을 낳은 장본인인 트로스(Tros)에게는 아들이 셋 있었다. 일로스(Illus)와 아사라코스(Assaracus)와 아름다운 가니메데스(Ganymedes)가 그들이었다. 제우스가 이 중 가니메데스를 올림포스 산에서 잔을 나르는 존재로 쓰기 위해 훔쳐가면서 그의 아버지에게 아들에 대한 대가로 불멸의 말을 몇 필 주었다.

일로스와 아사라코스로부터 트로이계와 다르다니아계가 갈린다. 트로이계는 일로스에서 라오메돈(Laomedon), 프리아모스, 헥토르로 넘어가고, 다르다니아계는 아사라코스에서 카피스(Capys)와 안키세스(Anchises), 아이네아스로 넘어간다. 일로스는 트로이 평원에 일리움이라는 신성한 도시를 건설했고, 아사라코스와 그의 후예들은 다르다니아의 주권자로 남았다.

포세이돈과 아폴론이 제우스의 명령으로 일시 강제 노동을 감수한 것은 일로스의 아들인 라오메돈 밑에서였다. 포세이돈은 그 도시의 성벽을 지었고, 아폴론은 가축과 양떼를 돌보았다. 임무가 완수되고 형벌의 기간이 만료되었을 때, 그들은 약정한 보상을 요구했다. 그러나 도도한 라오메돈이 화를 내며 그들의 요구를 거절했고 심지어 그들의 귀를 자르고 손과 발을 묶어 먼 섬에 노예로 팔겠다고 협박했다. 포세이돈이 바다 괴물을 보내 그의 들판을 황폐하게 만들고 백성들을 파괴하도록 함에 따라 라오메돈은 그 배신에 대한 처벌을 받았다. 그때 귀족 혈통의 처녀를 그 괴물에게 바쳐야 한다는 내용의 신탁이 선언되었다. 그 운명은 라오메돈의 딸 헤시오네(Hesione)에게 떨어졌다. 결정적인 순간에 헤라클레스가 그곳에 도착하여 아테나 여신과 트로이 사람들이 그를 위해 건설한 요새를 이용하여 괴물을 죽이고 그 처녀와 시민들을 구해냈다.

그러나 라오메돈은 헤라클레스에게 애초에 약속한, 필적할 적수가 없는 동물들 대신에 보통 말을 줌으로써 두 번째 배신행위를 저질렀다. 이리하여 마땅히 얻어야 할 것을 손에 넣지 못한 헤라클레스가 선박 6척을 이끌고 트로이를 공격하여 점령한 뒤에 라오메돈을 죽이고는 헤시오네를 자기 친구이며 보조자이던 텔라몬(Telamon)에게 주었다. 헤시오네와 텔라몬의 사이에 유명한 궁사인 테우크로스(Teucros)가 태어났다. 헤라클레스를 전혀 숭배하지 않던 역사적 드시 일리움의 주민들 사이에는 이 원정의 고통스런 기억이 아프게 남아 있었다.

라오메돈의 아들 중에서 라오메돈이 헤라클레스가 받아야 할 보상을 거부한 데 대해 항의하고 나선 아들은 프리아모스뿐이었다. 그런 사실에 대한 보답으로 헤라클레스는 그를 왕위에 앉혔다. 프리아모스가 키세우스(Cisseus)의 딸인 그의 아내 헤쿠바(Hecuba)만 아니라 다른 여인과 관계를 하여 낳은 아들과 딸들 중에는 출중한 인물이 많았다. 아들 중에서는 헥토르와 파리스, 데이포보스(Deiphobus), 헬레노스(Helenus), 트로일로스(Troilus), 폴리테스(Polites), 플리도로스(Polydorus)가 꼽히고, 딸들 중에서는 라오디케(Laodice)와 크레우사(Creusa), 폴릭세나(Polyxena), 카산드라(Cassandra)가 꼽힌다.

파리스가 태어나기 전에 무서운 예언이 있었다. 헤쿠바가 불타는 나무 조각을 낳는 꿈을 꾸었던 것이다. 이에 프리아모스가 예언가들을 찾아 해몽을 구했다가 태어날 아들이 자신에게 치명적인 존재가 될 것이라는 소리를 들었다. 그 예언이 현실로 나타날 것을 두려워한 나머지 프리아모스는 아기를 이다 산에 버렸다. 그러나 불길하게도 신들이 그의 목숨을 구해주었다. 그는 가축과 양떼 틈에서 활동적이고 아름다운 청년으로 성장했다. 그의 아름다운 머리카락과 균형 잡힌 몸매가 아프로디테(Aphrodite)의 총애를 받도록 만들었다. 세 여신, 즉 헤라(Hera)와 아테나와 아프로디테가 자신들의 아름다움을 놓고 일어난 분쟁을 해결하기 위해 찾은 존재가 바로 이다 산에서 외로운 양치기의 길을 걷고 있던 이 젊은이였다. 이제 이 청년은 펠레우스(Peleus)와 테티스(Thetis)의 결혼식장에서 일어난 분쟁을 해결해야 하는 상황에 처했다. 사실 그 분쟁은 제우스의 깊은 뜻에 따라 일어난 것이었다.

당시 제우스는 영웅들의 숫자가 터무니없이 많다는 사실에 주목하면서 그들을 힘들게 지탱해나가는 대지를 가엾게 여겨 파괴적인 전쟁을 일으킴으로써 대지의 부담을 덜어주기로 작정했다. 파리스는 최고 아름다움의 영예를, 제우스의 딸이며 살아 있는 여자들 중에서 가장 아름다운 존재인 헬레네(Helen:스파르타의 왕 메넬라우스의 아내)를 보상으로 주겠다고 약속한 아프로디테에게 안겨주었다. 아프로디테의 의뢰로 파리스를 위한 배가 건조되었다. 그는 자기 형제 헬레노스의 무서운 예언과 언제나 무시당하기만 한 카산드라의 경고에도 불구하고 그 배를 타고, 결국에는 자신의 조국 도시에 재난을 안겨줄 모험에 나섰다.

파리스는 스파르타에 도착하자마자 카스토르와 폴룩스(Pollux)뿐 아니라 메넬라우스로부터도 환대를 받았으며, 헬레네를 위해 갖고 온 풍성한 선물도 전달할 수 있었다. 그런 다음에 메넬라우스가 크레타로 떠나면서 트로이에서 온 손님을 접대하는 일을 헬레네에게 넘겼다. 남녀가 달아날 기회를 주기 위해 아프로디테가 꾸민 음모의 순간이었다. 파리스는 메넬라우스의 소유인 거액의 돈을 챙긴 뒤 헬레네를 데리고 트로이로 의기양양하게 항해를 했다. 그리그 3일째 되던 날 그는 자신에게 주어진 상賞과 함께 트로이에 안전하게 도착했다.

크레타에서 이리스(Iris)로부터 파리스가 자신의 환대를 배신으로 갚았다는 사실을 전해들은 메넬라우스는 슬픔과 분노에 휩싸인 채 덕망 있는 네스토르만 아니라 자기 형제 아가멤논과도 복수의 방법을 상의하기 위해 집으로 발길을 서둘렀다. 그들은 그 사건을 주변의 그리스인 지도자들에게 두루 알렸다. 그러자 그리스인 지도자들이 한결같이 동정심을 표해왔다. 네스토르와 팔라메데스(Palamedes) 등은 아가멤논의 지휘 아래 트로이를 공격할 경우에 대비하여 돌아다니며 지원을 청했다.

그리스 도시 국가들의 지도자들은 헬레네를 되찾아올 때까지 아가멤논에게 복종과 무한한 노력을 약속했다. 이어서 원정 준비에 10년의 세월이 걸렸다. 파리스가 아프로디테에게 호의를 보인 사실에 분개한 여신 헤라와 아테나도 그 전쟁에 한몫 톡톡히 하고 나섰다. 헤라는 말들이 지쳐할 정도로 그리스의 방방곡곡을 두루 돌아다녔다.

그런 노력 끝에 마침내 보이오티아(Boeotia)의 아울리스(Aulis)에 군대가 집결했다. 선박 1천1백86척에 병사가 10만 명을 넘었다. 트로이 사람들의 병력에 비하면 10배 정도 많고, 트로이 동맹 전체의 병사보다도 많은 수치였다. 멀리 북쪽으로는 올림포스 산 밑의 테살리아에서, 서쪽으로는 이타카의 섬에서, 동쪽으로는 크레타와 로도스 섬에서 영웅들이 속속 모여들었다. 그리스에서 내토라하는 지도자와 영웅들은 다 모였다.

영웅들의 무리에는 탁월한 전사들인 아이아스와 디오메데스, 영리한 네스토르가 포함되어 있었다. 용맹으로 치면 그들보다 조금도 뒤떨어지지 않는 아가멤논은 지휘에서는 신중한 것으로 유명했다. 그러나 모든 인물 중에서 가장 두드러진 존재는 뭐니 해도 역시 아킬레우스와 오디세우스였다. 아킬레우스는 신을 어머니로 둔 아름다운 젊은이이며, 발이 빠르고 기질이 사납고, 힘이 장사였다. 오디세우스는 유창한 화술과 지칠 줄 모르는 끈기, 난관에 처해도 절대로 굽히지 않는 불굴의 의지, 용기에다가 교활함까지 갖추고 있어 동맹으로서 조금도 손색이 없었다. 그의 피에는 어머니 안티클레이아(Anti-cleia)와 불법적으로 결합한 사기꾼 시시포스(Sisyphus)의 피가 흐르는 것으로 전해온다.

오디세우스는 특히 여신 아테나의 보호와 후원을 많이 받았다. 처음에는 그 원정에 참가하기를 꺼려 미친 척 꾸미기도 했다. 그러나 그의 참전을 설득하기 위해 이타카로 간 팔라메데스가 오디세우스가 쟁기질을 하고 있던 이랑에 그의 어린 아들 텔레마코스를 놓아두고는 그가 정말 미쳤는지를 테스트했다. 이리하여 본심을 들키게 된 오디세우스는 더 이상 거부할 수 없는 입장이 되었다. 그때 예언가 할리테르세스(Halitherses)가 그에게 20년의 세월이 흘러야 고향을 다시 찾을 수 있을 것이라고 예언했다.

신들은 아킬레우스에게는 트로이의 성벽 앞에서 영웅적인 영광을 누릴 일이 벌어질 것이라고 약속하면서도 그의 협력과 그에 이은 아

들의 협력이 없을 경우에는 그 일이 일어날 수 없다는 조건을 붙였
다. 그러나 신들은 그 찬란한 영광도 급속도로 막을 내리게 될 것이
라고 경고했다. 그러면서 그가 오래 살기를 원한다면 무명으로 고국
에 조용히 묻혀 지내야 한다고 일러주었다. 그의 어머니 테티스의 만
류에도 불구하고, 아킬레우스는 짧더라도 굵게 살기로 결심하고 그
리스 군대에 합류했다. 네스토르와 오디세우스가 그를 초대하러 프
티아(Phthia)로 왔을 때, 아킬레우스와 그의 절친한 친구 파트로클로
스는 그 부름에 진심으로 따랐다.

아가멤논과 그의 막강한 군대는 아울리스를 떠나 항해를 시작했
다. 그러나 방향과 지리를 잘 몰랐던 탓에 그들은 잘못하여 카이코스
(Caicus) 강 근처 미시아(Mysia)의 한 부분인 테우트라니아(Teuthrania)
에 상륙하여 그곳이 트로이의 이웃이라는 구실로 약탈을 시작했다.
그러자 그 나라의 왕 텔레포스(Telephus)가 맞서며 그들을 격퇴하는 듯
했으나 결국에는 패배하고 아킬레우스에게 심한 부상을 입었다.

그제야 실수를 깨달은 그리스인들이 물러났다. 그러나 그들의 함
대는 폭풍에 그리스까지 떠밀려갔다. 아킬레우스는 스키로스(Scyrus)
를 공격하여 점령한 뒤 그곳에서 리코메데스(Lycomedes)의 딸 데이다
미아(Deidamia)와 결혼했다. 그때까지도 상처로 고통을 받고 있던 텔
레포스는 신탁의 내용에 따라 그리스로 가서 아킬레우스를 찾아 자
신에게 상처를 입힌 그 창의 부스러기를 발라 낫게 한 뒤에 그리스
군이 다시 원정에 나설 때 그들의 길잡이 역할을 맡기로 했다. 다시
한 번 아울리스에 함대가 집결했다. 그러나 아가멤논의 거만한 말투

에 화가 난 여신 아르테미스(Artemis)가 맞바람을 계속 불게 하는 바람에 아가멤논은 자신의 딸 이피게니아(Iphigenia)를 제물로 바쳐 여신을 달래는 수밖에 없었다.

그런 뒤 그들은 테네도스(Tenedos)로 나아갔다. 그곳에서 오디세우스와 메넬라오스를 트로이로 급파하여 헬레네와 다른 훔쳐간 재산을 돌려달라고 요구했다. 그리스인 지도자 2명을 따뜻하게 맞이한 안테노르의 진지한 조언에도 불구하고, 트로이 사람들은 그 요구를 묵살했다. 이제 트로이에 대한 공격이 불가피하게 되었다. 그때 신들은 트로이에 가장 먼저 발을 내딛는 그리스인이 반드시 죽게 될 것이라는 불길한 예언을 내놓았다. 이 때문에 그리스 병사들 사이에 트로이에 내리길 꺼려하는 분위기가 감돌자 프로테실라오스(Protesilaus)가 용감하게 먼저 내리다가 예언대로 헥토르의 손에 죽음을 당했다.

그 사이에 트로이 사람들도 소아시아와 트라키아(Thrace)의 다양한 지역에서 대규모의 동맹군을 모아두고 있었다. 다르다니아 사람들이 아이네아스의 지휘 아래, 또 리키아 사람들이 사르페돈(Sarpedon)의 지휘 아래 모였다. 이 외에 미시아 사람과 카리아 사람, 트라키아 사람, 파이오니아 사람들도 트로이를 도우러 왔다. 그러나 그리스 인들의 상륙을 저지하려는 노력은 수포로 끝났다. 트로이 병사들이 패주했다. 방어 병력 중에서 가장 든든한 요새의 하나로 통했던, 포세이돈의 아들 킨코스(Cyncus)마저도 아킬레우스에게 죽음을 당하고 말았다. 아킬레우스는 트로이 병사들을 성벽 안으로 몰아넣은 뒤에 리르네소스(Lyrnessus), 페다소스(Pedasus), 레스보스(Lesbos)를 포함한 이웃 도시들과 해안의 12개 도시, 내륙의 11개 도시를 공격했다. 그는 아이네아스의 황소들을 몰아내고 그 영웅을 직접 추격했다. 그때 아이네아스는 가까스로 목숨을 구할 수 있었다. 아킬레우스는 프리아모스의 젊은 아들 트로일로스(Troilus)를 죽이고 다른 아들들을 포로로 잡아 에게 해의 섬들로 팔아넘겼다. 그는 아름다운 브리세이스를 자신의 포로로 잡았으며, 아가멤논에게는 크리세이스(Chryseis)가 상으로 주어졌다. 게다가 그는 이 기념비적인 전쟁의 원인이기도 하고 상이기도 한 신성한 헬레네를 보고 싶은 마음이 간절했다. 이제 아프로디티와 테티스가 그들의 만남을 주선할 계획을 꾸몄다.

이때 쯤 그리스군은 가장 능력이 뛰어난 지도자 중 한 사람인 팔라메데스를 잃었다. 그때까지도 오디세우스는 팔라메데스가 자신이 미친 척 꾸미는 것이 아닌지를 확인하기 위해 책략을 쓴 사실을 용서하지 못했다. 거기에는 그 자신보다 더 우수하지는 않더라도 비슷한 정도로 교활하고 현명한 경쟁자에 대한 질투심이 작용하지 않은 것은 아니었다. 팔라메데스는 주사위를 발명하여 그리스인들의 밤 문화를 심심하지 않게 했고 다른 유익한 아이디어로 그리스인들을 풍요롭게 만든 인물이지 않은가.

키프로스 섬에서 전해오는 서사시에 따르면, 팔라메데스는 낚시를 하다가 오디세우스와 디오메데스의 손에 물에 빠졌다고 한다. 그러나 '일리아드'만 아니라 '오디세이'에도 팔라메테스라는 이름은 나타나지 않는다. 오디세우스가 두 시에서 고상한 지위를 차지하고 있다는 사실을 떠올리면, 그 이름이 빠진 이유를 짐작할 수 있을 것이다. 팔라메데스를 오디세우스보다 더 똑똑한 존재로 묘사한 핀다로스(Pindar: B.C. 518년경- B.C. 438년 경)도 '일리아드'와 '오디세이'에 팔라메데스가 언급되지 않는 사실에 불쾌감을 표시했다.

하지만 그리스 인의 정신이 한층 더 세련된 시대에, 말하자면 지적 우수함이 군사적 용맹보다 더 고매한 것으로 받아들여지게 되었을 때, 팔라메데스의 인격이 그의 불행한 운명과 결합하면서 그를 트로이 전설에서 가장 흥미로운 존재로 만들었다. 아이스킬로스(Aeschylus:B.C. 525년경-B.C. 456: 그리스 비극 시인)와 소포클레스(Sophocles:B.C.497-B.C.406: 고대 그리스 작가), 에우리피데스는 모두 그에게 특별한 비극을 한 편씩 바쳤다. 그러나 옛 서사시에 묘사된 그의 죽음은 아테네의 이상에는 어울리지 않았다. 그래서 그는 오디세우스의 모함을 받은 인물로 그려졌다.

전설에 따르면, 오디세우스가 팔라메데스의 텐트에 금을 숨겨놓고는 아가멤논과 그리스 지도자들에게 팔라메데스가 트로이 사람들로부터 뇌물을 받았다고 일러바쳤다고 한다. 이리하여 팔라메데스는 오디세우스의 중상中傷과 그리스 지도자들의 오판에 목숨을 잃은 인물이 되었다. 철학자 소크라테스는 아테네의 판사들에게 마지막 한 말에서 당시 자신이 받고 있던 고통에 빗대어 팔라메데스에게 가해진 부당한 비난을, 동료애가 느껴지는 경건한 말투로 넌지시 언급했다. 그때 소크라테스의 동료들은 그 비교에 만족감을 느끼는 것처럼 보였다. 이렇듯 팔라메데스는 탁월한 천재에게 자주 닥치는 불운과 비방의 예로 통했다.

이 원정에 그리스 병사들은 9년이라는 세월을 보냈다. 그 사이에 그리스 병사에게 포위당한 트로이 병사들은 아킬레우스를 두려워하여 성 밖으로 나가 전투를 벌일 엄두조차 감히 내지 못했다. 10년이란 세월은 서사시들이 트로이 포위를 이야기하면서 굳어지게 되었다. 크레타 병사들이 미노스의 죽음에 복수하러 와서 카미코스를 포위한 기간이 5년으로 정리된 것과 똑같다. 10년의 준비 기간과 10년의 포위. 거기다가 오디세우스가 경험한 10년의 방랑은 고대 서사시의 다소 허풍스런 구성에 딱 어울리는 시간적 틀이었다. 그 작품을 처음 들은 사람들은 그 내용에 의문을 품지 않았을 수 있다.

하지만 일이 이렇게 전개되었을 수도 있다. 역사화 작업을 벌이던 그리스인들이 같은 사건들을 놓고 깊이 파고들었다. 그런데 이 그리스인들은 별도의 사건들을 관통하는 연결 고리를 찾아내거나 만들어낼 수 있어야만 직성이 풀렸다.

투키디데스(Thucydides)가 우리들에게 들려주는 이야기를 보면 그리스 병사들이 실제로는 시인들이 제시한 숫자보다 적었으며, 게다가 매우 가난했기 때문에 식량을 지속적으로 적절히 코급 받을 수 없었다. 그렇기 때문에 그리스군 지도자들은 병사들을 흩어지게 하지 않을 수 없었고, 그 병사들 일부를 이용하여 케르소네소스(Chersonese)를 경작하기도 했다. 만약에 전체 병사가 트로이를 공격하는 데 동시에 동원될 수 있었다면, 그 포위 공격은 보다 신속하게 전개되어 쉽게 마무리되었을 것이다.

만약 위대한 역사가 투키디데스가 스스로 그 전설을 바로잡기로 작정했다면, 고쳐졌을 부분이 상당히 많았을 것이다. 포위 기간도 시적 창작의 결과 과대하게 부풀려진 대목에 포함될 것이고, 실제 포위는 10년이 아니라 1년밖에 지속되지 않은 것으로 확인될 수도 있었을 것이다. 그러나 10년의 기간은 고대의 이야기에 전형적으로 나타나는 요소이기 때문에 어떤 비평가도 그 문제를 가지고 시비를 걸려고 들지 않았다.

그러나 트로이 사람들에게는 포위 중단이나 다름없는 기간이 있었다. 신들이 아킬레우스가 분노하도록 유도했고, 아킬레우스는 그 때문에 갑옷을 걸치기를 거부하고 미르미돈 군사들을 야영지에 묶어두었다. 서사시 '키프리아'(Cypria)에 따르면, 이것은 트로이 사람들을 불쌍히 여긴 제우스의 명령에 따른 것이었다. '일리아드'에 따르면, 아폴론이 원인이었다. 자신의 사제 크리세스(Chryses)가 아가멤논으로부터 입은 부상에 대해 복수하기 위해서였다는 것이다.

상당히 긴 시간 동안 그리스 병사들은 최고의 전사가 빠진 가운데 트로이를 상대로 전투를 벌였으며, 그 결과 그들이 당한 굴욕은 심각할 정도였다. 나머지 그리스 지도자들이 아킬레우스의 부재를 메우려고 안간힘을 썼으나 허사였고, 그 와중에 헥토르와 트로이 전사들이 그리스인들을 패배시켜 그들의 선박으로까지 몰아냈고, 헥토르가 프로테실라우스의 배에 붙인 횃불이 파트로클로스를 분노하게 만들어 아킬레우스로부터 그의 병사를 끌고 가 싸워도 좋다는 허락을 어렵게 받아내 극단적인 파괴를 피할 수 있었고, 그러다 파트로클로스가 헥토르에게 죽음을 당하자 아킬레우스가 절친한 친구를 잃은 슬픔에 자신의 분노를 잊고 전투에 다시 참가해 엄청난 살육 끝에 트로이 병사들을 다시 성벽 안으로 몰아붙이고, 그런 뒤 아킬레우스가 헥토르의 시신과 살아 있는 트로이 병사를 상대로 자신의 복수심을 충족시키는 사건까지, 이 모든 것들이 세세하게 기록되어 있다. '일리아드'의 불멸의 시구에서는 당연히 이 사건의 대부분에 신들의 뜻이 담긴 것으로 노래된다.

호메로스는 슬픔에 빠진 프리아모스가 몸값을 지불하고 찾아온 헥토르의 시신을 매장하는 부분에 대해서는 묘사하지 않는다. 반면에 아르크티노스(Arctinus)의 잃어버린 시 '아이티오피스'(Aethiopis)는, 이 작품을 둘러싸고 아직까지도 벌어지고 있는 논쟁을 바탕으로 판단해 보면, 그 포위의 결과적인 사건들만을 다루었다.

헥토르의 죽음에 낙담한 트로이 병사들은 아마존 사람들의 호전적이면서도 아름다운 여왕인 펜테실리아(Penthesilia)의 등장으로 다시 한 번 희망을 품을 수 있게 되었다. 아레스의 딸로 그때까지 전투에서 한 번도 진 적이 없는 그녀가 트로이 병사들을 돕기 위하여 여자 전사들을 이끌고 트라키아에서 온 것이었다. 그녀가 성 안에 숨어 있던 트로이 병사들을 성 밖으로 끌어내 확 트인 들판에서 그리스 전사들과 맞붙도록 했다. 그녀의 출현에 처음에는 그리스 병사들이 후퇴했다. 그러다 결국에는 그녀가 아킬레우스의 팔에 안겨 죽음을 맞았다. 승자는 전쟁터에 누운 적의 투구를 벗긴 즉시 그녀의 매력에 사로잡혔으며, 그 일로 그는 테르시테스(Thersites)로부터 비난의 소리를 들었다.

아킬레우스는 이 경솔한 모욕에 격분하여 그 자리에서 주먹을 날려 테르시테스를 죽이고 말았다. 그 결과 그리스군 지도자들 사이에 격론이 벌어졌다. 테르시테스의 친척인 디오메데스가 아킬레우스의 행위에 분개하고 나섰기 때문이다. 그래서 아킬레우스는 레스보스로 가서 살인 행위의 죄를 씻어야 했다.

그 다음에는 티토노스(Tithonus)와 에오스(Eos)의 아들로, 살아 있는 존재들 중에서 가장 당당했던 멤논(Memnon)이 트로이를 도우러 왔다. 그는 그리스 병사들을 정면으로 공격해 들어가 큰 피해를 안겼다. 그리스 전사들 사이에 인기가 높고 용감했던 안틸로코스(Antilochus)가 자식의 도리로 아버지 네스토르를 지키려다 멤논의 손에 죽음을 당했다. 마침내 아킬레우스가 그를 공격했다. 둘의 전투는 오랫동안 우열을 가리기 힘들 정도였다. 아킬레우스의 용맹과 테티스가 제우스에게 한 간청이 마침내 힘을 발휘했다.

반면에 에오스는 패배한 자기 아들을 위하여 불멸성을 얻어냈다. 그러나 멤논의 묘는 아이소포스강 어귀에서 겨우 몇 마일 떨어진 프로폰티스(Propontis) 근처에 만들어졌으며, 해마다 '멤노니데스'(Memnonides)라는 새들이 그곳을 찾아 묘지를 깨끗이 청소하고 강물로 촉촉이 적셨다. 기원후 2세기에도 헬레스폰트의 그리스인들이 여행가 파우사니아스(Pausanias)에게 그런 이야기를 들려주었다.

그러나 아킬레우스 본인의 운명도 경각을 다투고 있었다. 그는 트로이 전사들을 공격하여 도시 안으로 몰아넣은 뒤에 스카이아이 성문 근처에서, 아폴론의 도움을 받은 것이 분명한 파리스의 화살에 맞

아 죽었다. 트로이 병사들이 아킬레우스의 시신을 차지하려고 안간
힘을 썼다. 그러나 아이아스와 오디세우스가 용맹스럽게 앞으로 나
아가 그 시신을 그리스 진영으로 구조해왔다. 아들을 잃은 테티스의
상심이 이만저만이 아니었다. 그녀는 아킬레우스의 죽음을 애도하기
위해 무사이(Muse)와 바다의 요정 네레이드들과 함께 야영지로 왔다.
그리스 병사들이 온갖 예를 다 갖춰 그를 태우기 위해 장례용 장작더
미를 쌓고 있을 때, 그녀는 아들의 시신을 훔쳐서 흑해의 레우케
(Leuce) 섬으로 옮겨 새로운 불멸의 삶을 살도록 만들었다.

테티스는 자기 아들을 기려 장례식 경기를 장엄하게 치렀으며, 헤
파이스토스(Hephaestus)가 아킬레우스를 위해 제작한 갑옷을 그리스
병사 중에서 가장 용감한 이에게 상으로 내놓았다. 오디세우스와 아
이아스가 가장 훌륭한 그리스 전사의 자리를 놓고 경합을 벌였다. 트
로이 포로들에게 트로이에 가장 심각한 피해를 안겼다고 판단되는
인물이 둘 중 누구인지를 물었다. 그 결과를 바탕으로 아테나가 오디
세우스에게 유리한 쪽으로 결론을 내렸다. 그러자 용감한 아이아스
가 슬픔과 수치심을 강하게 느끼며 이성을 잃고 말았다. 이어 그는
광란의 발작을 일으켜 양떼을 보고는 자신을 부당하게 대우한 사람
으로 착각하여 죽인 뒤 자신의 칼로 스스로 목숨을 끊었다.

이때 오디세우스는 매복 장소에서 생포한 프리아모스의 아들 헬레
노스(Helenus)로부터 유명한 궁수 필로크테테스(Philoctetes)와 아킬레
우스의 아들 네오프톨레모스(Neoptolemus)가 포위 공격에 합류하지 않
는 한 트로이를 절대로 점령할 수 없다는 예언을 들었다. 필로크테테

스는 뱀에게 물린 발에서 냄새가 고약하게 나 그리스 병사들에게 도움이 되지 않는다고 판단하여 원정이 시작될 때 렘노스에 남아 외로운 섬에서 10년을 비참하게 보내고 있던 터였으나 백발백중을 자랑하던 헤라클레스의 활과 화살을 그때까지도 갖고 있었다. 바로 이 화살들이 트로이 공격에 반드시 필요하다는 예언이었다.

디오메데스가 급히 필로크테테스를 그리스 병사들의 야영지로 데려왔다. 필로크테테스는 마카온(Machaon)의 의술로 상처를 치료한 뒤 트로이를 공격하는 일에 적극적으로 나섰다. 그는 파리스와 일대일 대결을 벌여 헤라클레스의 화살 하나로 상대를 죽이는 전과를 올렸다. 트로이 전사들에게 그들이 겪은 모든 고통의 원인인 이 왕자의 시신을 거둬가 묻는 것이 허용되었으나, 그것은 어디까지나 시신이 메넬라오스의 손에 난도질당한 뒤의 일이었다.

오디세우스는 네오프톨레모스를 군대에 합류하도록 설득하기 위해 스키로스 섬으로 갔다. 성급한 기질의 그 젊은이는 시험을 거치지 않은 상태에서 그 부름을 감사한 마음으로 받아들이며 오디세우스로부터 자기 아버지의 갑옷을 받았다.

그러는 사이에 텔레포스의 아들 에우리필로스(Eurypylus)가 트로이 병사들의 원군으로 미시아에서 왔으며, 그리하여 한동안 사태가 그리스 병사들에게 불리하게 돌아갔다. 가장 용감한 그리스 지도자들이 몇 명 죽었다. 페넬레오스(Peneleos)와 타의 추종을 불허하는 의사 마카온도 희생자에 포함되었다. 아버지의 후광을 업고 있던 네오프톨레모스를 활용한 예가 여러 번 있었다. 네오프톨레모스는 에우리

필로스를 맞아 전투를 벌인 끝에 그와 미시아 전사들을 많이 죽였다. 그는 트로이 병사들을 성벽 안으로 패주시켰으며, 그 후로 트로이 병사들은 전투를 벌이려 모습을 나타내는 경우가 없었다. 그는 양식良識이나 설득의 화법에서는 전투 능력만큼 탁월한 실력을 보이지 못했다.

그러나 트로이는 여전히 난공불락이었다. 제우스가 직접 다르다노스에게 준 조각상 팔라디움(Palladium: 아테나 여신상)이 요새 안에 남아 있는 한 그랬다. 트로이 사람들이 그 조각상을 보살피는 정성은 지극했다. 그 값진 선물을 숨기려 무진 노력했으며, 그것을 노리는 강도들을 헛갈리게 만들기 위하여 그와 비슷한 조각상을 여러 개 제작하기도 했다. 그럼에도 불구하고 모험을 좋아하던 오디세우스는 누더기를 걸치고 스스로 몸에 상처를 입힌 뒤에 그 도시 안으로 들어가

18세기 이탈리아 화가 지오바니 티에폴로가 트로이 시민들이 트로이 목마를 도시 안으로 옮기는 장면을 상상으로 그린 그림

팔라디움을 몰래 훔쳐왔다. 그를 알아본 사람은 헬레네뿐이었다. 그러나 그녀는 그리스로 돌아가고 싶은 마음뿐이었기 때문에 그 도시를 함락하는 수단을 찾던 오디세우스를 적극적으로 도왔다.

트로이의 함락이라는 목표를 달성하기 위해서는 이제 최종 전략이 필요했다. 아테나의 제안에 따라, 파노페우스(Panopeus)의 아들 에페이오스(Epeius)가 병사 1백 명을 속에 숨길 수 있는, 어마어마하게 큰 목마를 하나 만들었다. 이 말의 안에는 그리스 영웅들 중에서 최고 엘리트들이 몸을 숨기고 있었다. 네오프톨레모스와 오디세우스, 메넬라우스도 목마 속에 들어갔다. 그런 한편으로 그리스 병사들은 포위 공격을 포기하는 것처럼 텐트들을 몽땅 태우고 테네도스(Tenedos)로 떠났다.

트로이 시민들이 마침내 자유의 몸이 되었다는 사실에 환호하면서 도시 밖으로 나와 적들이 남기고 간 구조물을 놀라움 가득한 눈으로 요모조모 뜯어 살폈다. 그들은 그것을 어떻게 처리해야 할 것인지를 놓고 오랫동안 의심을 풀지 않았다.

그 안에 들어 있던 영웅들은 노심초사하면서 여러 가지 아이디어들을 듣고 있었다. 헬레네의 목소리도 이따금 들려왔다. 트로이 시민 중 일부는 신들이 자유를 안겨준 데 대한 감사의 표시로 도시에 있는 신들에게 그걸 바치기를 원했다. 그러나 신중한 사람들은 적들이 남기고 간 유산을 믿어서는 안 된다는 주장을 폈다. 포세이돈의 사제인 라오콘(Laocoon)은 창으로 목마의 옆구리를 쿡쿡 찌르면서 혐오감을 노골적으로 드러냈다.

목마가 창에 찔리며 내는 소리가 속이 비어있음을 말해주고 있었다. 트로이 사람들은 기만의 가능성이 있다는 경고의 말에 귀를 기울이지 않았다. 불행한 라오콘은 자신의 총명함과 애국심에 희생이 되어 동포들이 지켜보는 가운데, 신들이 그를 파괴하기 위해 바다에서 보낸 두 마리의 뱀에게 아들과 함께 비참하게 죽어갔다. 이 무서운 광경에다가, 그리스 인들이 엉터리 정보를 줄 목적으로 특별히 남겨둔 배반자 시몬(Simon)의 엉터리 조언까지 들은 터라, 트로이 주민들은 승리감에 도취해 자신들의 성벽을 일부 무너뜨린 뒤 치명적인 결과를 안겨줄 그 구조물을 도시 안으로 끌고 들어갔다.

신들의 명령에 따라 이제 트로이의 파괴는 불가피하게 되었다. 트로이 사람들이 축제 분위기에서 광란의 밤을 보내는 사이에 시몬이 테네도스에 있던 그리스 병사들에게 횃불을 밝혀 신호를 보내고 목마의 나사들을 풀었다.

이제 목마 안에 숨어 있던 영웅들이 바깥으로 나왔다. 안과 밖 양면에서 공격을 받은 트로이는 완전히 약탈당하고 파괴되었다.

그 도시의 시민들만 아니라 영웅들 중에서도 많은 이들이 살육당하거나 포로로 잡혔다. 덕망 있는 프리아모스는 제우스의 제단에 피난처를 찾으려다 실패하고 네오프톨레모스의 손에 죽었다.

그러나 파리스가 죽은 뒤로 헬레네의 남편 노릇을 하던 그의 아들 데이포보스는 오디세우스와 메넬라우스에 맞서 자신의 집을 필사적으로 지키다 죽음을 당한 뒤 메넬라우스에 의해 사지가 절단되었다.

이리하여 트로이는 완전히 파괴되었다. 도시와 제단과 신전과 주민들이 완전히 사라져버린 것이다. 아이네아스와 안테노르만이 가족과 함께 도시를 탈출하는 것이 허용되었다. 한 이야기에 따르면, 이들이 트로이를 그리스 병사들에게 넘겼다는 설도 있다. 안테노르의 집 문 위에는 표범 가죽이 걸려 있었는데, 그것은 승리한 그리스 병사들이 약탈을 할 때 그 집만은 건드리지 말라는 신호였다고 한다. 주요 포로들을 분배할 때 헥토르의 어린 아들 아스티아낙스(Astyanax)는 오디세우스 아니면 네오프톨레모스에 의해 성벽 꼭대기에서 던져져 죽음을 당했다. 프리아모스의 딸 폴릭세나(Polyxena)는 아킬레우스의 영혼이 자기 동포들에게 한 요구에 따라 그의 묘지에 제물로 바쳐졌다.

한편 그녀의 여형제 카산드라는 상으로 아가멤논에게 주어졌다. 그녀는 아테나 제단의 성역으로 피신했다. 그곳에서 오일레우스의 아들 아이아스가 그녀를 겁탈하려다 그만 아테나 여신의 진노를 사 자신은 물론이고 병사들까지 화를 입을 상황이었기에 그리스 병사들이 그를 돌로 쳐 죽이지 않을 수 없는 지경에 이르렀다. 안드로마케(Andromache)와 헬레노스는 둘 다 네오프톨레모스에게 주어졌다. 한 기록에 따르면, 네오프톨레모스는 또한 아이네아스를 포로로 데려갔다고 한다. 헬레네는 메넬라우스와의 재결합을 즐거운 마음으로 받아들였다. 그녀는 그를 따라 스파르타로 돌아가, 그와 함께 그곳에서 편안하고 품위 있게 살았으며, 죽은 뒤에는 '엘리시온의 들'(파라다이스)에서 행복한 불멸을 누렸다.

그녀는 여신으로 숭배를 받았으며, 테라프나이(Therapnae)를 비롯하여 곳곳에 그녀의 신전과 조각상, 제단이 세워졌다. 그리스인들 사이에는 그녀의 기적을 보여주는 예가 다양하게 언급되었다.

한편 서정시인 스테시코로스(Stesichorus:B.C. 640~B.C.555)는 헬레네와 그녀의 여형제 클리템네스트라(Clytemnestra)를 싸잡아 무례하리만큼 비난한다. 에우리피데스와 그 후의 리코프론(Lycophron)이 그리는 내용과 비슷하다. 그러나 스테시코로스의 작품에 등장하는 헬레네는 호메로스가 존경과 고결함으로 다루던 모습과는 정반대이다. 호메로스의 경우에는 헬레네 자신의 입을 통한 것을 제외하고는 그녀에게 손상이 가는 비난의 말은 전혀 하지 않는다.

스테시코로스는 앞을 보지 못하는 고통을 받았으나 자신의 불경不敬을 깊이 깨닫고 후회하면서 그 불행을 공식적으로 취소하는 특별한 시를 창작한 뒤 시력을 다시 회복할 수 있었다. 그의 시에 담긴 내용은 호메로스의 이야기와 극적일 정도로 대조를 이루었다. 헬레네가 트로이에 간 적도 없으며, 트로이 사람들은 그녀의 유령밖에 가져가지 않았다고 단언한다. 스테시코로스가 오랜 전설로부터 이런 식으로 극적 일탈을 꾀할 수 있었던 것은 그의 종교적 감정 때문이 아니었을까? 시적 관심에서라면 결코 권하기 힘든 일탈이기 때문이다.

그 후에도 다른 버전들이 나왔다. 호메로스와 스테시코로스 사이의 타협안쯤으로 여기면 된다. 헬레네가 실제로 트로이에 간 적은 없었지만, 그렇다고 그녀의 도망까지 부인하는 것은 아니었다. 트로이 포위 공격이 벌어지던 동안에 그녀가 이집트에 억류되어 있었다는 이야기도 그런 종류이다. 파리스가 스파르타를 떠난 뒤 폭풍에 떠밀려 이집트에 닿았으며, 이집트의 왕 프로테우스(Proteus)가 파리스의 사악한 행위를 듣고는 그를 협박하여 이집트를 떠나게 한 뒤에 헬레네의 합법적인 남편이 찾으러 올 때까지 그녀를 붙잡아 두었다는 내용이다.

그리스인들이 트로이에 헬레네를 내놓으라고 요구했을 때, 트로이 사람들은 그녀가 그 도시에 없을 뿐 아니라 온 적도 없다는 점을 진지하게 전했다. 그러나 그리스 병사들이 그런 주장을 거짓이라고 믿고 포위 공격을 감행했으나, 나중에 승리를 거두고 보니 트로이 사람들의 주장이 진실이었던 것으로 드러났다.

메넬라우스는 트로이에서 돌아와 이집트를 방문하고 나서야 헬레네를 찾을 수 있었다. 이집트의 성직자들이 헤로도토스에게 들려준 이야기가 그랬다.

그 내용이 역사화를 추구하던 헤로도토스의 마음에 만족스럽게 들렸던 것 같다.

헤로도토스는 이렇게 주장한다. "만약 헬레네가 정말로 트로이에 있었다면, 트로이 사람들이 그녀를 포기했을 것이다. 그녀가 파리스의 아내가 아니라 프리아모스의 아내였을지라도 그리스인들에게 보냈을 것이다. 가족이 있고 백성이 있는 토로이 왕이 그녀를 잡아둘 목적으로 그렇게 잔인한 파괴를 감수하려 들지는 않았을 것이다. 트로이 사람들의 불행은, 그들이 그녀를 잡고 있지 않아 되돌려 줄 수 없는 입장이었는데도 그리스 사람들에게 그런 사실을 확신시키는 것이 불가능했다는 점이었다."

헤로도토스의 이 같은 언급은 트로이 전쟁에 역사성을 불어넣으면서 이의를 제기할 틈을 주지 않는다. 우리는 또한 그가 프리아모스와 트로이 사람들을 '믿기지 않을 정도로 어리석은 존재들'로 그린 원래의 전설 대신에 헬레네의 이집트 억류 이야기를 받아들인 이유에 대해 궁금하게 생각해서도 안 된다. 그리스 여행가 파우사니아스도 그와 똑같은 근거와 똑같은 추리로 트로이 목마도 사실은 파성퇴破城槌 같은 것이었다는 주장을 편다. 그 이유는 문학에서 이야기하는 것을 그대로 받아들일 경우 그 도시의 방어자들을 유치하기 짝이 없는 존재로 만들어버리기 때문이다.

그리스 지휘관들이 트로이에서 귀환하는 여정도 고대 서사시에 포위 공격 못지않게 풍성한 이야깃거리를 제공한다. 포위 공격 당시 서로 힘을 합했던 병사들이 이제는 뿔뿔이 흩어져 고립되어 행동하기 때문에 그들 각자가 처할 수 있는 역경이 매우 다양할 수 있었다.

더욱이 폭풍이 몰아치는 뱃길과 영웅들의 강제에 가까운 방랑은 어떤 영웅적인 창건자에 대한 공통의 열망과 정확히 맞아떨어졌으며, 가장 먼 곳의 그리스 정착민들까지도 자신의 도시의 기원을 역사 이전의 반半 신화의 세상에서 일어난 이 놀라운 사건에서 찾도록 만들었다. 그리고 10년의 부재는 영웅들의 고향에 닮은 변화가 일어나고, 영웅들의 가족에 불행과 악행이 닥칠 여지를 내주었다.

이런 영웅적인 귀환의 하나인 오디세우스의 여정은 호메로스의 시를 통해 불멸성을 얻었다. 그 영웅은 포세이돈의 분노 때문에 오랜 기간 고통을 겪고 추방을 당한 끝에 자기 고향에 도착하지만, 거기서 자기 아내는 괴롭힘을 당하고 젊은 아들은 모욕을 당하고 재산은 무례한 구혼자들에게 약탈당한 것을 확인한다. 그는 어쩔 수 없이 비참한 걸인의 모습으로 나타나 그 사람들의 경멸을 참아낸다. 그러나 마지막에는 아테나의 응원에 힘입어 적들을 물리치고 가장의 위치를 다시 차지하고 자신의 재산을 되찾았다. 그리스 지휘관 몇 사람의 귀향을 주제로 한 하기아스(Hagias)의 서사시는 지금은 전해오지 않으나 짧은 개요는 남아 있다.

고대의 서사시가 언제나 그렇듯, 이 귀환에 첩첩으로 얽힌 고난도 거슬러 올라가면 결국에는 신의 분노에 닿는다. 그렇게 힘든 과정을 겪은 뒤에 얻어낸 승리에 도취한 나머지 그리스인들이 트로이 신들의 제단에 존경을 표하기는커녕 가만 내버려두지도 않은 데 대한 처벌이었던 것이다. 그리스인들이 트로이를 포위하고 있던 동안에 그리스인들의 막강한 동맹이 되어 준 아테나마저도 그들의 무모함에, 특히 오일레우스의 아들 아이아스의 유린에 매우 분노하여 그녀를 달래려는 노력이 끊임없이 이어졌음에도 불구하고 그들의 귀환을 크게 방해했다.

그리스군 지도자들은 서로 싸우기 시작했다. 그들의 공식적인 모임은 술로 인해 난장판이 되었다. 아가멤논과 메넬라우스까지도 형제애를 잃고 각자 뜻대로 행동했다.

그럼에도 불구하고, '오디세이아'에 따르면, 네스토르와 디오메데스, 네오프톨레모스, 이도메네우스(Idomeneus), 필로크테테스는 신속하고 안전하게 자신의 집에 도착했다. 아가멤논도 또한 펠로폰네소

스에 도착했으나 부정한 아내의 손에 죽음을 당했다. 그러나 메넬라
우스는 저주를 받아 오랜 동안 방랑을 해야 했으며, 이집트와 키프로
스 등지에서 엄청난 궁핍을 겪은 뒤에야 겨우 자신의 고향에 발을 내
디딜 수 있었다.

소小아이아스도 어느 바위에서 사라졌다. 그는 무서운 폭풍을 만
나긴 했지만 일찌감치 안전한 바위에 도착했다. 그때 그는 신들의 방
해에도 불구하고 자신이 역경을 헤쳐 나온 사실에 크게 고무되어 건
방진 소리를 뇌까렸다. 그 소리가 포세이돈에게도 들렸다. 그 순간
포세이돈은 자신의 삼지창으로 아이아스가 매달려 있던 바위를 쳐서
바위와 아이아스를 동시에 바다에 빠뜨려버렸다. 예언자 칼카스
(Calchas)는 레온테우스(Leonteus)와 폴리포에테스와 함께 육로로 트로
이에서 콜로폰(Colophon)으로 갔다.

그러나 이런저런 그리스 영웅들에 관한 이야기 중에는 우리가 '오
디세이아'를 통해 알고 있는 것과는 다른 내용이 많다. 이 영웅들은
하나같이 고향에서 매우 멀리 떨어진 곳으로 이주하게 된다. 네스토
르는 이탈리아로 가서 거기에 메타폰툼(Metapontum)과 피사(Pisa), 헤
라클레이아(Heracleia)를 건설했다. 필로크테테스도 이탈리아로 가서
페틸리아(Petilia)와 크리미사(Crimisa)를 건설하고 시칠리아(Sicily)의 에
게스타(Egesta)로 이주민들을 보냈다. 네오프톨레모스도 테티스의 조
언을 받아들여 육로로 트라키아를 가로질러 가다가 뱃길로 거기에
온 오디세우스를 마로네이아(Maroneia)에서 만난 뒤에 에피로스
(Epirus)까지 여행을 계속해 그곳에서 몰로시아 사람들의 왕이 되었

다.

이도메네우스도 이탈리아로 가서 살렌티네(Salentine) 반도에 우리아(Uria)를 세웠다. 디오메데스는 넓은 지역을 떠돈 뒤에 이탈리아 해안을 따라 아드리아 만 깊은 곳까지 들어가 마침내 다우니아(Daunia)에 정착하여 아르기리파(Argyrippa)와 베네벤툼(Veneventum), 아트리아(Atria)와 디오메데이아(Diomedeia)를 건설했다. 아테나의 호의로 그는 불멸의 생명을 얻어 많은 지역에서 신으로 숭배되었다.

고대인들이 즐기던 이야기들의 내용을 보면 우리가 알고 있는 내용과는 다른 것들이 무척 많다. 그 특징은 그리스 전설 세계의 또 다른 흥밋거리인 아르고호 승무원들만 아니라 트로이 전쟁에 참전한 그리스 영웅과 트로이 영웅들이 도처로 퍼진다는 점이다. 그들 중에서도 가장 흥미진진한 인물을 든다면 역시 오디세우스이다. 동화 같은 장소를 배경으로 동화 속 인물 같은 이들을 상대로 한 그의 낭만적인 모험은 호메로스에 의해 널리 알려졌다. 여신 칼립소(Calypso)와 키르케(Circe), 키잡이 없이도 제 스스로 알아서 항해를 하는 배를 소유했던 파이아키아(Phaeacia)의 반신半神 선원들, 외눈박이 키클로페스(Cyclopes), 거구의 라이스트리고네스(Laestrygones), 바람의 신 아이올로스, 음식으로 사람들을 꾀던 로토파기(Lotophagi)처럼 노래로 사람들을 유혹해 물에 빠뜨리던 세이렌(Siren) 등. 이 모든 그림들이 그 서사시의 골격을 이룬다.

호메로스는 오디세우스가 자기 집에 정착하여 가족과 함께 사는 것으로 묘사했다. 그러나 오디세우스는 성격이 너무나 독특하여 가

정생활에 길들기가 무척 어려운 인물이었다. '텔레고니아'(Telegonia)라는 서사시에서는 그가 그 후에도 일련의 모험을 벌이는 것으로 그려지고 있다.

키르케와의 사이에 태어난 텔레고노스(Telegonus)가 자기 아버지를 찾아 이타카로 와서 약탈을 벌이다가 자기 아버지인 줄도 모르고 오디세우스를 죽이게 된다. 아들은 자신이 뜻하지 않게 부친을 살해한 데 대해 깊은 죄책감을 느낀다.

그의 기도와 어머니 키르케의 개입으로 페넬로페(Penelope)와 텔레마코스가 불멸의 생명을 얻게 된다. 그리하여 텔레고노스는 페넬로페와 결혼하고, 텔레마코스는 키르케와 결혼한다. 이 시를 통해 오디세우스가 신화에서 테스프로티아인 왕들의 선조로 그려진다는 것이 확인된다. 네오프톨레모스가 몰로시아 왕들의 시조로 표현되는 것과 똑같다.

안테노르와 아이네아스는 프리아모스에게 불만을 품고 그리스인들에게 동정을 품었다는 점에서 다른 트로이 사람들과 달랐다. 소포클레스를 비롯한 일부 작가들에 의해 두 사람은 배반의 공모를 한 것으로 그려진다. 그러나 베르길리우스의 '아이네아스'는 그런 의문에 강력히 반대한다. 시대별로 따지면 '일리아드'와 '오디세이아'의 다음에 발표된 아르크티노스의 서사시에서는 아이네아스가 라오콘의 기이한 죽음에 놀라 트로이를 포기하고 이다 산으로 물러난다. 그리스 전사들이 밤에 트로이로 쳐들어가 전투를 벌이기 전의 일이었다. 또 다른 서사시에서는 그가 네오프톨레모스에게 포로로 잡혀 끌려간 것으로 되어 있다.

'일리아드'의 멋진 한 구절을 보면, 포세이돈이 프리아모스의 가족을 언급하면서 제우스의 미움을 자초했다고 전하면서 아이네아스와 그의 후손들이 트로이 사람들을 통치하게 될 것이라고 예언한다. 그리하여 제우스가 다른 어떤 아들보다도 더 사랑한 다르다노스의 일족이 보호를 받게 되었으며, 아이네아스도 그 일족에 속했다. 따라서 아이네아스가 아킬레우스의 손에 죽을 위기에 처했을 때 포세이돈이 특별히 그를 구조하러 나섰고, 심지어 트로이에 대한 적대감을 결코 누그러뜨리지 않던 헤라까지 그 문제에 개입했다.

아이네아스와 함께 그리스인들의 동정을 샀던 안테노르는, 핀다로스의 시에 따르면, 메넬라우스와 헬레네와 함께 트로이에서 리비아의 키레네(Cyrene) 지역으로 간 것으로 전해진다. 그러나 그보다 더 널리 퍼진 이야기에 따르면, 그는 트로이의 동맹으로 파플라고니아(Pa-phlagonia)에서 왔던 베네티 사람들을 이끌고 바다를 이용하여 아드리아만의 내륙으로 들어가 그곳에서 이웃의 야만인들을 정복하고 파타비움(Patavium: 오늘날의 파두아)이라는 도시를 건설했다. 이 지역의 베네티 사람들은 안테노르의 이주에서 자신들의 기원을 찾은 것으로 전해진다.

우리는 소아시아 출신의 그리스 학자 스트라보(Strabo:B.C.64-A.D.20)를 통해서 안테노르의 동료 중 하나인 오프시켈라스(Opsicellas)가 방랑을 계속하여 이베리아까지 들어갔으며, 그곳에 그의 이름을 단 정착촌을 건설했다는 것을 배운다. 이리하여 트로이 전쟁에 이은

속편이랄 수 있는, 승리하거나 패배한 영웅들의 분산도 막을 내리게
된다.

6장

# 솔로몬,<br>예루살렘 신전을 건설하다
(B.C. 1017)

HENRY HART MILMAN
**헨리 하트 밀먼** (1791-1868)

영국의 역사학자이며 성직자. 조지 3세 국왕의 주치의이던 프랜시스 밀먼의 셋째 아들로 태어났다. 옥스퍼드의 브레이즈노즈 칼리지에 다닐 때에는 시詩와 드라마로 이름을 날리기도 했다. 문학에서는 바이런의 영향을 많이 받은 것으로 전해진다.

 그는 시집을 3권 발표한 뒤에 다른 분야로 관심을 돌리면서 1829년에 『유대인의 역사』(History of the Jews)를 출간했다. 이 책에서 유대인을 동양의 부족으로 처음 다뤄 학계의 관심을 끌기도 했다. 이어 1838년에는 에드워드 기번의 『로마제국 쇠망사』(Decline and Fall of the Roman Empire)를 편집했으며 그 이듬해에는 『기번 평전』(Life of Gibbon)을 발표했다.

　황무지와 가나안 땅을 몇 년 떠돌며 전투를 벌인 끝에, 유대인들은 마침내 예루살렘을 수도로 정하고 자신들의 왕국을 세우기에 이르렀다. 초대 왕은 사울(Saul)로 정했으며, '유대 민족의 사자獅子'인 다윗이 그 뒤를 이었다. 이스라엘 민족이 수많은 전쟁을 치르면서도 신앙심을 잃지 않도록 해준 것이 '계약의 궤'(Ark of the Covenant)였다. 이스라엘 민족 사이에는 그 궤를 갖고 있는 한에는 어떠한 임무도 실패할 수 없다는 믿음이 강했다.

　이스라엘 민족이 이곳저곳 떠도는 동안에도 사람들을 위한 주거 공간을 짓기에 앞서 반드시 그 궤를 보관할 이동 신전이 먼저 세워졌다. 그 궤는 필리스틴 사람들(Philistines)에게 빼앗겼다가 다시 이스라엘 사람들에게 돌아왔으며, 그때부터 그 전보다 훨씬 더 소중한 숭배의 대상이 되었다. 그 궤에는 아론이 제사장으로 선출되는 원인이기도 하고 싹을 틔웠다고도 하는 '아론의 지팡이'가 들어 있는 것으로 전해진다. 거기에는 또한 '10계명'이 적힌 석판들이 들어 있었다.

　다윗은 '계약의 궤'를 놓을 신전을 하나 짓기를 원했다. 그 신전은 사람들이 들어가서 예배를 올릴 수 있는 곳이어야 했다. 아울러 그 궤의 위엄에 어울리게 종교의 중심으로 자리 잡을 수 있어야 했다.

　하지만 다윗은 호전적인 존재였다. 이 신전은 평화의 장소였다. 피가 신전의 벽을 더럽혀서는 안 되었다. 피를 흘리게 하는 사람이라면 절대로 그 신전의 건축가가 될 수 없었다. 그럼에도 다윗은 신전의 건축을 위하여 돌과 목재, 귀금속들을 모았다. 그러나 그가 그 신전을 직접 건설하는 것은 허용되지 않았다. 대신에 그 임무에 그의 아들이며 후계자인 '현인 솔로몬'을 내세우는 것이 허용되었다.

이때 이스라엘의 모든 적들은 다 정복되었다. 그 나라는 평화를 구가하고 있었다. 이스라엘 사람들의 영토는 그 전이나 그 후 어느 때보다도 넓었다. 신성한 궤를 보관할 위대한 성소를 짓기에 더 없이 적절한 시기였다. 임무는 훌륭하게 수행되었다. 고대나 근대의 그 어떤 인간의 작품도 솔로몬의 신전보다 인간에게 강한 인상을 주지 못했다.

솔로몬이 이스라엘 왕국을 승계한 것은 그의 나이 스무 살 때였다. 그는 음흉하고 용감하고 위험한 적들로 둘러싸여 있었다. 아도니야(Adonijah)는 여전히 막강한 당을 지배하고 있었고, 아비아달(Abiathar)은 성직을 좌지우지했고, 요압(Joab)은 군대를 주무르고 있었다.

왕의 타이틀과 죽은 군주의 여인을 소유하는 것 사이의 특별한 연결은 보통 사람들도 익히 잘 이해하는 바이다. 아도니야가 다윗이 늙은 나이에 얻은 젊은 첩 아비삭(Abishag)을 요구했을 때, 그의 그런 태도는 교활하게도 주권을 요구하는 것으로 받아들여졌다. 그때 솔로몬은 자기 아버지가 죽어가면서 한 훈계의 지혜를 깨달았다. 그는 그 일을 미래에 일어날지도 모르는 모든 반대와 내란의 위험을 잘라낼 기회로 잡았다. 그는 아도니야를 사형에 처하고, 아비아달로부터 성직을 빼앗은 뒤 예루살렘에서 추방했으며, 성전으로 달아난 요압에 대해서는 아브네르(Abner)와 아마사(Amasa)를 살해한 죄를 물어 처형명령을 내렸다.

또 다른 위험한 존재인 시므이(Shimei)에게는 예루살렘 안에서만 거주하도록 명령을 내리고, 만약 그가 그 도시를 떠나게 되면 죽음의 형벌이 따르게 되어 있었다. 그리고 3년 뒤, 시므이는 필리스틴 국경의 가드(Gath)로 의문스런 여행을 한 것이 발각되어 맹약을 깬 죄로 사형에 처해졌다.

이리하여 아버지의 정책을 이용하여 내부의 적들을 물리치고 외국

원정에서 얻은 승리를 바탕으로 권력을 확고히 잡게 된 솔로몬은 이
제 평화의 통치를 시작했다. 그 기간에 유대 민족은, 단(Dan)에서부
터 브엘세바(Beersheba)까지 각자의 포도나무와 무화과나무 아래에서
안전하게 살았다. 이 평화가 깨어진 것은 에돔인(Edomites)이 반란을
일으켰을 때뿐이었다. 그때 에돔인의 왕족이던 하닷(Hadad)은 다윗과
요압이 적군을 박멸하기 위한 전쟁을 일으키자 이집트로 달아나 그
곳에서 이집트 왕비의 여형제와 결혼했다.

그는 다윗과 요압의 죽음에 대한 소식을 듣자마자 돌아와 솔로몬
의 통치 기간에 일종의 약탈전을 일삼았던 것 같다. 소바(Zobah) 왕 하
닷에셀(Hadadezer)의 신하인 또 다른 협잡꾼 레존(Rezon)이 다마스쿠스
를 점령하고는 시리아의 넓은 지역이 솔로몬과 적대관계를 유지하도
록 만들었다.

솔로몬의 통치 후반부에 있었던 하맛 소바(Hamath Zobah)의 정복은
아마도 이런 적대관계와 연결되어 있었을 것이다. 그곳을 정복한 뒤
에 솔로몬은 황무지에 타드몰(Tadmor)을 건설하고 유프라테스 강까
지 국경을 따라 성을 쌓았다.

솔로몬의 정의正義는 유명했다. 솔로몬이 왕의 자리에 오른 뒤 있
었던 일화 중에는 이런 것도 있다. 그가 이동 신전이 남아 있던 기브
온(Gibeon)에서 값비싼 제물을 바칠 때, 신이 꿈속에 나타나 그가 선
택하는 선물이면 무엇이든 주겠다고 약속했다. 그러자 현명한 그 왕
은 백성들을 판단할 수 있는 이해의 마음을 요구했다. 신은 그의 기
도를 들어주는 데서 그치지 않고 그에게 명예와 부의 선물까지 내렸

다.

정의를 추구하던 그의 지혜는 아이에 대한 친권을 놓고 다투던 두 여인에 얽힌 사건에서 극명하게 드러난다. 그때 솔로몬은 동양식의 정의를 발휘하여 두 여인이 보는 앞에서 아이를 둘로 나누라고 명령했다. 그러자 그 아이의 진짜 엄마는 두려움과 혐오감에 치를 떨었던 반면, 가짜 엄마는 끔찍하게도 아이를 둘로 나누는 데 동의했다. 이런 식으로 인간의 본성에 의존하면 다툼의 본질이 금방 파악될 수 있었다.

넓은 영토를 다스릴 정부를 구성하는 것이 솔로몬의 관심사였다. 지방의 자치 총독 외에, 그는 왕국을 12개의 구역

19세기 프랑스 화가 귀스타브 도레의 그림 '솔로몬의 재판'.

으로 나누었다. 각 구역마다 조공을 모을 징발관을 한 명씩 지명했으며, 조공은 현물로 받았다. 이리하여 점점 커지는 수도와 솔로몬의 거대한 권력 조직에는 물자가 풍부하게 되었다. 각 징발관들은 1년

에 1개월씩 돌아가며 궁전에 물건을 공급했다. 솔로몬 왕실의 하루 소비량은 상품上品 밀가루 300부셸(1부셸은 8갤런)과 하품下品 밀가루 600부셸, 살찐 황소 10마리와 그렇지 않은 황소 20마리, 양 100마리, 가금家禽과 다양한 종류의 사슴 고기 등이었다. 여물을 먹여야 하는 말이 자그마치 4만 필이나 되었으며, 단봉單峰 낙타도 많았다. 그럼에도 그 나라의 백성들은 적어도 처음에는 부담을 느끼지 않았다. '유다와 이스라엘 인구가 바닷가의 모래알처럼 많아짐에 따라 먹고 마시고 즐거워하였다.'고 한다.

솔로몬이 외국과 맺은 조약은 현명하게도 자기 영토의 평화를 확보하는 쪽이었다. 그는 이집트와는 그 나라 왕의 딸을 아내로 맞이함으로써 혼인동맹을 맺었다. 그는 또한 티레(Tyre) 왕과는 중요한 동맹을 새롭게 맺었다. 이 군주와의 우정이 왕족만 아니라 이스라엘 민족의 역점 사업이던 신전의 건설에 크게 기여했다. 삼나무는 레바논의 숲에서만 구할 수 있었다. 호메로스의 시에서 극찬하고 있는 시돈(Sidon)의 장인匠人들은 모든 종류의 제조에서, 특히 귀금속을 다루는 일에서 최고의 기술을 자랑하던 존재였다.

솔로몬은 정식 조약을 맺었다. 이에 따라 솔로몬은 티레에 대량의 곡물을 제공하고, 그 대가로 목재를 공급받았다. 돗재는 강을 통해 욥바(Joppa)까지 떠내려 와서 다시 수많은 기술자들에게 전달되었다. 재목을 자르는 작업을 위하여 솔로몬이 모집한 인원은 자그마치 3만 명이었다. 작업에 매달린 인원만도 늘 1만 명을 헤아렸다. 그랬기 때문에 이 일에 동원된 사람들은 1개월을 작업하고 2개월을 쉬었다.

솔로몬은 또 2개의 집단을 더 구성했다. 7만 명으로 이뤄진 한 집단은 짐꾼이었으며, 8만 명으로 구성된 다른 집단은 돌을 자르는 사람들이었다. 이들은 산의 채석장에서 일했다. 이 모든 노동의 부담은 이스라엘 사람만 아니라 그 나라에서 살도록 허락을 받은 외국인들에게도 지워졌다. 그 외국인들은 가나안 사람들의 후예들이 주를 이루었다.

다윗 왕의 준비에다가 솔로몬 왕의 이런 노력까지 더해짐에 따라 신전을 짓는 작업이 본격 시작되었다. 그 도시의 동쪽에는 모리아(Moriah) 산이 우뚝 솟아 있었다. 이웃 나라에서도 보일 정도로 높은 그 산은 전설 속에 아브라함(Abraham)이 자기 아들을 제물로 바쳤던 곳으로 알려져 있다. 엄청난 노동을 들여 울퉁불퉁한 모리아 산의 정상을 평평하게 닦았다. 그 산의 남쪽과 동쪽 면은 깎아지른 절벽이었으며, 계곡의 바닥에서 수직으로 세운 돌 벽을 마주하고 있었다. 탁월한 기술과 노동력 덕에 거대한 돌들이 서로 아귀가 맞아 떨어지면서 하나의 거대한 바위 덩어리처럼 단단하게 고정되었다.

불규칙한 네모꼴인 신전의 둘레에는 상당히 높고 튼튼한 담이 세워졌다. 그 안에는 트인 뜰이 있었고, 그 안으로 이교도들이 첫 번째 문을 통해 들어왔다. 두 번째 벽이 '이스라엘 사람들의 정원'이라 불린 다른 사각형을 에워쌌다. 이 벽을 따라 안쪽에 주랑이 이어졌고, 그 위로는 다양한 목적으로 사용될 방이 마련되었다. 이 안에 또 다른 나직한 담이 있어서 성직자들의 뜰과 이스라엘 사람들의 뜰을 갈랐다. 각각의 뜰로는 계단을 이용해 내려갔다. 그렇기 때문에 안쪽

정원의 바닥은 바깥 정원의 바닥보다 높았다.

신전 자체는 인간의 건축적 기술과 과학을 보여준다기보다는 부(富)의 기념물에 더 가까웠다. 그 신전이 세상의 경의를 불러일으켰던 것은 건물의 높이와 크기에 따른 우아함이나 장엄함 또는 대담함보다는 재료의 훌륭함에 있었다고 볼 수 있다. 그 건물에는 이집트 건축물의 거대한 장엄미도 없었고, 그리스 건축의 소박한 위엄과 균형미도 없었고, 동양 건축의 환상적인 우아함도 없었다. 그럼에도 일부 작가들은 에스겔(Ezekiel)이 예언한 성전을 떠올리듯 최고로 멋진 건축물을 그려냈다.

그들의 묘사대로라면 이런 치명적인 결함이 있다. 그 예언가의 말을 그대로 받아들일 경우 신전과 기도실들의 크기는 모리아 산 전체만 아니라 예루살렘을 거의 차지할 것이다. 사실은 솔로몬의 신전에 대한 설명은 만족스럽지 못하다. 신전과 관련하여 유일하게 권위를 지니는 책인 '열왕기'(Kings)와 '역대기'(Chronicles)에 나타나는 세부적인 사항들은 과학적이지 못하며, 더욱 나쁜 것은 서로 모순된다는 점이다.

기원후 1세기의 역사학자 플라비우스 요세푸스(Flavius Josephus)는 3개의 신전을 버무려, 뒷날 추가되고 변경된 것을 모두 최초의 건물로 여겼음에 분명하다. 대체로 그 신전은 이동 신전을 확대한 것이었으며, 값지고 내구성이 강한 재료들로 만들어졌다. 그 신전은 이집트인들의 것을 포함한 고대의 모든 신성한 건물들의 평면도와 배치를 참고했을 것이다. 신전의 크기도 상이집트의 가장 오래된 신전들의 일부와 일치한다. 솔로몬 신전은 입구와 신전, 성소로 이뤄졌으며, 각각 '현관'(Porch)과 '성소'(Holy Place), '지성소'(Holy of Holies)라 불렸다. 그럼에도 어떤 측면에서 보면, 만약 측량이 정확하다면 그 신전은 오히려 단순한 고딕 교회를 닮았을 것 같다.

정면의 동쪽에는 높이가 2백10피트(약 64m)나 되는 큰 탑이 서 있었다. 그것이 현관이었다. 신전 안 아니면 현관 앞에 이집트의 오벨리스크처럼 2개의 황동 기둥이 서 있었다. 기둥의 높이는 어느 한 기록에 따르면 27피트이고, 다른 한 기록에 따르면 60피트 이상이다. 후자의 기록은 아마 기둥머리와 기단까지 포함했을 것이다. 기둥머리의 장식이 가장 풍성했다. 현관은 35피트로 신전의 폭과 똑같았다. 깊이는 17.5피트였다. 70피트의 성소와 35피트의 지성소를 포함하는 주 건물의 길이는 총 1백5피트였으며 높이는 52.5피트였다.

양 옆을 따라서, 그리고 아마도 주요 건물의 뒷면으로는 3층의 작은 방들로 갈라지는 측랑側廊이 있었을 것이다. 신전의 벽은 바닥 부분이 더 두꺼웠다. 측랑으로 연결된 방들은 제의祭衣 보관실과 금고를 비롯한 다른 성스런 목적으로 쓰였다. 그 측랑은 본당本堂과 성가대석이라 불리던 공간보다는 반 층 정도 높았던 것 같다. 그래도 본당과 성가대석의 창문들은 아마 측랑의 바닥보다 높았을 것이다.

만약 신전의 규모가 그리 위압적으로 느껴지지 않는다면, 그 공간 안에서 이뤄진 종교 의식은 전체 중에서 작은 부분에 지나지 않았다는 사실을 상기할 필요가 있다. 지성소에 들어가는 경우는 1년에 고작 한 번뿐이었고, 그것도 제사장에게만 출입이 허용되었다. 그곳은 더없이 은밀한 신의 사당이었다. 신전의 본체인 성소에도 의식을 집행하는 성직자들만 들어갈 수 있었다. 대중들 사이에 흔히 신전으로 통하던 뜰 또는 사각형 안뜰이 실제로 사람들이 모여 신을 숭배하던 공간이었다. 머리 위로 하늘이 뻥 뚫린 이곳에서 국가적 의식과 참배, 제물을 바치는 행사가 열렸다. 거기에는 세정식洗淨式을 위한 대형 물탱크와 제물을 태워 바치는 높은 제단이 있었다.

하지만 그 신전에 쓰인 재료들의 호화로움과 세부 장식의 풍성함과 다양성이 다른 역사적 건축물에 비해 상대적으로 두드러지지 않던 건물의 규모를 충분히 보충하고도 남았다. 그것은 엘 도라도(El Dorado:황금이 넘쳐난다는 전설 속의 땅)에서나 발견하기를 기대할 법한 신성한 건축물이었다. 벽은 일일이 잘라 다듬은 돌로 쌓았으며, 벽 안쪽은 꽃무늬를 화려하게 새긴 삼나무로 장식했다. 천장은 전나무로 만들었다. 온 곳에 금이 아낌없이 부어졌다. 한 마디로 말해, 전체 건물이 금으로 뒤덮였다고 묘사할 수 있었다. 바르와임(Parvaim)에서 나는 금 중에서도 가장 순수한 것만 쓰였다. 궤의 뚜껑 위에 양 날개를 활짝 펴고 서 있던 천사들은 완전히 금으로 덮였다.

지성소와 성소를 가르던 호화로운 장막은 가장 값비싼 재료와 가장 화려한 색깔로 만들어졌으며, 장막을 묶고 있던 고리도 당연히 금이었다. 아기 천사와 종려나무, 꽃 등이 온 곳에 금으로 그려져 있었다. 신전 안의 제단과 빵을 놓던 탁자도 마찬가지로 귀금속으로 덮여 있었다. 모든 그릇과 10개의 촛대, 5백개의 대야를 비롯한 제식 도구 모두는 단단한 금으로 만들어졌다. 그럼에도 고대 이스라엘의 작가들은 티레에서 기술을 익힌 유대계 후람(Huram)이 황동으로 제작한 작품들을 최고로 치는 것 같다.

위에서 언급한 거대한 기둥들 외에, 거기에는 황동으로 만든 거대한 물탱크가 하나 있었다. '바다'라고 불린 이 물탱크는 직경이 17.5 피트였으며, 각 방향으로 3마리씩 모두 12마리의 황소가 받치고 있었다. 또한 거대한 제단이 하나 있었으며, '세례반盤'이라고 불린, 세정식을 위한 대형 용기 10개가 받침대 위에 놓여 있었다. 이 받침대의 가장자리도 사자와 황소, 아기 천사들로 꼼꼼히 장식되어 있었다. 받침대 아래에는 전차戰車의 그것처럼 바퀴가 4개 달려 있었다.

그 건물은 7년 반 동안 침묵 속에 올려졌다. 모든 목재와 석재, 심지어 17, 18인치나 되는 거대한 크기의 재료까지도 채취 현장에서 크기에 맞게 자르고 패어졌다. 건축 현장에서는 어떠한 연장 소리도 내지 않기 위해서였다. 시적 표현을 빌리면 이런 식이었다. '키 큰 종려나무처럼, 그 침묵의 건물은 자라났다."

7년 반이라는 세월 끝에 신전과 뜰들이 완성되고 헌정식이 엄숙하게 열렸다. 이때는 왕과 국민 모두가 장엄함을 최대한 과시했다. 다양한 부족의 족장들 모두와 모든 계층의 사람들이 다 모였다.

그 전에 이미 다윗이 성직자와 레위 족(Levites) 사람 3만8천명에게 자신의 특별한 의식을 맡겼다. 그 중 2만4천명은 평범한 임무를 맡고, 6천명은 장교, 4천명은 호위병과 짐꾼, 4천명은 가수와 뮤지션으로 임명되었다. 신전의 헌정이라는 숭고한 행사에 성직에 관여하는 레위 족 사람들이 계층에 관계없이 다 모였다. 신전 문 앞에 있던 성직자들의 뜰에 우뚝 선 거대한 황동 제단 주변으로 제물을 바칠 자들이 모였고, 그들 주변에 흰색 리넨 의상을 차려 입은 성가대가 자리 잡았다.

성가대 중 1백20명은 트럼펫 주자였고, 나머지는 심벌즈와 하프, '살트리'(psaltry)라는 현악기를 연주했다. 솔로몬 자신은 높은 곳에 마련된 무대 혹은 황동 권좌에 자리를 잡았다. 곳곳에서 온 백성들이 널찍한 뜰을 가득 채웠다. 불에 태운 제물을 올릴 준비를 하는 것으로 의식이 시작되었다. 이때 바쳐진 제물은 너무 많아서 일일이 열거하는 것이 불가능할 정도였다.

정해진 신호에 맞춰 그 의식의 중요한 부분이 시작되었다. 성가대의 노래와 악기 연주에 맞춰 궤를 옮기고, 그렇게 함으로써 이스라엘의 신을 새로운 주거 공간으로 모시는 의식이었다. 장중한 송시 몇 편과 찬송가 47장과 97장, 98장, 107장이 불리고 연주되었다. 레위족 사람들이 궤를 모시고 신전의 정문으로 나아갔다. 그 행사가 있기 전에 작곡되었음에도 불구하고 찬송가 24장도 이 행사에서 쓰였음에 틀림없다.

궤가 문에 가까이 다가갈 때 가수들은 이런 노래를 불렀을 것이다. '너희 머리를 들지어다, 오 너희 문들아, 너희는 들지어다, 너희 영존하는 문들아, 영광의 왕이 들어가시리로다.' 그러면 성가대의 다른 부분에서 이런 물음이 나왔다. '영광의 왕이 누구시옵니까?' 그 다음에는 전체 성가대가 대답했다. '만군萬軍의 주, 그가 영광의 왕이로다.'

행렬이 성소에 도착하자 문들이 활짝 열렸다. 이어 행렬이 지성소에 닿자 장막이 올려졌다. 궤가 아기 천사의 활짝 편 날개 아래에 자리를 잡았다. 마치 아기 천사의 날개가 궤를 포근히 감싸며 보호하는 듯 보였다. 바로 그 순간 모든 트럼펫 주자와 가수가 일제히 노래와 연주를 시작했다. 그때 그 신전의 분위기는 성경에 이렇게 전해온다. '이들은 다 같이 나팔을 불고 노래를 불렀다. 야훼를 찬양하고 감사를 드리는 그 소리가 한 목소리처럼 들렸다. 나팔과 바라와 그 밖의 악기에 맞추어 "야훼 어지셔라. 그 사랑 영원하여라." 소리 높여 찬양하는데, 야훼의 성전에는 구름이 가득 찼다. 구름이 어찌나 짙었던지 사제들이 더 이상 예식을 계속할 수 없을 정도였다. 그만큼 야훼의 영광이 성전에 가득 찼던 것이다.' (역대기 하 5:13) 이리하여 하느님이 그 신성한 건물을 차지하게 되었다.

그런 다음에 그 왕은 황동 권좌에서 일어나 무릎을 꿇은 뒤 두 손을 하늘로 향하여 쭉 펴고 봉헌의 기도를 올렸다. 장엄하기 이를 데 없는 기도였다. 그 기도는 전능한 하느님에게 이스라엘 사람의 수호신과 주권자로서 영원한 현존을 간청하는 한편으로, 그의 영적인 본성을 인정했다. '그러나 하느님, 하느님께서 이 땅에 사람과 같이 자리 잡으시기를 어찌 바라겠습니까? 저 하늘, 저 꼭대기 하늘도 주를 모시지 못할 터인데 소인이 지은 이 전이야말로 말해 무엇하겠습니까?' (역대기 하 6:18)

그런 뒤 기도는 이스라엘 민족의 번영과 행복이 시민법과 종교법의 일치에 달렸다는 내용의 제정일치제 원칙을 요약했다. 왕은 그것을 이런 표현으로 담아냈다. '야훼 하느님이여, 당신께서 쉬실 곳으로 이제 드십시오. 당신의 힘이 깃들인 궤와 함께 드십시오. 야훼 하느님이여, 당신을 섬기는 사제들 옷에서 구원이 펄럭이고 당신을 믿는 신도들은 축복을 누리며 기뻐하게 하여 주십시오.'(역대기 하 6:41) 바로 그때 지성소 위에 걸려 있던 구름이 점점 밝아지더니 급기야는 눈이 부실 정도가 되었고, 불이 일어나 모든 공물을 다 태웠으며, 성직자들은 믿기 어려운 광휘에 놀라는 표정을 지어보였다. 그것을 본 사람들은 엎드리면서 하느님을 숭배하고 찬양했다.

이 장면에서는 외양의 장엄함과 도덕적 숭고함 중에서 어느 것이 더 위대했을까? 말하자면 넓은 뜰과 찬란한 의상을 걸친 성직자, 번들거리는 황동 권좌에 왕권의 온갖 표장을 다 갖추고 앉은 왕, 음악, 반짝이는 구름, 제단을 때린 불, 무릎을 꿇은 백성들이 그 신전을 위대하게 만들었을까, 아니면 찬송가와 기도의 종교적 권위가 그렇게 만들었을까? 위대하고, 불가해하고, 전지전능한 불후의 창조주를 경배하여 전체 백성이 하나로 결합하게 만드는 종교적 권위가 더 중요했을 것이다.

초막절(유대교에서 조상의 광야 방랑을 기념하는 가을의 수확제)에 벌어진 이 특별한 축제는 평년보다 두 배 길게 2주 동안 이어졌다. 이 기간에 소 2만2천 마리와 양 12만 마리가 제물로 바쳐졌으며, 아마 모든 사람이 이 위대한 의식에 기부금을 내놓았을 것이다. 또 모든 사람이 제물로 바쳐진 동물 중에서 신성한 목적에 쓰이지 않을 부위를 먹으며 잔치를 즐겼다.

솔로몬이 자신의 주거를 위해 지은 호화로운 궁전들도 그보다 오래된 이집트나 아시리아의 군주들과 견줄만한 사치와 부를 과시했다. 그의 궁전은 예루살렘에 세워졌다. 건설에 13년이나 걸렸다. 이 궁전은 깊은 골짜기 위의 둑길을 통해 신전으로 곧바로 연결되었다.

그렇다면 솔로몬은 그 엄청난 부를 어떤 식으로 일구었을까? 다윗의 재산은 교역을 통해서보다는 정복을 통해 모은 것이었다. 다윗이 정복한 국가 중 일부, 특히 에돔 사람들은 부유했다. 모든 부족이 자신들의 장식과 갑옷에 상당히 많은 금과 은을 사용한 것 같다. 그들의 성상聖像은 대부분 금으로 만들어졌고, 신전의 금고에는 상당히 많은 부가 쌓여 있었다. 솔로몬의 통치 기간에는 세상의 교역 거의 전부가 그의 영토를 통했다. '두로'(Tyre)와의 조약이 가장 중요했다. 이웃한 두 국가가 서로 질투나 불신을 느끼지 않고 불가분의 상호 이익을 그처럼, 또 끊임없이 추구했던 예는 그때까지 없었다.

딱 한 번, 솔로몬이 히람에게 자신이 정복한 20개의 내륙 도시를 양도했을 때 히람이 불만을 강하게 나타내며 그 영토를 '가치 없는 땅'이란 뜻으로 가불(Cabul)이라고 불렀다. 두로 사람인 히람은 아마 악고(Acco)의 만과 항구에 눈독을 들이고 있었을 것이다. 하지만 솔로몬으로서는 그곳을 분리하여 양도할 수는 없는 노릇이었다. 악고가 약속의 땅에 속했기 때문이다.

그래도 동맹의 관계가 워낙 돈독했기 때문에 두로가 팔레스타인의 항구로, 팔레스타인이 두로의 곡창지대로 여겨졌다. 두로는 조선 기술자와 선원을 공급했고, 팔레스타인의 비옥한 평원은 함대에 식량

을 보급하고 페니키아 동맹의 제조업자와 상인들에게 생활필수품을
제공했다.

7장

# 로마의 건설

### (B.C. 753)

BARTHOLD GEORG NIEBUHR
## 바르톨트 게오르크 니부어 (1776~1831)

독일 정치학자이며 철학자. 탐험가 카르스텐 니부어의 아들로 코펜하겐에서 태어났다. 킬 대학교를 마친 뒤 덴마크의 쉼멜만 재무장관의 비서로 일하다 영국으로 건너가 에든버러에서 농업과 물리학을 공부했다. 1799년에 덴마크로 돌아와 1804년에 국립은행의 최고 책임자가 되었다. 1810년에는 베를린 대학에서 로마의 역사를 강의했다. 이것이 뒷날 3권짜리 『로마사』(Römische Geschichte)로 묶어진다.

로마는 세계사에서 독특한 위치를 차지한다. 한때 지중해가 로마의 호수였으며, 이웃 국가들은 언어나 법, 종교와 전쟁 수행에서 로마식을 따랐다. 로마의 도로들은 대륙들의 동과 서를 가로질렀고, 아시아와 아프리카 깊은 곳까지 관통했다. 속주의 중요한 도시에는 어김없이 로마의 수비대가 주둔했다. 티베르 강둑의 그 위대한 도시가 마침내 동북쪽 야만인들의 끊임없는 침입에 무너지면서 권력이 쇠퇴했을 때에도 로마의 정신만은 제도를 통해 스페인과 프랑스, 이탈리아, 영국, 심지어 그리스와 아시아의 문명에도 여전히 살아남았다. 로마의 법은 세계의 법전이 되었다. 이베리아 사람들과 골 사람, 이탈리아 사람들은 라티움(지금의 로마 동남쪽에 있었던 옛 나라)의 풍부하고 논리적이던 언어에 맞춰 자기 나라의 말을 다듬었다.

'영원의 도시'의 출생지를 둘러싸고는 여러 가지 전설이 전해온다. 트로이를 탈출하여 이탈리아 라티누스(Latinus)의 땅에 자기 나라의 신들을 소개한 인물이 아이네아스이다. 그의 아들 아스카니우스(Ascanius)는 라틴 사람들과 에트루리아 사람들 사이에 벌어진 전투에서 메젠티우스(Mezentius)를 죽인다. 실비우스(Silvius)라는 이름이 붙은 알바(Alba)의 왕 11명이 그를 계승한 존재들이다. 알바 롱가(Alba Longa)의 마지막 왕이 프로카스(Procas)이며, 이 왕의 아들 아물리우스(Amulius)가 권력을 노리고 맏형 누미토르(Numitor)를 권좌에서 몰아낸다. 누미토르의 딸 실비아(Silvia)가 전쟁의 신 마메르스(Mamers)와 통하여 불멸의 쌍둥이 로물루스(Romulus)와 레무스(Remus)를 낳는다. 이 아이들은 잔인한 아물리우스에 의해 버려져 늑대의 젖을 빨았으며 뒷날 로마의 건설자들이 된다.

이상이 로마의 건설을 방부 처리한 어느 시詩의 대체적인 이야기이다.

바르톨트 게오르크 니부어의 예리한 통찰력이 초기 역사학자들과 시인들이 그 위대한 사건들을 그린 글들에 나타난 모순과 구름을 많이 걷어냈다. 그러나 그 어떤 비평가도 고대 로마의 역사를 적은 글들의 아름다움과 매력을 파괴하지는 못했고, 또 고대 유럽 도시 중에서 가장 중요한 도시의 일곱 언덕 주위에 첫 번째 성벽이 올라가던 그 날의 영광의 빛을 퇴색시키지는 못했다.

나는 알바를 언급할 때면 사람들이 이런 생각을 떨치지 못할 것이라고 믿는다. 알바의 역사 중에는 잃어버린 것이 너무 많기 때문에 트로이 시대와 관련해서만 이야기될 수밖에 없으며, 또 로마 사람들이 그보다 앞선 시대의 알바에 대해 이야기한 것은 환상이나 그릇된 내용을 바탕으로 했으므로 역사의 장에서 지워야 한다는 생각을 말이다.

물론 알바의 여러 왕들뿐 아니라, 아스카니우스가 알바를 건설했다는 이야기와 거기에 얽힌 놀라운 사연들, 누미토르와 아물리우스의 이야기, 그 도시의 파괴에 관한 이야기는 역사에 속하지 않는다. 그러나 그 이야기에서처럼 알바가 역사적으로 존재했다는 점에는 의문의 여지가 전혀 없으며, 고대인들도 그 점을 전혀 의심하지 않았다. 키케로(Cicero)의 시대까지 전해오던 일부 문헌들이 알바의 존재를 뒷받침하는 증거들이다.

알바의 폐허는 어디에도 존재하지 않는다. 하지만 그 도시가 그로타 페라타(Grotta Ferrata) 계곡에 자리 잡았다는 점만은 파악할 수 있다. 팔라주올로(Palazzuolo) 수도원 근처의 언덕들과 호수 사이에는 지금도 눈으로 확인할 수 있는 바위가 있다. 호수 쪽으로 깎아지른 그 바위는 인공으로 다듬은 것이 분명하며, 그 쪽으로 도시를 공격하는 것을 불가능하게 만들었다.

알바 사람들이 라티움의 통치권을 가졌다는 것은 킨키우스(Cincius)

와 같은 권위 있는 인물에 바탕을 둔 전설이다. 훗날 고대 로마 사람들이 그 지역과 주피터 신전의 주인이 되었다. 더욱이 알바가 알바의 산에서 제물로 바친 고기를 30개 마을과 나눠가졌고, 알바의 몰락 뒤에 로마 사람들이 자신들의 행정관들을 선출했다는 내용은 진정한 역사의 한 자락을 들춘다. 고대에 알바 호수의 물을 빼는 데 이용된 터널은 지금도 존재하며, 그 터널의 동굴을 통과하여 포사 클루일리아(Fossa Cluilia)라는 운하가 만들어졌다. 지금도 확인 가능한 그 동굴은 로마의 그 어떤 건축물보다 앞선 시대의 것이다. 그러나 알바와 그 당시 로마에 대해 말할 수 있는 것은 알바는 라티움에 통치권을 행사하던 수도였으며, 주피터 신전이 알바의 통치를 받던 사람들의 집합소였고, 실비아(Silvia) 씨족이 통치 집단이었다는 사실뿐이다.

고대 로마의 마을들이 실제로 30개였다는 점에는 의문의 여지가 없다. 그보다 뒷날에도 로마의 마을은 30개로 나타나고 부족도 30개로 등장한다. 라비니움(Lavinium)의 건설에 얽힌 이야기에도 30개의 가문이 참여한다는 대목이 있다. 여기서 우리는 두 부족의 결합을 확인할 수 있다. 라비니움이 트로이의 식민지였다가 나중에 버려진 뒤 알바에 의해 복구되었고 그곳의 신전이 알바로 옮겨질 수 없었다는 이야기는 제아무리 역사의 냄새를 풍길지라도 트로이의 전설에 맞춘 것에 지나지 않는다. 파니오니움(Panionium)이 이오니아(Ionia)를 가리키듯이, 라비니움은 라티움의 다른 이름에 지나지 않는다. 세르비우스(Servius)도 인정하듯이, 라티누스와 라비누스, 라비쿠스(Lavicus)는 같은 이름이다. 라비니움은 프리스키 라티니(Prisci Latini)라는 도시 동맹의 중심지였다. 알바가 라비니움을 통치하기 전에는 알바와 라비니움에서 동시에 숭배행위가 행해졌다.

그렇기 때문에 그 트로이 전설에 등장하는 인물들을 다시 정리할 필요가 있다. 말하자면 투르누스가 디오니시우스(Dionysius)의 글에서는 투리누스(Turinus)가 된다. 아름다운 처녀 라비니아(Lavinia)는 해안가에 살던 에트루리아 사람들 사이에 쓰이던 이름이다. 레길루스 호수 전투 후에 맺은 조약에서 라티움 사람들이 30개의 마을을 형성하는 것으로 언급되었기 때문에 알바가 초반에 지배권을 행사하던 도시들도 마찬가지로 숫자가 30개였다는 점에는 의심의 여지가 없다.

하지만 그 동맹이 언제나 똑같은 수의 도시를 이끌었던 것은 아니었다. 동맹을 맺은 뒤에 기존의 도시가 사라지고 새로운 도시가 더해졌을 수도 있는 것이다. 정치적 상황이 그런 식으로 전개될 때에는 빈자리를 채우려는 노력이 본능처럼 일어난다. 사람들이 실질적 요구에 따라서가 아니라 옛날의 형식에 따라 무의식적으로 행동하는 한, 이 본능의 작용도 계속된다. 아카이아(Achaea)의 12개 도시의 경우도 그렇고, 프리슬란트 해상 공동체 7개의 경우도 그렇다. 한 도시가 사라지면, 다른 도시가 2개로 쪼개지며 그 자리를 채웠다.

고정적인 숫자가 전통처럼 내려오는 곳에서는 언제나 그 숫자가 지켜진다. 한 부분이 자연스레 사라져 없어질 때조차도 어떤 식으로든 또 다른 부분이 새롭게 나타나게 된다. 라틴 동맹의 경우에는 서쪽에서는 동맹을 잃었으나 동쪽에서는 동맹을 얻었던 것 같다. 그러므로 우리는 한쪽에는 알바가 30개의 '부분'을 가졌고 다른 한쪽에는 라틴 동맹의 도시가 30개 있었다고 생각해야 한다.

라틴 동맹의 도시들은 처음에는 알바와 연합하여 하나의 국가를 형성했고, 그 뒤에는 알바의 지배권 아래에 놓이게 되었다.

디오니시우스의 글에 담긴 카토(Cato)의 중요한 설명에 따르면, 원주민들의 고대 마을들은 산악지대에 흩어져 있던 작은 지역들이었다. 팔라티노(Palatine) 언덕에도 로마라는 이름을 단 작은 마을이 있었는데, 주민들 대부분이 그리스인들이었음에 틀림없다. 그곳에서 그리 멀지 않은 곳에는 피르기(Pyrgi)와 알시움(Alsium)과 같은 그리스 이름을 가진 마을들이 여러 곳 있었다. 그 지역에 살컨 주민들은 그리스 인들과 아주 비슷했다.

테라치나(Terracina)가 옛날에 '바위 위의 거친 곳'이란 뜻으로 '트라세네'(Tracheine)로 불렸고, 포르미아이(Formiae)가 그리스어로 '닻 내리는 곳'이라는 뜻의 단어인 '호로모스'와 관련 있다고 추측하는 것도 전혀 터무니없는 것만은 아니다. '피르기'가 '요새들'을 의미하는 것이 거의 확실하듯, '로마'(Roma)는 '힘'을 의미하는 것이 확실하다. 나는 이런 의미에서 보면 로마라는 이름이 우연히 생긴 것이 아니라고 판단하는 사람들의 의견이 옳다고 믿는다. 이 로마는 과학적 문명의 소개자인 에반데르(Evander)가 거주한 펠라스기 인의 지역으로 묘사된다. 전설에 따르면, 인간의 황금시대 때 문명의 토대를 처음 쌓은 존재가 사투르누스(Saturn)였다. 고대의 일에 대한 지식이 풍부했던 베르길리우스가 전하는 전설, 즉 최초의 인간은 나무에서 창조되었다는 이야기는 글자 그대로의 뜻으로 받아들여져야 한다.

그리스에서 데우칼리온(Deucalion)과 피라(Pyrrha)가 던진 돌이 남자와 여자로 변하였던 것처럼, 이탈리아에서는 나무들이 어떤 신성한 힘에 의해 인간존재로 변한 것이다. 이 존재들은 처음에는 반만 인간이었으나 차츰 사투르누스의 덕에 문명을 습득하게 되었다.

그러나 진정으로 지적인 문명은 에반데르의 공으로 돌려진다. 이 에반데르를 아르카디아에서 온 인간으로 보기보다는 알파벳과 정신적 문화의 선생인 '선인'(善人:good man)으로 보는 것이 바람직하다. 그 뒤로는 인간이 스스로 그 문화를 발전시켜 나가게 된다.

로마 사람들은 로마의 건설자 로물루스가 신의 도움으로 처녀의 몸에서 난 아들이며, 버려진 뒤에도 신기하게 생명이 지켜졌으며 결국 강의 홍수에도 살아남아 암컷 늑대의 보살핌으로 자라게 되었다는 확신을 버리지 않았다. 이 시가 매우 오래되었다는 사실에는 의심의 여지가 없다. 그렇지만 그 전설이 왜 한결같이 로물루스를 레아 실비아(Rea Silvia) 또는 일리아(Ilia)의 아들로 묘사했을까? 레아 실비아와 일리아가 같은 인물이 아니며, 레아 실비아는 누미토르의 딸인 반면에 일리아는 아이네아스의 딸로 불린다고 주장한 리키우스(Ryccius)에 반대되는 언급을 한 최초의 인물은 페리조니우스(Perizonius)였다. 그의 말이 전적으로 옳다. 나이비우스(Naevius)와 에니우스(Ennius)는 로물루스를 아이네아스의 딸인 일리아의 아들이라고 불렀다. 세르비우스가 베르길리우스에 대해, 포르피리오(Porphyrio)가 호라티우스(Horace)에 대해 각각 한 논평에서도 그런 식으로 확인된다.

하지만 그렇다고 이것이 로마 사람들의 공통된 의견이라고 추론할 수는 없다. 그 이유는 그리스어에 밝은 시인들이 자신들의 이야기를 그리스 시에 맞춰 노래했을 수도 있기 때문이다. 한편으로 보면 고대 로마 사람들의 경우에는 자기 도시의 창설자의 어머니를, 333년 또는 360년 앞서 산 것으로 믿어지는 아이네아스의 딸로 보기가 어려웠을 것이다. 디오니시우스는 파비우스의 설명이기도 한 자신의 설명이 성스런 노래에 담겨 있었으며, 그 설명은 그 자체로 완벽하다고 말한다. 파비우스는, 플루타르코스가 단언하는 것처럼, 그 설명을 그리스 작가 디오클레스(Diocles)로부터 끌어낼 수 없었다. 암컷 늑대의 조각상이 세워진 B.C. 457년은 디오클레스가 글을 쓰기 훨씬 전이고, 파비우스보다는 적어도 1백년은 더 전이기 때문이다. 그러므로 이 전설은 더 오래된 로마의 전설임에 틀림없다. 그 전설은 로마를 알바와의 연결 속에서 본다.

중부 이탈리아의 보빌라이(Bovillae)에서 중요한 유물이 하나 발견되었다. 그것은 겐틸레스 율리이(Gentiles Julii)가 세운 제단인 '이에게 알바나'(Iege Albana)이다. 그것은 로마의 한 부족과 알바의 종교적 관계를 말해주는 것이다. 두 마을의 연결은 로마의 건설까지 계속 이어진다. 그리고 리비우스(Livy)와 디오니시우스가 자신들의 역사책에 빠뜨린 전설 중에서 잘 알려진 것이 하나 있다. 신비한 글을 지나치게 많이 쓴다는 비난을 피하기 위해 두 작가가 자신들의 글에서 제외한 그 전설은 고대의 시적 상상력을 세세하게 담그 있다. 내용은 다음과 같다.

누미토르와 아물리우스는 알바의 권좌를 노려 서로 경쟁을 벌이고 있었다. 아물리우스가 권좌를 차지한 뒤 실비아 가문의 후손을 없애기 위해 누미토르의 딸인 레아 실비아를 신녀神女로 만들었다. 이 부분은 정치적 배경을 전혀 고려하지 않은 채 지어졌다. 딸의 경우에는 후손에게 어떠한 정치적 권한도 물려줄 수 없었기 때문이다. 레아 실비아라는 이름은 고대의 것이지만 레아는 단지 별명에 지나지 않는다. 보카치오(Boccaccio)의 작품을 보면 'rea femmina'라는 표현이 자주 등장하고, 투스카니 지방에서는 오늘날까지도 명예를 더럽힌 여성을 이르는 표현으로 사용되고 있다.

베르길리우스의 작품에서는 여사제 레아가 헤라클레스에게 압도당하는 것으로 그려진다. 레아가 숲에서 물을 긷고 있을 때 태양이 가려지며, 그녀가 늑대를 피해 동굴에 들어갔다가 그곳에서 마르스(Mars)에게 당한다. 그녀가 아기를 낳았을 때, 다시 일식이 일어났고 베스타의 조각상은 자신의 눈을 가렸다. 리비우스는 여기서 그 신비한 이야기를 포기한다.

폭군 아물리우스는 레아와 아기를 함께 아니오(Anio) 강으로 던져버렸다. 그녀는 물속에서 목숨을 잃었지만 그 강의 신이 그녀의 영혼을 구해 불멸의 여신으로 바꾼 뒤에 그녀와 결혼했다. 이 이야기는 그 후 조금 약하게, 그녀를 감금한다는 식으로 바뀐다. 시적 재미가 많이 떨어지는 이 이야기는 훗날에 창조된 것임에 틀림없다. 아니오 강은 아기가 담긴 요람을 티베르 강으로 배처럼 떠내려가게 했으며, 티베르 강이 그 요람을 팔라티노 기슭으로 데려다 주었다. 티베르 강물이 범람했고, 요람은 무화과나무 뿌리에 걸려 뒤집어졌다. 이때 암컷 늑대가 아기들을 데려가 젖을 물려 키웠다. 마르스는 딱따구리를 보내 아이들에게 음식을 전하게 했고, '파라'(parra)라는 새를 보내 벌레로부터 보호하도록 했다. 이 이야기는 다양한 자료어서 모은 것이다. 역사학자들의 경우에는 신비한 이야기라는 느낌을 주는 내용은 가급적 배제하기 때문이다.

그 전설은 계속된다. 파우스툴루스(Faustulus)가 거대한 야생 동물의 젖을 먹고 있는 이 소년들을 발견하여 집으로 데려온다. 그리하여 두 소년은 파우스툴루스의 열 두 아들과 함께 자라게 되었으며, 그 무리에서도 두 아이가 단연 강건하게 커갔다. 그러다 언젠가 팔라티노 산의 양치기들 중 지도자급이던 그들이 아벤티노 산의 누미토르의 양치기들과 싸움을 벌이게 되었다. 원래부터 팔라티노와 아벤티노는 서로 적대적이었다. 그 싸움에서 레무스가 포로가 되어 알바로 끌려갔으나 로물루스가 그를 구조했다. 그들이 누미토르의 후손이라는 사실이 밝혀지면서, 로물루스가 권좌에 오른다. 두 젊은이에게는 그들이 구조되었던 팔라티노 산의 기슭에 정착촌을 형성해도 좋다는 허락이 떨어졌다.

거짓말쟁이들이 이 아름다운 시를 바탕으로 믿을 만한 이야기를 가공해내려고 노력했다. 편견이 덜하고 시적 감수성이 풍부했던 리비우스조차도 신비하기 그지없는 대목을 가능한 한 피하려고 노력했다. 그러나 거짓말쟁이들은 한 걸음 더 나아갔다. 인간이 고대의 신들에 대한 믿음을 거둬들인 시대에도 그런 오래된 전설에서 지적인 뭔가를 발견해내려는 노력이 거듭 이뤄졌다. 이리하여 하나의 역사가 창작되었다. 그렇게 창작된 역사를, 플루타르코스는 진정으로 끌어안았고, 디오니시우스도 그 고대의 전설을 부분적으로 끊어서 전달하지만 그것을 부인하지는 않았다.

디오니시우스는 많은 사람이 정령을 믿으며, 그런 정령 중 하나가 로물루스의 아버지일 수도 있다고 말하지만 자기 자신은 그것을 믿지 않으며 오히려 아물리우스 본인이 변장을 하고는 술책을 써서 번개와 천둥을 일으킨 뒤 레아 실비아를 범했다고 생각한다. 아물리우스가 그런 짓을 한 것은 그녀를 제거하려는 구실을 찾기 위해서였으나, 자기 딸로부터 그녀를 물에 빠져 죽게 하지 말아달라는 간청을 받고는 그녀를 종신 감금형에 처한다. 누미토르의 요청으로 그 아이들은 자신들을 버릴 임무를 맡은 바로 그 양치기에 의해 구조되었으며, 다른 소년들이 그 아이들의 운명을 대신하게 되었다. 누미토르의 손자들은 가비(Gabii)의 친구에게로 보내졌으며, 거기서 자신들의 신분에 어울리는 교육을 받으며 그리스 문학을 배웠다.

이런 어리석은 위조를 역사로 만들려는 시도가 실제로 벌어졌다. 그 과정에 그 이야기 중 일부는 우리가 아는 역사가들의 기록에 채택되기도 했다. 예를 들면, 고대 알바의 귀족들이 그 두 형제와 함께 로마로 이주했다는 내용이다. 하지만 이것이 사실이라면 도피처를 열어야 할 필요도 전혀 없었고, 다른 부족과의 통혼권(connubium)을 억지로 얻어야 할 필요도 전혀 없었을 것이다.

그러나 가장 중요한 것은 그 도시를 건설할 위치를 놓고 두 형제 사이에 의견의 불일치가 있었다는 점이다. 고대 전설에 따르면, 둘

다 그 식민지의 왕이고 동등한 우두머리였다. 로물루스는 팔라티노에 도시를 건설하길 원한 반면, 일부 전설에 따르면 레구스는 아벤티노 언덕을, 또 다른 전설들에 따르면 레무리아(Remuria) 언덕을 선호했다고 한다. 플루타르코스는 레무리아가 로마에서 남쪽으로 3마일 떨어진 지점에 있던 작은 산이라고 전하면서 이곳이 도시 건설의 후보지였다는 설이 더 믿을만하다고 전한다. 그 이유는 주변 환경이 척박했음에도 불구하고 그 산만은 공기가 매우 맑았기 때문이다. 이것이 고대 라틴 도시들을 연구하는 데는 아주 중요한 요소이다. 지금 공기가 좋은 곳은 그 시절에도 공기가 좋았을 것이그, 지금 공기가 좋지 않은 곳은 그 옛날이라고 더 낫지 않았을 것이 거의 확실하기 때문이다.

그 전설은 더 많은 이야기를 들려준다. 로물루스와 레무스 사이에 그 도시의 명칭을 누구의 이름으로 할 것인지, 도시를 세울 곳을 어디로 정할 것인지를 놓고 언쟁이 벌어졌다. 그러므로 레무리아라는 마을이 그 산에 존재했음에 틀림없다. 흔히 전해오는 전설에 따르면, 두 형제 사이의 갈등은 점으로 풀게 되어 있었다. 당시 르물루스가 팔라티노를, 레무스가 아벤티노를 각각 고집하고 있었다. 레무스가 밤새도록 하늘을 관찰했으나 밤새 아무것도 보이지 않다가 동틀 무렵이 되어서야 독수리 6마리가 북쪽에서 남쪽으르 나는 것이 보였다. 그는 그 사실을 곧장 로물루스에게 알렸다. 그러나 바로 그때 아무런 조짐이 보이지 않는 데 화가 난 로물루스가 사자使者를 보내 거짓 이야기를 전하도록 했다. 독수리 12마리를 보았다는 내용이었다.

그런데 레무스의 사자가 도착하는 순간, 로물루스가 간절히 기다리던 12마리의 독수리가 나타났다고 한다. 이런 설명은 도저히 불가능하다. 그 이유는 팔라티노와 아벤티노가 서로 매우 가깝게 자리 잡았기에, 로마 사람이라면 다 잘 알았듯이, 이쪽 산의 사람이 본 것을 저쪽 산의 사람이 보지 않을 수는 없는 노릇이기 때문이다. 그러므로 이 부분의 이야기는 고대의 것일 수가 없으며, 아벤티노를 레무리아로 대체함으로써만 명맥을 이어올 수 있었다.

팔라티노는 가장 고귀한 귀족 부족의 중심지이고 아벤티노는 평민들의 특별한 마을이었기 때문에 둘 사이에는 영원히 반목이 존재할 수밖에 없었다. 이리하여 세월이 흐르면서 그 도시와는 상당히 거리가 먼 레무리아에 얽힌 이야기가 아벤티노로 옮겨가게 되었다. 에니우스(Ennius)에 따르면, 로물루스는 아벤티노에서 관측을 실시했다. 이 경우에는 레무스가 레무리아에 있었던 것이 거의 확실하다. 로물루스가 그 전조를 확인했을 때, 그가 팔라티노 쪽으로 창을 던진 것으로 전해온다. 이것이 바로 후대의 작가들이 무시했던 고대 전설이다. 로물루스가 팔라티노를 소유했다. 그 창이 뿌리를 내려 나무가 되었으며, 네로의 시대까지 살았던 그 나무는 새 도시의 영원성과 신들의 보호의 상징이었다.

로물루스가 자기 형제를 속이려 들었다는 이야기는 후대에 더해진 것이었다. 키케로가 인용한 에니우스의 아름다운 시는 이런 상황에 대해서는 전혀 모르고 있다. 이 모든 기록을 바탕으로 끌어낼 수 있는 결론은 이렇다. 고대에는 로마와 레무리아라는 도시가 각각 있었으며, 레무리아는 로마와 팔라티노로부터 멀리 떨어져 있었다는 것이다.

이제 로물루스가 자기 도시의 경계선을 확정지었다. 그러나 레무스가 이를 경멸하며 도랑을 뛰어넘다가 로물루스의 부하 켈레르(Celer)에게 죽음을 당했다. 이는 누구라도 로마의 성벽을 넘게 되면 처벌을 당한다는 점을 암시하는 이야기이다. 그러나 로물루스는 레무스의 죽음으로 인해 우울증에 빠진다. 그는 레무스를 기리는 축제를 열고 자신의 왕좌 옆에 빈 왕좌를 갖다 놓도록 했다. 이리하여 우리는 두 개의 왕국이 레무리아의 패배로 하나가 되는 것을 확인한다.

이제 질문은 이것이다. 로마와 레무리아의 마을들이 도대체 어떤 곳이었을까? 두 도시가 펠라스기 사람들이 살던 곳에 위치한 것은 분명하다. 고대의 이야기에 따르면 시켈로스(Sicelus)가 로마에서 남쪽으로, 펠라스기 사람들이 살던 쪽으로 이주했다고 한다. 즉, 에트루리아 펠라스기 사람들이 루카니아(Lucania)와 시칠리아에 있던 형제 국가인 모르게테스(Morgetes)로 밀려났다는 이야기이다. 그리스인들 사이에는, 디오니시우스가 언급하듯이, 로마는 펠라스기 사람들의 도시, 즉 에트루리아 도시라는 것이 대체적인 의견이었다. 그러나 디오니시우스가 그런 사실을 파악하게 된 원전原典은 더 이상 전해오지 않는다.

하지만 로마가 안티움(Antium)과 아르디아(Ardea)의 자매 도시라는 언급이 들어있는 단편적인 기록이 있다. 여기서 우리는 다시 쿠마이(Cumae)의 연대기 중에서 아카디아 사람으로 펠라스기 사람이기도 했던 에반데르가 팔라티노에 팔라티움(palatium) 궁전을 갖고 있었다는 대목을 적용해야 한다. 우리에게는 에반데르가 전설 속에서보다 훨씬 덜 중요한 존재로 느껴진다. 그 이유는 전설에서는 그가 국가들의 보호자 중 한 사람이며, 다마라투스(Damaratus)가 에트루리아 사람들에게 한 것과 똑같이, 이탈리아의 펠라스기 사람들에게 알파벳과 다른 예술들을 소개한 인물로 그려지기 때문이다. 이런 의미에서는 로마가 라틴 도시임에 틀림없으며, 여러 인종이 섞이지 않은 순수 에트루리아의 펠라스기 인구였다. 이 정착촌의 부침浮沈은 여러 이야기를 바탕으로 미뤄 짐작할 수 있을 것이다.

로물루스는 자신의 정착민들의 숫자가 너무 적다는 사실을 깨달았다. 리비우스가 제사장의 언급을 통해 전하는 3천 명의 보병과 말 3백 필이라는 숫자는 아무런 가치를 지니지 않는다. 왜냐하면 그것은 초기의 군사력이 그 정도였을 것이라고 짐작한 것에 지나지 않기 때문이다. 고대 전통에 따르면, 로물루스의 무리는 매우 적었으며, 카피톨리노 언덕에 도피처를 열었다. 가장 오래된 기록에 따르면, 이 도피처는 아주 작은 공간에 지나지 않았다. 이는 그 모든 것에 대한 역사적인 이해가 얼마나 피상적인지를 보여주는 증거이다.

온갖 부류의 사람들과 도둑, 살인자, 방랑자들이 그곳으로 모여들었다. 이것은 평민들의 기원을 간단히 살핀 것이다. 각 계급들이 서로를 험상궂은 얼굴로 바라본다는 점을 감안하면, 귀족들에게는 그들의 초기 조상들이 방랑자들이었다는 점이 치욕스런 일이었다.

귀족들이 로물루스와 함께 했던 자유민들의 후손이라는 것이 대체적인 의견이었음에도 불구하고, 그 도피처에 몸을 맡긴 사람들이 자유 시민들의 보호를 받는 예속 평민이 되었다는 사실이 귀족의 입장에서는 께름칙한 일이었다. 그러나 그들에게는 여자들이 필요했다. 그래서 이웃 도시 여자들과의 통혼권을 얻으려는 시도가 몇 차례 있었다. 로마에서 4마일밖에 떨어지지 않은 안템나이(Antemnae)와 사빈족이 대상이 되었을 것이다. 이 제안이 거절당하자 로물루스는 계략을 꾸몄다. 자신이 조언助言의 신인 콘수스(Consus)의 제단을 발견했다고 선언한 것이다. 그의 교활한 측면을 보여주는 대목이다. 제전이 장중하게 열리는 가운데 30명의 사빈 족 처녀들이 납치되었다. 이것이 순수한 고대의 전설이다. 고대 로마가 규모 면에서 얼마나 작았는지 잘 드러난다. 후대로 오면서 사람들 사이에 그 숫자가 지나치게 적다는 생각이 들었다. B.C. 1세기의 로마 연대기 작가 발레리우스 안티아스(Valerius Antias)가 납치해 온 여자들의 수를 5백27명으로 못 박았다.

그 강탈은 도시 건설 4개월째 되던 달에 일어났다. 콘수알리아(consualia) 제례를 올린 것이 8월이고, 그 도시의 창건을 기념하는 축제가 열린 것이 그 전 4월이었기 때문이다. 겔리우스(Gellius) 같은 후대의 작가들은 이 기간을 4년으로 늘렸다. 당연히 디오니시우스는 이 기간이 더 믿을 만하다고 생각했다.

이 강탈로 인해 이웃 도시들과의 사이에 전쟁이 일어났다. 로마가 각 도시들을 차례차례 물리치고, 마침내는 사빈 족 사람들과 전쟁을 하게 되었다. 고대 전설은 오래 지속된 이 전쟁에 대해서는 언급을 하지 않는다. 그러나 후대에 오면서 그 전쟁이 꽤 오래 지속되었다고 볼 필요성이 생겼던 것 같다. 그때는 모든 일들이 다른 기준으로 평가되었기 때문이다. 루쿠모(Lucumo)와 카일리우스(Caelius)가 로물루스를 도우러 왔다. 후대에 속하는 인물이긴 하지만 카일레스 비벤나(Caeles Vibenna)의 원정을 암시하는 대목이다. 사빈 족의 왕 타티우스(Tatius)는 누군가의 배신으로 타르페이 산에 정착하게 되었다. 팔라티노와 타르페이의 바위 사이에서 전투가 벌어졌다. 어느 쪽도 결정적인 승리를 거두지 못했다. 그러다 사빈 여성들이 양쪽 전사들 사이로 몸을 던지고 나섰다. 이 일을 계기로 양쪽은 그날 이후로 로마 사람과 사빈 사람들이 주권을 나눠 갖기로 합의했다. 연대기에 따르면 이 일은 로마 탄생 4년째 되던 해에 일어났다.

그러나 이 합의는 오래 가지 못했다. 라비니움에서 제물을 바치는 의식이 치러지는 동안에 타티우스가 살해당한 것이다. 그의 빈 왕좌에는 다른 사람이 앉지 않았다. 공동 통치를 하는 동안에 각각의 왕은 1백명으로 구성된 원로원을 두크 있었으며, 두 개의 원로원이 별도로 회의를 가진 뒤에 서로 만나곤 했다. 이것이 코미시움(comitium)으로 불렸다.

로물루스는 여생 동안 혼자 통치했다. 고대 전설은 로물루스가 전제 군주였다는 점에 대해서는 아무것도 모른다. 에니우스에 따르면 로물루스는 그와 반대로 끝까지 온화하고 자비로운 왕으로 남은 반면에 사빈 족의 왕 타티우스(Titus Tatius)는 폭군이었다. 그 고대 전설은 로물루스 통치의 시작과 끝을 벗어나는 내용은 하나도 담지 않았다. 두 시점 사이에 놓이는 모든 것들, 이를 테면 베이(Vei)와 피데네스 등과의 전쟁은 후대의 연대기 작가들이 엉성하게 주며낸 창작에 지나지 않는다. 그 시 자체는 아름답지만 이런 식으로 끼어 넣은 스토리는 엉성하기 짝이 없다. 예를 들면 로물루스가 자기 손으로 베이 사람 1만 명을 죽였다는 대목이 그렇다.

그 고대 시는 순식간에 로물루스가 이승의 활동을 다무리하는 시기로 건너뛰며, 주피터가 로물루스야말로 신들 사이에 끼어도 손색이 없는 유일한 인간이라고 마르스에게 한 약속을 지키는 장면을 보여준다. 이 고대 전설에 따르면, 그 왕은 카프라이(Caprae)의 늪지 근처에서 자신의 군대를 사열하고 있었다. 바로 그때, 그가 잉태되던 순간에 그랬던 것처럼, 일식이 일어나고 허리케인이 몰아치는 동안에 마르스가 불붙은 전차를 타고 내려와 자기 아들을 천상으로 데려갔다.

이 아름다운 시 중에서 터무니없는 이야기들은 날조된 것으로 보면 된다. 바로 이런 내용이 거기에 속한다. 로물루스가 원르원 의원들 틈에서 쓰러진 뒤에 갈가리 찢어졌고, 원로원 의원들이 살점을 한 점씩 숨겨 바깥으로 옮겼다는 이야기다. 이 어리석은 이야기가 대체로 사실로 받아들여졌으며, 그렇게 흉측한 행위에 대한 명분이 부족하지 않았을 것이다. 로물루스가 말년에 전제 군주가 되었으며, 원로원 의원들이 그에 대한 복수로 그를 살해했다는 이야기이다.

로물루스가 죽은 뒤에 로마 사람들과 타티우스 측 사람들은 오랫동안 서로 투쟁을 벌였다. 타티우스 측의 사빈 사람들은 자기 민족

중 한 사람이 왕좌에 올라야 한다고 주장한 반면, 로마 사람들은 새로운 왕도 역시 자기 민족에서 선택되어야 한다고 주장했다. 그러다 마침내 합의가 이뤄졌다. 서로 상대 민족 중에서 왕을 뽑기로 한 것이다.

이제 두 민족 사이의 실제 관계에 대해 언급할 때가 되었다. 고대의 모든 민족들은 고정된 틀 속에서 살았다. 시민들 사이에는 여러 구분이 존재한다는 것이 특징이었다. 도시들이 국가의 수준으로 발전할 때면 언제나 종족으로 구분된다는 사실이 확인된다. 헤로도토스는 키레네의 식민지화에서 그런 부족들을 언급한다. 후에 투리이(Thurii)의 건설에도 똑같은 현상이 나타난다. 그러나 어떤 한 장소가 오랫동안 도시의 형태를 명백히 갖추고 존재해왔다면, 그 도시의 시민들이 특정 시점에 씨족(gentes)들로 나뉘며, 각 씨족은 공통의 예배소와 영웅을 갖는 것이 특징이었다. 이 씨족들이 일정한 비율로 쿠리아를 구성한다. 씨족들은 가족이 아니며 어떤 때는 열려 있고 어떤 때는 닫혀 있는 자유로운 단체들이다. 어떤 경우에는 그 국가 전체가 단체들을 새롭게 결성할 수도 있다. 예를 들어 베네치아의 공의회는 폐쇄적인 조직이었으며, 조상들이 거기에 소속되지 않은 사람에게는 입회 자격을 허용하지 않았다. 고대에 과두정치를 유지했던 많은 국가들이 베네치아의 예와 비슷했다.

모든 시민 공동체는 공의회와 작거나 큰 공민들의 의회를 두고 있었다. 공민들의 의회는 길드로 구성되었으며, 이것들이 모여 말하자면 행정 구역을 이뤘다. 모든 라틴 도시들은 1백명으로 이뤄진 공의

회를 두고 있었으며, 이들은 다시 10개의 쿠리아로 나뉘었다. 이렇게 나뉜 쿠리아에서, 한참 뒤까지도 시민 행정 장관의 타이틀로 쓰인 데쿠리오(decurio)라는 이름이 생겨났다. 이 공의회가 1백 명으로 구성되었다는 사실은 사비니(Savigny)가 로마법의 역사를 쓴 제1권을 보면 확인된다. 이 조직은 중세 후반까지 존재했으나 길드 조직이 자치 도시의 조직을 대체하면서 사라지게 되었다.

지오반니 빌라니(Giovanni Villani)는 12세기에 혁명이 일어나기 전 피렌체에 행정권을 쥔 1백명의 선량(buoni nomini)이 있었다고 전하고 있다. 게르만 사람들의 도시들에는 이 조직에 상응하는 것이 전혀 없다. 우리는 그 1백명이 귀족일 것이라고 짐작해서는 안 된다. 그들은 평민과 시골 사람들의 모임이었다. 각 의원은 저마다 씨족 집단을 대표했다. 짚을 덮은 통나무집이던 로마의 쿠리아(쿠리아가 모이던 장소를 쿠리아로 부르기도 했다)는 로마가 아직 자그마한 시골 도시로 역사의 어둠에 묻혀 있던 시절의 기념물이었다.

이탈리아의 다른 지역에서 일어난 일들과 서로 비교함으로써 이런 이야기에서 끌어낼 수 있는 가장 오래된 사건은 이탈리아 내 국가들 사이에 지속적으로 일어난 소요騷擾 사태의 결과이다. 소요는 오스크족(Oscan)들이 푸치누스(Fucinus) 호수에서 알바 호수로 밀려났을 때도 끝나지 않고 오랫동안 계속되었다. 사빈 족 사람들이 한동안 평온을 유지했을지는 모르지만, 그들은 그 모든 전설이 전하는 영역보다 훨씬 더 멀리 나아가 있었다. 이 사빈 사람들은 아주 작은 부족으로 시작했으나 훗날 이탈리아에서 가장 훌륭한 국가 중 하나가 되었다. 마르키노 족(Marrucinians), 베스티노 족(Vestinians), 마르시 족(Marsians), 그리고 모든 삼니움 족, 피첸토 족(Picentians), 그 외에도 다른 몇 부족이 사빈 혈통이었다. 그럼에도 몇몇 경우를 제외하고는 그들의 정착에 대한 이야기를 들려주는 전설은 없다.

우리가 로마의 건설로 보아야 하는 그 시점에는 사빈 사람들이 광범위하게 흩어져 있었다. 그 사람들은 황소의 안내를 받아 오피카(Opica) 지역으로 깊이 들어가서 삼니움 족의 나라를 점령한 것으로 전해진다. 그들이 티베르 강을 따라 이주한 것은 그보다 조금 더 앞섰던 것 같다. 그 이후로는 사빈 사람들의 도시들이 라틴 사람들의 도시와 섞였다는 사실이 확인된다. 그들의 도시 일부는 아니오 강가에도 존재했다.

사빈 사람들이 전진함에 따라 그대로 독립을 유지했던 도시도 있었던 한편으로 그들에게 정복당한 도시도 있었다. 피데나이(Fidenae)는 독립을 유지한 도시에 속했다. 그러나 피데나이 북쪽의 모든 나라는 사빈 족의 차지였다. 이제 고대 로마의 바로 옆인 카피톨리노에도 사빈 족의 도시가 서게 되었다. 그러나 우리가 아는 것은 그런 도시가 존재했다는 사실 뿐이다. 어느 전설에 따르면, 카피톨리노에는 그전에 사투르니아라는 이름의 도시가 존재했다. 바로 이 도시가 사빈 족 사람들에게 정복당한 것이 틀림없다. 또 야니클룸에 또 다른 고대 도시가 존재했고, 주변 지역에는 그 외의 작은 도시들이 여럿 있었던 것이 확실하다. 두 도시는 그 사이에 깊은 늪이 있었기 때문에 서로 나란히 붙어서도 완벽하게 존재할 수 있었다.

팔라티노에 있던 도시는 전설 속에 티투스 타티우스라는 이름으로 등장하는 사빈 족 정복자에 의존하는 상태로 오랫동안 지냈을 수도 있다. 그러다 이 정복자가 제물을 바치는 의식을 치르는 동안에 살해 당했으며, 훗날 그에 대한 기억은 지긋지긋하게 되었다. 퀴리날리스 언덕에 사빈 도시가 존재했다는 사실은 고대 로마의 작가 바로(Varro) 의 시대까지도 알려졌던 사빈 족의 많은 예배소에 의해 확인되었다. 바로는 사빈 족의 의례가 로마 사람들에게 채택되었다는 점까지 입 증했다. 로마인들의 숭배 의식에 담겼던 사빈 족의 요소는 거의 언제 나 간과되어 왔다. 모든 것을 에트루리아 인들의 것으로 보려던 바람 이 앞선 결과였다. 그러나 되풀이 말하지만, 사빈 족 정착지가 존재 했다는 사실에는 의문의 여지가 없으며, 그것은 이탈리아 증부의 부 족들 사이에 큰 소요가 일어난 결과였다.

통혼권이 없었던 탓에 사빈 여자들을 납치하는 일이 벌어졌고, 그 강탈에 이어 전쟁이 일어났다는 전설은 두말할 필요도 없이 부족 간 결혼이 확립되기 전 두 도시의 관계를 상징적으로 토현하는 것이다. 우위를 누리던 사빈 부족이 그런 권리를 거부하자 르마 사람들은 무 력으로 그 권리를 얻어냈다. 사빈 사람들이 원래 지배 부족이었다는 점에는 의심의 여지가 없다. 그러나 로마 사람들의 봉기에서 사빈 부 족이 살던 몇 군데가 정복당했고, 그리하여 이 사빈 부존 사람들이 자신들의 동포와 분리되게 되었다.

로마 사람들은 전쟁으로 자신들의 독립을 재확립했으며, 그 전쟁 의 결과가 바로 우리가 전설에서 읽는 내용일 것이다. 즉, 두 도시가 서로 밀접히 연합된 도시로서 일종의 연방을 형성했고, 각각의 도시는 1백명으로 구성된 원로원과 왕, 공격 및 방어 동맹을 두고 있었으며, 두 도시의 시민들이 두 도시 사이에 있던, 훗날 코미시움이라 불린 공간에서 만나 안건들을 공동으로 심의했다. 이런 식으로 그들은 외국과의 문제에서는 하나의 연합 국가를 형성하기에 이르렀다.

이중의 국가라는 개념이 비록 여기 저기 산발적으로, 특히 고전 주석학자들 사이에 언급되고 있음에도 그것이 고대 작가들에게 알려지지 않았던 개념은 아니었다. 로마 사람들에게 아주 옛적부터 '아스'로 통하는 야누스(Janus)의 머리가 고대 로마 연구가들의 관찰 그대로 바로 그런 개념을 상징하는 것이다. 로물루스의 권좌 옆에 놓인 빈 왕좌는 왕이 한 사람만 있던 시대를 암시하며, 다른 부족의 평등한 권리를 무언으로 강조하는 것이다.

그 조화가 오래 지속되지 않은 것은 역사적인 사실이다. 로마 왕이 사빈 족에게 지배권을 행사하고, 그에 따라서 2개의 공의회가 합쳐져 한 사람의 왕 밑에 하나의 원로원을 구성하게 되었고, 왕은 로마 사람과 사빈 사람이 번갈아 맡되 로마 사람이 왕위에 오를 때에는 사빈 사람이 왕을 선출하고 사빈 사람이 왕위에 오를 때에는 로마 사람이 선출하는 것으로 합의하고, 그러나 만약에 그런 식으로 선출된 왕이 그 왕의 선출에 나서지 않은 부족 사람들의 마음에 들지 않을 경우에는 억지로 권좌에 앉게 하지 않고 그에게 유리한 점괘가 나와 전체 국민의 인정을 받는다는 조건에서만 임페리움(imperium:주권)을 부여했다는 점에는 의심의 여지가 없다.

따라서 왕의 선출에 나서지 않은 부족은 그 왕의 선출을 재가하거나 거부하는 권한을 누렸다. 로물루스의 죽음에 이어 왕으로 선출된 누마 폼필리우스(Numa Pompilius)의 경우에 이것이 사실로 이야기되지만, 그것은 단지 종교의식의 책들에서 끌어낸 권리의 위장일 뿐이다. 묘하게 이중적인 선거는 이런 절차를 거침으로써 상당히 지적인 제도가 되었다. 이 제도에는 신비한 구석이 많기 때문에 예전에 많은 오해를 일으켰다. 국가의 한 부분이 왕을 선출하고, 다른 한 부분이 재가를 하는 방식이었다. 예를 들어 로마 사람이라면 사빈 부족 중에서 자기 부족만 챙기지 않으면서도 동시에 사빈 사람들에게 받아들여질 수 있는 사람을 선출해야 하는 것이다.

별도의 존재로 몇 세대를 지난 뒤 두 국가가 합쳐졌을 때 두 도시는 이제 도시가 아니었다. 각 시민들의 집합체는 부족이 되었으며, 그 나라는 두 개의 부족으로 이뤄졌다. 이리하여 두 도시는 부족으로 나란히 존재하면서 하나의 국가를 형성했다. 라틴 사람을 람네스(Ramnes)라고 부르고 사빈 사람들을 티티에스(Tities)라고 부를 때, 우리는 이런 전설을 인정하는 셈이다.

디오니시우스는 자료를 많이 확보했을 것이 틀림없는데도 집정관 시대에 관해서는 많은 이야기를 들려주지 않는다. 그 시대에 헌법에 특별히 중요한 변화가 있었다. 그에 대해 디오니시우스는 약간의 이야기만 들려줄 뿐이다. 그가 그 변화의 중요성을 제대로 파악하지 못했거나 부주의한 탓에 일어난 실수일 수도 있다. 그러나 왕의 시대에 대해서는 그는 매우 밝다. 그는 두 부족 사이에 온로원을 둘러싸고

분쟁이 일어났다고 전한다. 그러자 누마가 제 1의 부족이던 람네스
로부터 무엇인가를 빼앗는 것이 아니라 티티에스 부족에게 명예를
안겨주는 것으로 사태를 해결했다고 한다. 이는 옳은 말이다. 처음에
1백명으로 구성되었다가 이제는 2백명으로 늘어나게 된 원로원이 10
개의 데쿠리오로 나뉘었으며, 각각의 데쿠리오는 지도자급 인물을
한 사람씩 두었다. 이 지도자들은 람네스 중에서 선택되었다. 이들이
단체를 구성하여 왕이 부재할 때 각각 5일씩 돌아가며 행정을 책임
졌다.

　원로원의 예를 따라, 복점관과 성직자의 수도 배로 늘었다. 이들의
단체도 각각 람네스와 티티에스 출신 2명씩 모두 4명으로 구성되었
다. 디오니시우스와 키케로가 하는 것처럼 이런 변화를 연대기별로
정리하는 작업은 불가능하지만, 그것을 소개한 왕들이 누구인지는
알 수 있을 정도로 역사적인 사실인 것만은 분명하다.

　이것이 두 번째 발달 단계로 들어선 로마의 모습이었다. 이 평등의
시대는 평화의 시대이며, 누마의 통치로 묘사된다. 그런데도 누마에
관한 전설은 간단하고 단순하다.

　누마의 죽음이 첫 번째 황금시대에 종지부를 찍는다. 그리고 완전
히 다른 시대가 이어진다. 헤시오도스(Hesiod)의 『신통기』(Theogony)에
따르면 영웅들의 시대 뒤에는 철의 시대가 따랐다. 당시 로마에 큰
변화가 있었던 것이 분명하고, 완전히 새로운 질서가 나타났다. 이
시점까지는 우리에게 전해오는 것이라고는 시밖에 없었다.

　그러나 툴루스 호스틸리우스(Tullus Hostilius) 왕의 등장으로 일종의

역사가 시작된다. 즉 사건들이 역사를 바탕으로 이야기된 것이다. 비록 그것들이 오늘날 우리에게 제시되는 방식을 보면 여전히 역사적이지 않은 것이 사실일지라도, 역사로 받아들일 수 있는 것만 이야기의 소재가 되었던 것이다. 예를 들면, 알바의 파괴는 역사적 사실이다. 그렇기 때문에 로마가 알바 사람들을 받아들였을 가능성은 매우 크다. 로마의 네번 째 왕 안쿠스 마르티우스(Ancus Martius)의 정복들은 상당히 믿을 만하다. 그 사건들은 우화의 사막에 자리 잡은 진정한 역사의 오아시스처럼 보인다.

그 다음의 역사는 전혀 엉뚱한 곳에서 바라보는 그림처럼 보인다. 왕들의 이름도 완전히 허구이다. 로마의 왕들이 얼마 동안 통치했는지 말할 수 있는 사람은 아무도 없다. 우리는 로마의 왕이 몇 명이었는지조차 모른다. 7명이 통치했을 것으로 짐작되는 것은 단지 7이라는 숫자 때문이다. 7은 많은 관계에서, 특히 중요한 천문학적 관계에서 자주 등장하는 숫자이다. 그렇기 때문에 이 대목에서는 연대기적 기술이 완전히 무의미해진다. 로마의 기원에서부터 대수로大水路와 세르비우스의 성벽과 같은 거대한 사업들이 행해지던 시대까지, 뭉뚱그려 수 세기의 세월이 흐른 것으로 파악하는 것이 바람직하다. 역사를 이야기할 때는 로물루스와 누마는 완전히 제쳐둬야 한다. 그러나 그 이후에도 국가들이 점진적으로 통합하고 발달해가는 오랜 기간이 이어진다. 그러다 왕의 정부가 사라지고 공화정이 열리게 된다.

그럼에도 불구하고 혼란기의 역사도 언급할 필요가 있다. 많은 것이 지금까지 우리에게 전해오는 내용에 의존하고 있기 때문이다. 기

록을 보면 로마와 알바 사이에는 조금의 연결도 없었다. 고대 역사학
자들은 로마가 알바로부터 첫 번째 주민을 받아들였다는 점을 암시
하면서도 그런 연결에 대해서는 언급조차 하지 않았다. 그러나 툴루
스 호스틸리우스의 통치 때 두 도시가 갑자기 서로의 적으로 나타난
다. 두 나라 모두가 전쟁을 추구하면서 스스로 피해자를 자처함으로
써 전쟁을 도발하려고 애썼다. 양국이 거의 동시에 강도 사건에 대한
변상을 요구하며 대사를 파견했다. 그러나 툴루스 호스틸리우스가
알바의 대표단을 억류했다. 그러다 호스틸리우스는 알바에 간 로마
사람들이 공평한 대접을 받지 못하다는 사실을 확인하고 전쟁을 선
포했다.

전설에 따르면 그 결투는 알바의 완전 항복으로 끝났다. 그러나 알
바는 로마에 충직하게 굴지도 않았다. 로마가 에트루리아인 등과 벌
인 전투에서는 알바의 장군 메티우스 푸페티우스(Mettius Fuffetius)가
반역을 꾀했다가 여의치 않자 그 때서야 달아나던 에트루리아인을
습격하기도 했다. 그러자 툴루스는 푸페티우스의 몸을 갈가리 찢고
알바를 초토화시키라는 명령을 내렸다. 이어서 알바의 귀족들이 로
마로 옮겨졌다. 툴루스의 죽음에도 시적인 면이 두드러졌다. 그도 누
마처럼 천상에서 번개를 불러 자신과 자기 집을 파괴하도록 했다.

팔라티노에서 가장 오래된 도시는 로마였다. 사빈 족의 도시도 이
름을 가졌음에 틀림없다. 나는 사빈 주민들을 부르는 이름이 퀴리테
스(Quirites)였다는 점을 근거로 퀴리음(Quirium)이 그 도시였다고 믿는
다. 나는 또한 카일리우스 언덕에 있었던 도시가 루케룸(Lucerum)이

라고 불렸다는 데도 거의 의심을 하지 않는다. 왜냐하면 그 도시가 로마와 합쳐졌을 때, 그 시민들이 루케르테스라고 불렀기 때문이다. 고대 사람들은 이 이름을 토스카나의 왕 루코모(Lucomc) 아니면 아르디아의 왕 루케루스에서 따왔을 것이다.

툴루스의 뒤를 이은 존재는 안쿠스였다. 툴루스는 람네스 족이고 로물루스의 동료이던 호스투스 호스틸리우스(Hostus Hostilius)의 후손으로 보인다. 그러나 안쿠스는 사빈 사람으로 누마의 손자였다. 그에 관한 설명은 어느 선까지는 역사적인 사실이며, 거기에는 시적 흔적이 전혀 보이지 않는다. 그의 통치 기간에 국가가 한 단계 더 발전을 이루었다. 고대 전설에 따르면, 로마는 라틴 도시들과 전쟁을 벌여 승리를 거두었다. 역사에 기록된 로마의 전쟁 중에서 어느 것이 역사적 사실인지를 구체적으로 말할 수는 없다. 그러나 전쟁이 벌어졌다는 사실은 상당히 믿을 만하다. 전해오는 이야기에 따르면 안쿠스가 이 전쟁 후에 많은 라틴 사람들을 데려와 아벤티노에 정착하도록 했다고 한다.

그에 대한 고대인들의 평가는 크게 엇갈린다. 처음 3명의 왕처럼, 그도 입법자였던 것 같다. 이는 그 후의 왕들과 관련해서는 언급되지 않는 사실이다. 더욱이 그는 식민지 오스티아(Ostia)를 건설한 것으로 전해지며, 따라서 그의 왕국은 티베르 강의 어귀까지 확장되었음에 틀림없다.

내가 볼 때 안쿠스와 툴루스는 실존한 인물인 것 같다. 그렇지만 툴루스를 안쿠스가 승계했다고 믿기는 어려운 것 같다. 또 그들의 통치 기간에 일어난 사건으로 여겨지는 것들도 실제로 그 시대에 일어 났다고 보기 어렵다. 그 사건들은 아마 다음처럼 이해되는 것이 바람 직하다. 네 번째 통치의 말기 쯤, 여러 해 이어진 반목 뒤에 로마 사 람들이 오랫동안 무시해왔던 동맹의 부활을 놓고 라틴 사람들과 합 의를 도출하기에 이르렀다. 이에 따라 로마는 실질적으로 유지할 수 없었던 우월권에 대한 주장을 포기하고, 영역을 보다 안전한 방향으 로 확장함으로써 스스로를 보호하는 쪽을 택했다. 동부의 식민지들 은 그때까지 존재했던 라틴 도시에 합류했다. 그 어디에도 이런 내용 이 명백하게 언급되고 있지 않지만, 정세가 그런 식으로 전개된 것은 분명하다. 그리고 그 라틴 국가의 일부가 로마에 할양되었다. 그 대 신에 나머지 지역은 로마와 친선관계를, 아마 권리 평등의 관계를 형 성했을 것이다. 여기서 로마는 영국이 북아메리카의 독립을 인정할 때처럼 현명하게 처신했다.

이런 식으로 로마는 영토를 획득했다. 안쿠스가 아벤티노로 데려 온 것으로 전해지던 수 천 명의 정착민들은 로마에 종속된 라틴 도시 의 인구였다. 그들은 고대의 두 부족보다 수적으로 훨씬 더 많았다. 두 부족이 세 번째 부족을 끌어들여 규모를 더 키운 뒤에도 수적으로 는 그 정착민보다 열세였다. 이들 시골 지역에도 로마의 권력이 파고 들었으며, 로마는 그곳으로부터 병사들을 모아 전쟁을 수행했다. 이 사람들에게 네 번째 부족의 지위를 부여하는 것이 자연스러웠을 것 이다. 하지만 그런 조치는 로마 사람들에게는 탐탁찮게 보였다. 국가 의 헌법이 완성되어 그 어떤 수정도 할 수 없는 신성한 신탁으로 여겨졌다. 로마 사람들은 그 법들을 바꾸는 것이 자신들의 권력에 들어 있다는 것을 잘 알았다. 그러나 그들은 그 법들을 바꿔서는 안 되는 것으로 여겼다. 그렇기 때문에 오토(Otho) 황제가 상속법의 어떤 부분에 의문이 생길 때, 그는 그 문제를 신의 판단에 맡기게 된다.

　3개의 부족으로 나누는 것은 순전히 라틴의 제도였다. 라틴 사람들을 로마로 옮긴 것이 평민의 기원으로 여겨져야 한다.

# 8장

# 불교의 탄생
## (B.C. 623)

**토머스 리스 데이비즈** (1843-1922)

영국의 팔리어 학자이며 '팔리경전학회'의 창설자. 성직자인 아버지와 남편의 교회에서 주일학교를 이끌던 어머니 밑에서 자랐다. 독일 브레슬라우 대학에서 산스크리트어를 배웠다. 리스 데이비즈는 스리랑카의 고대 도시 아누라다푸라의 발굴 작업에 관여하기도 했다. 그는 고문서 수집을 시작했으며 1870년부터 1872년까지는 스리랑카의 옛 문화에 관한 글을 학회지에 실었다. 저서로는 『불교의 나라 인도』(Buddhist India)가 있다.

불교가 석가모니 부처의 입적 후 약 6세기 뒤에 쓰인 철학적 글을 통하여 유럽에 처음 소개되었을 때, 당시 3억 명의 정신 세계에 막강한 영향력을 행사하던 종교가 그 어떠한 신도 인정하지 않는다는 사실이 놀라움으로 받아들여졌다. 그러나 힌두 사람들이 1천 년 동안 믿었던 불교는 유럽에 번역 소개된 것과는 완전히 다르다. 인도의 고대 기념물들의 돋을새김 장식에서 보듯, 근대 학자들에 의해 무신론에 대한 믿음으로 바뀐 이 종교는 사실 모든 종교 중에서 가장 다신교적이다.

세기를 열여덟 번에서 스무 번까지 거슬러 올라가는 최초의 불교 기념물들을 보면, 그 개혁가는 단순히 하나의 상징으로 그려졌다. 그의 발자국, 그가 깨달음의 경지에 들어간 곳에 서 있었다는 보리수의 형상이 숭배되었다. 비록 그가 모든 신들을 혐오하고 오로지 새로운 도덕규범을 가르치기를 원했음에도, 우리는 금방 부처 자체가 하나의 신으로 묘사된다는 사실을 깨닫게 된다. 초기 단계에서는 그가 주로 혼자 나타나지만 브라만 신들과 함께 나타나는 회수가 점점 더 많아진다. 마침내 그는 신들의 무리에 휩쓸려 묻혀버리고, 브라만 신들 중 하나의 화신에 지나지 않게 된다. 그때부터 인도에서는 불교가 사실상 자취를 감추게 된다.

이런 변화가 일어나는 데는 1천년의 세월이 걸렸다. 이 오랜 기간 중 일부 시기에는 부처가 전지전능한 신으로 숭배되었다. 그가 자신

의 제자들에게 나타나 자비를 베푼다는 내용의 전설이 많이 내려오
고 있다.

부처는 인도의 신분제도인 카스트의 법들을 파기하려고 애썼다고
들 말한다. 이것은 틀린 말이다. 그는 '브라만의 만신전'을 깨뜨리려
고 시도하지 않았다.

세계 인구의 5분의 1을 신자로 거느린 불교는 7세기나 8세기 쯤 탄
생지인 인도에서는 거의 자취를 감추었으며, 그 후로 아시아의 다른
지역과 중국, 러시아의 타타르, 미얀마 등지로 퍼져나갔다. 인도의
북쪽에 자리 잡은 네팔과 남쪽에 위치한 스리랑카에서는 불교가 성
행하고 있다.

고타마 붓다는 글을 남기지 않았다. 붓다가 가르침을 설파하면 제
자들이 그것을 외웠으며, 후대에 그 가르침을 글로 옮기게 되었다고
불교 신자들은 믿는다. 힌두교의 경전 '베다'가 수백 년 동안 그런
식으로 내려왔듯이, 그건 불가능한 일이 아니다.

불교의 이야기들은 역사적 바탕을 갖고 있는 것이 확실하다. 실제
로 불교에서 내려오는 여러 이야기들은 매우 명백한 사건을 중심으
로 발달한 것이다.

B.C. 6세기 말에 아리아인 부족들이 펀자브의 다섯 개의 강 너머
로 진출하여 갠지스 강의 계곡 저 아래에 정착했다. 그들은 유목의
습관을 버리고 마을과 도시를 이뤄 살았다. 그들의 부는 땅과 생산
물, 가축에 달려 있었다.

처음 민주적인 시작을 보였던 국가가 점점 카스트 제도를 굳히는

경향을 보였다. 전체 나라가 작은 단위로 나뉘어졌다. 각 단위는 저마다 작은 군주들의 지배를 받고, 내적 갈등으로 괴롭힘을 당했다. 그 전에 이미 종교는 타락하여 의식儀式에만 매달리는 모습을 보였다. 주문과 요술, 별들의 운세, 꿈과 예언에 대한 믿음 등이 팽배했다. 영혼이 존재한다는 생각은 윤회 사상으로 더욱 강해졌다.

성직자들은 마음씨 좋고, 무식하고, 자기 자신의 신성에 대한 믿음에 사로잡혀 있었다. '베다'를 종교적으로 이용하고 제물을 바칠 권한은 엄격히 브라만 계급에만 한정되었다. 당시 인도에는 떠돌이 철학자나 은자, 수도자, 고행자들이 있었다. 비록 성직이 다른 계급에 닫혀 있긴 했지만, 하층 계급의 남자라도 종교적 선생이나 개혁가는 될 수 있었다. 고타마 붓다, 즉 석가모니 부처가 살던 당시의 시대적 조건이 그랬다.

카필라성(Kapilavastu:迦毘羅城)에 있던 베나레스(Benares)에서 북동쪽으로 1백마일 떨어진 곳을 흐르던 로히니(Rohini) 강변에는 예수보다 5백년 앞선 시기에 샤카족(Sakyas:釋迦族)이 살고 있었다. 히말라야 산맥의 높은 봉우리들이 멀리 보이는 곳이었다. 샤카족은 이웃 부족인 콜리족(Koliyans)과 강물을 대는 문제를 놓고 자주 싸움을 벌였다.

이제 두 부족이 평화롭게 지내고, 콜리족 왕의 두 딸이 샤카족의 왕 슈도다나(Suddhodana)의 아내가 되었다. 두 여인에게는 아이가 없었다. 아리아인들 사이에는 사람이 죽고 나서 존재를 계속할 수 있느냐의 여부는 후손이 치르는 의식에 달려 있다는 믿음이 깊었기 때문에 아이가 없다는 사실은 크나큰 불행으로 받아들여졌다. 그렇기 때문에 언니가 나이 마흔 다섯에 남편에게 아들을 약속했을 때, 그 집 안에는 기쁜 분위기가 크게 감돌았다. 아이를 낳을 때가 되자 그녀는 친정에서 몸을 풀려고 길을 나섰다. 그러나 그녀가 목적지에 닿기도 전에 예상치 않게 룸비니(Lumbini)라는 동산의 높다란 아쇼카無憂樹 나무 아래서 장래 붓다가 될 아들이 태어났다. 어머니와 아이는 도로 슈도다나의 집으로 옮겨졌으며, 7일 후 어머니가 세상을 떠나고 말았다. 그래서 그 소년은 자기 아버지의 다른 아내이며 자기 어머니의 여동생인 여인의 보살핌으로 자랐다.

고타마의 기적적인 탄생과 조숙한 지혜와 힘을 둘러싸고 신비한 이야기들이 많이 전해오고 있다. 싯다르타(Siddhartha)라는 이름은 어

릴 때 그에게 주어진 이름이고, 고타마는 가족의 성이다. 훗날 그에
게 붙은 칭호는 무수히 많다. 샤카족의 사자라는 의미인 '샤카신
하'(Sakyasinha), 샤카의 현인이라는 뜻인 샤카무니(Sakya-muni:釋迦牟
尼), 행복한 존재라는 뜻인 '슈가타'(Sugata), 스승이란 뜻의 사타
(Sattha), 정복자라는 뜻인 지나(Jina), 존귀한 존재라는 뜻의 바가와
(Bhagava) 등이 그에게 붙여진 칭호들이다.

20세가 되던 해 그는 콜리의 왕의 딸이며 자기 사촌인 야소다라
(Yasodhara)와 결혼했다. 그는 가정의 즐거움을 추구한 나머지 친척들
로부터 언제든 전쟁터로 병사들을 끌고 가야 할 사람에게 반드시 필
요한 남자다운 훈련을 게을리 한다는 비난의 소리를 듣기에 이르렀
다. 그러자 그는 시합을 벌일 날을 잡았다. 거기서 그는 기술과 용맹
을 겨루는 모든 시합에서 쉽게 우승함으로써 모든 부족 사람으로부
터 좋은 평판을 얻었다. 그의 젊음에 관한 기록으로는 아마 이것이
유일할 것이다.

그러고 나서 그에 관한 이야기가 들리는 것은 그의 나이 스물아홉
살 때이다. 고타마가 갑자기 집을 버리고 종교와 철학의 연구에 자신
을 온전히 바치기로 작정한 것이다. 그때 어떤 수호신이 4가지 모습
으로 그에게 나타났다고 한다. 나이가 들어 허리가 굽은 노인, 병자,
썩어가는 송장, 위엄 있는 은자가 그들이었다. 그때마다 그의 수레꾼
인 샤나(Channa)가 그에게 썩고 죽는 것은 모든 살아있는 존재들의 운
명이라고 말했다. 수레꾼은 또한 그에게 은자로 대표되는 수도자의
성격과 목적에 대해 설명해주었다.

은자의 조용한 삶이 그를 강하게 자극했다. 그러던 어느 날, 그가 집으로 돌아가기 위해 수레에 올라탈 때, 그의 아내 야소다라가 아들을 낳았다는 소식이 들려왔다. 라훌라(Rahula)라는 이름을 얻게 되는 외동아들이었다. 결혼을 하고 10년가량 흐른 뒤의 일이었다. 이 새로운 인연이 그에게 끊을 수 없이 강한 끈이 될 수 있다는 생각이 그가 집을 떠나게 된 직접적인 원인이었던 것 같다. 그는 생각에 잠겨 슬픈 마음으로 집으로 돌아갔다.

그러나 카필라성의 사람들은 자신들의 왕의 유일한 손자인 어린 후계자의 탄생에 대단히 기뻐하고 있었다. 고타마가 돌아오자 일제히 박수가 터져 나왔다. 그는 아이의 행복한 탄생을 축하하는 분위기에 휩싸인 도시로 들어갔다. 가수들 중에 그의 사촌인 젊은 소녀 하나가 끼어 있었다. 그 소녀의 노래에 이런 구절이 들어 있었다. '행복한 아버지, 행복한 어머니, 저런 아들과 남편을 둔 행복한 아내.' 행복이라는 단어에는 이중적인 의미가 들어 있었다. 그것은 또한 죄의 사슬과 존재의 사슬로부터 풀려나고 구원받는 것을 의미했다. 그 순간에 자신에게 보다 숭고한 의무를 일깨워준 그 소녀에게 감사의 뜻으로, 고타마는 자신의 진주 목걸이를 풀어 보냈다.

그날 밤 춤을 추는 소녀들이 왔다. 그러나 그는 그들에게 전혀 관심을 기울이지 않았으며, 불편한 심정으로 얕은 잠에 빠져들었다. 그러다 한밤중에 잠에서 깨어나 샤나를 보내 말을 끌고 오도록 했다. 말이 나타나기를 기다리는 동안에 고타마는 야소다라가 꽃에 파묻힌 가운데 한 손을 아기의 머리에 얹은 채 잠을 자고 있던 방의 문을 조용히 열었다. 그는 그윽한 눈길을 한번 보낸 뒤 아내와 가족과 석별을 했다. 오직 샤나만을 동행한 채 그는 집과 부와 권력과 아내와 외동아들을 떠나 무일푼의 방랑자가 되었다. 그것은 정말 위대한 포기였다.

여기서 환상에 관한 이야기가 이어진다. 악의 유령이며 악랄한 유혹자인 마라(Mara)가 하늘에 나타나 고타마에게 걸음을 멈출 것을 종용한다. 그 악마는 그에게 고행의 길을 포기하기만 하면 4개 대륙을 통치할 수 있는 왕국을 주겠노라고 약속했다. 그래도 유혹자는 그를 이기지 못했다. 그러나 그 이후로 그는 고타마를 그림자처럼 따라다니며 그가 정도正道를 벗어나도록 유혹하려고 애썼다.

고타마는 밤새도록 말을 탄 뒤에 새벽 동이 틀 무렵, 자기 아버지의 영토를 벗어나게 되자 말에서 내렸다. 그는 칼로 긴 머리카락을 자르고, 자신의 모든 장식과 말을 충직한 수레꾼에게 줘 보냈다.

그는 망고나무 그늘 아래서 혼자 7일을 보낸 뒤에 마가다(Magadha)의 수도 라조그리하(Rajogriha)를 향해 길을 나섰다. 이 도시는 갠지스 강 동쪽 계곡에서 가장 막강한 군주의 하나인 빔바사라(Bimbasara)의 본거지였다. 가까운 구릉의 동굴에 은둔자들이 몇 명 있었다. 고타마는 처음에는 이들 브라만 스승 중 한 사람인 알라라(Alara)에게, 그 뒤에는 우드라카(Udraka)라는 스승에게 자신의 정신세계를 맡겼다. 이들로부터 그는 힌두 철학이 가르치는 모든 것을 배웠다.

그래도 만족하지 못한 고타마는 이젠 오늘날 붓다 가야(Buddha Gaya:보드 가야라고도 부름) 사원이 있는 곳 근처의 비아디야(Viadhya) 산맥 최북단 돌출부의 우루벨라(Uruvela) 정글에 묻혔다. 그곳에서 6년 동안 참회와 고행을 잠시도 놓지 않았다. 급기야는 단식과 금욕으로 뼈만 앙상하게 남기에 이르렀다. 그런 극기가 그의 명성을 '하늘에 걸린 큰 종의 소리처럼' 온 곳으로 퍼지게 만들었다. 그러나 그는 단식을 하면 할수록, 자제를 하면 할수록 그 자신이 육체적 고통보다 정신적 고문에 더 쉽게 넘어간다는 사실을 더 강하게 느꼈다.

그러던 어느 날, 그는 극도로 허약한 상태에서 생각에 잠겨 천천히 걸음을 걷던 중에 비틀거리다 땅바닥에 쓰러졌다. 그의 제자들은 그가 죽었다고 생각했지만 그는 회복했다. 그런 혹독한 고행에도 더 이상 지혜를 얻지 못한다는 사실에 절망한 그는 정기적으로 음식을 먹기 시작하며 금욕을 포기했다. 그러자 그의 제자들이 그를 버리고 베나레스로 가버렸다. 그들의 의견에는 정신의 정복은 오직 육체적 고행을 통해서만 이뤄질 수 있는 것이었다.

여기서 고타마의 삶 중에서 두 번째 위기가 닥친다. 하지만 그 위기는 고타마가 맹렬한 투쟁을 벌인 끝에 유혹자의 새로운 공격을 이겨내는 것으로 끝난다.

제자들이 그의 곁을 떠난 그 날은 아닐지라도 얼마 지나지 않아서 그는 나이라우자라(Nairaujara) 강의 둑을 향해 떠났다. 가는 길에 이웃한 마을 사람의 딸인 수주타(Sujuta)의 손에서 아침 식사를 받아, 그 날 이후로 '보리수' 혹은 '지혜의 나무'라고 불리게 되는 그 큰 나무의 그늘 아래서 그걸 먹으려고 앉았다. 그 날 하루 종일 그는 그곳에 머무르며 이제 무엇을 할 것인지 골똘히 생각했다. 그가 버리고 온 호화로운 집의 온갖 매력이 동시에 떠오르며 그를 한껏 유혹했다. 그러나 그날 하루가 저물 때쯤 그의 고매한 정신이 승리를 거두었다. 아침 햇살에 안개 걷히듯, 모든 의혹이 사라졌다. 그는 붓다, 즉 깨달음을 얻은 존재가 되었다. 그는 슬픔의 심오한 신비에 대한 해결책을 찾았다. 그는 슬픔의 원인과 치유를 해결하고 평화의 천국을 얻었다고 생각했다. 내면의 힘과 타인에 대한 사랑에서 결코 흔들리지 않을 바탕을 발견했다고 믿었다.

이때부터 고타마는 참회의 가치를 절대로 주장하지 않았다. 그가 심리적이면서도 윤리적인 그런 결론에 도달했을 때, 엄청난 고독감이 그를 엄습했다. 그는 동료들에게 자신의 구원 체계를, 즉 의례나 의식, 주술 또는 힌두 종교의 주문 같은 것이 전혀 없는 자제와 사랑만으로 구원을 꾀할 수 있다는 믿음을 받아들

석가모니가 깨달음을 얻은 곳으로 전해지는 붓다 가야에 세워진 탑과 보리수. 지금도 순례객들의 발길이 끊이지 않는다. (사진제공 = 백성호 중앙일보 기자)

이도록 설득하는 일을 거의 포기할 뻔 했다.

그 믿음을 실천하지 않을 경우에 인류가 길을 잃고 나쁜 운명을 맞이하게 된다는 생각이 고타마로 하여금 어떤 위험이 따르더라도 자신의 원칙을 세상에 선언해야겠다고 결심하도록 만들었다. 그는 자기 자신과 자신의 임무에 대해 확고한 믿음을 가졌음에 틀림없다.

그는 우선 자신의 새로운 원칙을 옛 스승들인 알라라와 우드라카에게 선언할 작정이었으나 그들이 이미 죽었다는 사실을 알고는 옛 제자들이 살고 있던 베나레스 근처의 녹야원鹿野苑으로 발길을 돌렸다. 서늘한 밤 기운을 느끼면서 그는 도시 근처의 녹야원을 들어섰다. 그러나 그의 옛 제자들은 그를 스승으로 받아들이지 않기로 결심했다. 그는 옛 제자들에게 그들은 아직도 죽음의 길게 서 있지만 자신은 구원의 길을 발견해 붓다가 되었으며, 자신이 그들을 그 길로 안내할 수 있다고 말했다. 그들이 반대 의견을 내놓자, 그는 자신이 깨달은 체계의 기본 진리들에 대해 설명했다. 그러자 나이 든 콘단야(Kondanya)가 처음으로 스승의 말을 받아들였다.

고타마 붓다는 육체적인 모든 것은 물질적이기 때문에 영원하지 않다고 가르쳤다. 육체적 존재 속에 갇혀 있는 인간은 슬픔과 부패, 죽음을 면할 수 없다. 그의 가슴에 들어 있는 탐욕이 결코 만족할 줄 모르는 갈망과 쓸모없는 권태, 근심을 낳기 때문이다. 육체를 누름으로써 순화를 꾀하는 것은 오직 노력의 낭비일 뿐이다. 인간을 육체적 삶의 저급한 상태로 묶어두는 것은 마음의 악덕이다. 그 악덕은 또한 그 사람을 물질의 세계에 묶어놓는다. 미덕과 선善만이 사람을 한 동안 지켜주고, 환생할 때 보다 높은 차원의 물질적 삶을 보장해준다. 사람을 존재의 고리로부터 벗어나게 만들 수 있는 것은 모든 악의 완벽한 소거消去뿐이다.

그러나 이런 가르침을 기독교의 믿음과 혼동해서는 안 된다. 불교는 어떤 영적 존재에 대해서는 전혀 가르치지 않기 때문이다. 불교 교리의 바탕은 사성제四聖諦에 잘 요약되어 있다.

1. 모든 존재는 언제나 고통스럽다.

2. 고통의 원인은 갈애(渴愛: 색, 재물, 음식, 명예, 수면에 대한 욕망에 애착하는 현상)와 무명(無明: 잘못된 의견이나 집착 때문에 진리를 깨닫지 못하는 마음 상태)에 있다.

3. 갈애와 무명을 부수지 않고는 존재의 고통에서 벗어날 수 없다.

4. 열반에 이르는 팔정도(八正道: 여덟 가지 올바른 길. 정견正見과 정사유正思惟, 정어正語, 정업正業, 정명正命, 정정진正精進, 정념正念, 정정正定이 그것이다)를 지킴으로써 고통을 소멸시킬 수 있다.


4가지 단계들은 도道라 불리며, 첫 단계가 마음의 깨달음이다. 신자가 맞서 싸워야 할 첫 번째 적은 육욕이고, 마지막 적은 불친절이다. 모든 것의 위에 있는 것이 만인에 대한 자비이다. 어떤 사람이 종교를 믿는 자는 여전히 매어 있다는 것을 깨달을 때까지, 그의 마음은 여전히 암흑이다. 진정한 깨달음과 진정한 해탈은 사랑에서만 완성된다. 가장 위대한 최후의 보상은 영원한 휴식 또는 소멸인 '니르바나'(열반)이다. 고타마는 45년 동안 갠지스 강의 계곡에서 가르쳤다. 20년이 되던 해에 그의 사촌 아난다(Ananda)가 탁발승이 되어 고타마를 따랐다. 그러나 다른 사촌 하나는 그 위대한 스승이 박해를 받고 브라만들의 반대에 봉착하도록 만들었다.  고타마의 생애 마지막 며칠에 대한 설명은 명확하다. 쿠시나가라(Kusinagara)로 향하던 길에 그는 파와(Pawa)에서 춘다(Chunda)라는 이름의 그곳 금세공인이 사회에 기증한 작은 숲에서 휴식을 취했다. 고타마는 춘다가 마련한 밥과 돼지고기로 점심 공양을 끝낸 뒤 쿠시나가라를 향해 길을 나섰다가 휴식을 취하기 위해 쿠쿠스타(Kukusta) 강에서 발길을 멈추었다. 그는 자신이 죽어가고 있다는 것을 느끼면서 춘다를 위한 메시지를 남겼다. 그가 미래에 어떤 존재로 다시 태어날 때 큰 보답을 하겠다는 약속이었다. 그는 최후의 순간까지도 설법을 베플면서 쿠시나가라 근처의 쿠쿠스타 강에서 숨을 거두었다.

고타마의 힘은 그의 실천적 박애주의에서 나왔다. 그의 철학과 도덕은 많은 사람을 끌어들였다. 그는 새로운 종교의 창설을 꾀하지는 않았지만 모든 사람이 자신의 가르침을 받아들일 것이라고 생각했다. 그의 종교에 실천적인 활력을 불어넣은 것은 그의 가르침이라기보다는 그의 조직인 불교 교단이었다.

다음은 불교의 위대한 창시자가 마지막 남긴 말르, '열반경'涅槃經에서 뽑은 것이다.

> "생성된 것은 모두 변해 가는 것이니라.
> 게으름 피우지 말고 열심히 정진하여
> 너희들의 수행을 완성하여라."

9장

# 공자의 등장

(B.C. 550)

**로버트 케너웨이 더글라스** (1838-1913)
ROBERT KENNAWAY DOUGLAS

영국 런던의 킹스 칼리지 중국어 교수와 대영 박물관의 동양 고문서 책임자를 지냈다. 중국 주재 영국 영사로도 활동했다. 저서로는『유교와 도교』(Confucianism and Taoism)『중국 사회』(Society in China)『중국』(China)『유럽과 극동』(Europe and the Far East)이 있다.

중국인들의 사회적 및 시민적 덕목 형성에 가장 막강한 영향력을 발휘한 공자孔子는 중국어 발음으로는 콩푸즈가 되며 영어식으로 표기하면 'Confucius'가 된다. 공자의 한자 뜻은 '공 선생'이라는 의미이다. 그는 제국이 여러 개의 작은 제후국으로 나뉘어져 있던 시대에 정치 개혁가로 처음 활동을 시작했다. 실용적인 정치인과 행정가로서 그는 자신이 섬겼던 군주들에게 개혁의 필요성을 역설했다. 그러나 그의 조언은 늘 무시당했다. 언젠가 그는 "나의 시대에는 현명한 통치자가 한 사람도 없다."라고 말했다. 황제 또는 국가의 우두머리에 대한 복종을 강조한 그의 가르침은 가정에서 자식이 지켜야 하는 복종의 의무에 바탕을 둔 것이었다. 바로 그런 효심 때문에 그는 자기 조국의 악덕과 억압을 바로잡는 일에 별다른 조치를 취하지 못했다.

그의 도덕적 가르침들은 특정한 종교적 바탕에 근거를 두고 있지는 않다. 그러나 그 가르침들은 중국인들의 생활 규범이 되었다. 유교 도덕이 강조한 권위에 대한 복종과 근면, 절약, 공정한 거래가 대표적이다. 결국에는 이 위대한 개혁가의 정치적 원칙들이 채택되었으며, 그의 가르침과 본보기가 중국 제국에 평화적이고 점진적이면서도 완벽한 혁명을 초래했다. 중국 제국이 하나의 왕국으로 통합된 것은 이 현자의 영향력이 실용적으로 나타난 결과였다.

## |로버트 케너웨이 더글라스의 글|

이 글의 주제가 된 시대의 중국인들은 여전히 황하의 양안에 매달
리고 있었다. 중국인들은 처음 이 강을 따라 정착을 시작했으며, 위
도 33도와 38도, 경도 106도와 119도 사이에서 이 강을 중심으로 몇
개의 나라를 형성했다. 주周 나라는 오늘날 하남성의 일부를 차지했
다. 그 북쪽에는 막강한 진晉 나라가 오늘날의 섬서성陝西省을 차지한
채 버티고 있었으며, 남쪽으로는 야만적인 초나라가 양쯔강까지 세
력을 떨치고 있었다. 또 동쪽으로는 해안까지 여러 개의 작은 나라들
이 자리 잡고 있었는데, 그 중에서는 제나라, 노나라, 위나타, 송나
라, 정나라가 중요한 나라들이었다. 황하의 서쪽으로는 진秦나라가
자리 잡고 있었으며, 이 나라가 결국에는 경쟁을 벌이던 나라들을 제
압하게 된다.

주 왕조를 확립하자마자, 무왕은 영지들을 자신의 가족이나 지지
자, 아니면 덕망 높았던 옛 왕들의 후손들에게 나눠주었다. 각 제후
에게는 역사가 가르치는 일반적인 노선을 지키는 한에서는 자신의
정부를 자기 마음대로 통치할 권한이 주어졌다. 나라 사이에 침공이
일어날 경우에는 어떤 경우든 예외 없이 패권국의 왕에게 보고하도
록 했다. 그러면 패권국의 왕이 침공을 자행한 군주를 처벌하게 되어
있었다. 그런 제도 아래에서는 무질서를 부를 요소들이 수면 아래로
숨는 것이 보통이다. 그러다 후계자들의 능력 부족으로 인해 중앙 정
부의 권력이 느슨해지기만 하면, 몇 개의 주요 나라들 사이에 싸움이

끊임없이 터졌다. 모든 사람의 손이 이웃을 해치는 상황이 벌어졌다. 작은 나라들은 패권국에게 도움을 요청함에도 불구하고 침략당하고 흡수되는 운명으로 고통을 받았다. 그러다 주나라의 왕실이 기울게 되자 가장 막강한 군주 하나를 패자覇者로 지명하여 왕실의 기능을 행사하게 하는 조치가 취해졌다. 이제 왕은 이름뿐이며 주권의 상징에 지나지 않았다. 실제로 이 기간에 중국의 통치 방식은 일본이 19세기 후반까지 유지해오던 그것과 상당히 많이 닮았다. 그러나 그 방식에 따른 결과는 두 나라에서 크게 다르게 나타났다. 이유는 이렇다. 일본 왕실의 경우에는 천상에 뿌리를 두고 있다는 믿음에서 비롯되는 강점 외에도 지리적 고립 때문에 외부에서 올 수 있는 무질서의 요소들을 막을 수 있었다. 반면에 중국의 제후국들은 반쯤 야만적인 국가들에 둘러싸여 있었기 때문에 이들과 끊임없이 전쟁을 치러야 했다.

중국 당나라 화가 오도자가 그린 공자의 초상.

공자는 주나라 왕실에 대한 충성심이 대단히 깊었다. 그것이 『서경』書經에서 B.C. 946년 무왕의 죽음과 B.C. 770년 평왕의 즉위 사이에 통치했던 주권자들의 활동상을 추적하지 못하게 만들었다. 그 사이의 왕들은 차례로 권좌에 올라 통치하다가 죽어가면서 후계자에게 점점 더 큰 불행을 물려주었다. 선왕(B.C. 827~781) 통치 기간에 암흑 속에서 한 줄기 가는 빛이 보이는 듯했다. 주 왕조 창설자들의 탁월함에 비하면 훨씬 뒤떨어짐에도 불구하고, 선왕은 그 창설자들의 예를 따르려고 노력했다. 중국인들의 믿음에 따르면, 하늘도 덕목을 펴려던 그의 노력을 인정하여 그에게 거의 반세기 가까이 권좌를 지킬 수 있도록 했다고 한다.

그의 후계자 유왕은 자질이 선임자보다 떨어진 것 같다. 통치 기간에 전 분야에 걸쳐 팽배했던 무질서를 회복할 치적을 보이지 못했다. 오히려 애첩의 부추김에 휘둘렸다. 하와 상왕조 말기의 암울한 때처럼 지진과 태풍, 점성학적 징후 등이 나타났다. 그가 애첩의 요구로 쫓아버린 아내의 아버지 신후의 야만적인 동맹들이 수도를 포위했다. 그 와중에 그는 달아나려고 시도하다 그들의 무기에 희생되었다.

이 사건으로 서주西周 왕조는 막을 내리게 되었다.

『서경』 또한 여기서 끝나며, 이제는 공자의 『춘추』春秋가 그 땅을 어지럽혔던 무질서와 불법에 얽힌 이야기를 담는다. 한 국가의 투쟁기를 적은 글로는 공자가 쓴 이 역사책의 내용보다 더 무서운 것은 없다. 나라는 불화로 갈가리 찢기고, 전쟁으로 황폐화되었다. 경작은 무시되었고, 가정의 평화는 파괴되었으며, 약탈과 강탈이 시대의 구호가 되다시피 했다.

공자가 태어날 즈음(B.C. 551) 중국의 상태가 그랬다. 이 현자의 부모에 대해서는 알려진 것이 거의 없다. 아버지 숙량흘叔梁紇이 당당한 체격과 용맹, 엄청난 힘을 자랑하던 군 장교였다는 것과 어머니의 이름이 안징재顔徵在라는 것이 알려진 정보의 거의 전부이다. 두 사람이 결혼한 것은 숙량흘의 나이가 일흔 살일 때의 일이다. 고령이었던 탓에 그가 후손을 볼 가능성은 극히 희박했으며, 그 때문에 훗날 영원히 이름을 떨칠 그 아들이 태어났을 때의 기쁨은 특별한 것이었다.

전해오는 이야기에 따르면 그 아이는 니 산의 한 동굴에서 태어났다고 한다. 안징재가 해산을 앞두고 꾼 꿈에 따라 그곳으로 갔다고 한다. 그러나 이 이야기도 중국 역사가들이 공자의 출생에 덧붙이기를 원했던 수많은 전설 중 하나일 뿐이다. 그 현자를 영광스런 존재로 만들려는 욕망과 그에 대한 철저한 믿음에서 역사학자들은 공자의 출생에 앞서 어떤 이상한 조짐과 신비한 현상이 나타났는지, 또 신들이 안징재의 앞에 펼쳐질 영광을 어떤 식으로 암시했으며 수호신들이 그의 출생을 어떻게 돌보았는지에 대해 많은 이야기를 지어냈다.

공자의 어린 시절 삶에 대한 기록은 거의 없다. 그는 일찍이 어릴 때부터 의례를 좋아하는 성격을 보였던 것 같다. 소년일 때 그가 제식용 그릇을 가지런히 정렬하거나 절을 하는 놀이를 즐겼다는 이야기도 있다. 나이가 조금씩 들게 되자 그는 역사를 열심히 공부했으며, '태평성대'를 불렀던 위대하고 선한 요堯와 순舜의 시대를 사랑과 경의의 맘으로 살폈다.

　열다섯 살이 되자 그는 학문으로 마음을 정했으며, 이어 열아홉 살에 송宋 나라 여자와 결혼을 했다. 다른 많은 위대한 인물들이 그렇듯, 공자의 결혼생활도 행복하지 못했다. 그는 마침내 아내와 헤어지게 되었다. 아들을 하나 얻은 뒤의 일이다.

　결혼 직후, 공자는 가난 때문에 곡물 창고를 지키는 관직을 받아들였으며, 그 이듬해에는 국가의 경작지와 토지의 감시인으로 승진했다. 아들이 태어난 것은 그가 감시인으로 일할 때였다. 그때 이미 그의 이름이 널리 알려져 있고 높이 존경받았기 때문에 나라를 통치하던 군주도 그가 득남했다는 소식을 듣고는 잉어 한 마리를 선물로 내렸다. 그 아기가 '잉어'라는 뜻의 리鯉를 이름으로 얻게 된 데도 이런 사연이 있었던 것이다. 이 아들의 이름이 저명한 아버지의 삶에 등장하는 경우는 무척 드물었다. 우리가 그 아들에 대해 알고 있는 약간의 이야기만으로도 공자가 아들에게 부정父情을 별로 보이지 않았다는 사실을 파악하기에 충분하다.

　그의 호기심 많은 제자 하나가 리에게 물었다. "혹시 너네 아버지한테서 우리가 배우고 있는 것과 다른 가르침을 들은 거 있어?" 그러자 리가 이렇게 대답했다. "아닙니다. 제가 종종걸음으로 뜰을 지나가고 있을 때 아버지께서 혼자 서 계시면서 저에게 『시경』은 읽었느냐?'라고 물으셨습니다. 제가 '아직 못 읽었사옵니다.'라고 대답을 올리자 아버지께서 다시 『시경』을 읽지 않으면 사람들과 어울려 대화를 할 자격이 없느니라.'라고 말씀하셨습니다. 다른 날 똑같은 장소에서 똑같은 말투로 아버지께서 저에게 『예기』를 읽었느냐고 물으시자 '아직 못 읽었습니다.'라고 대답했습니다. 저의 대답에 아버지께서는 '네가 『예기』를 배우지 않으면 성격이 제대로 형성되지 않는 법이란다.'라고 덧붙이셨습니다." 그 소리를 듣고 공자의 열렬한 제자는 이렇게 말했다. "나는 한 가지 질문으로 3가지를 배웠다. 『시경』에 대해 배웠고, 『예기』에 대해서도 배웠고, 그 위대한 인물이 자기 아들에게 일정한 거리를 두고 있다는 것을 배웠다."

우리는 공자가 나이 스물둘에 관직에서 물러나 자신을 공경하는 학생들에게 가르침을 베푸는, 적성에 조금 더 어울리는 임무에 시간을 쏟기 시작했다는 사실을 알고 있다. 그러나 게으르거나 어리석은 학생들에게는 그도 해 줄 수 있는 것이 아무것도 없었다. "나는 지식에 대한 욕구가 강하지 않은 자에게는 진리를 전하지 않는다. 자신의 말뜻을 설명하려고 애쓰지 않는 이에게도 마찬가지다. 내가 어떤 주제의 한 자락을 내보였는데, 그것을 들은 사람이 거기서 다른 3가지를 배우지 못하면 나는 가르침을 반복하지 않는다."

공자는 스물여덟 살에 궁술을 배웠으며, 그 다음 몇 해 동안에는 사양자師襄子라는 거장으로부터 음악을 배웠다. 그는 자신이 나이 서른에 "확고히 섰다."(而立)고 우리들에게 들려준다. 그때쯤 그의 명성은 크게 높았다. 많은 귀족 집안 자제들이 그의 제자로 등록했다. 그가 고대 의례를 주제로 도가道家의 창시자인 노자老子와 토론을 벌이기 위해 주周나라의 궁전을 방문하고 싶다는 뜻을 밝히자, 그 군주가 그 여행에 마음대로 쓰도록 마차와 말을 준비해 주었다.

공자가 주 왕조의 창설자들에 대해 엄청난 존경심을 품고 있었기 때문에 그에게는 수도를 방문하는 그 여행이 더 없이 즐거운 일이었다. 그는 호기심 가득한 맘으로 신전과 알현실, 제물을 바치는 공간과 궁전을 두루 살피고 제식과 의례용에 쓰이는 다양한 용기들의 모양과 위치를 면밀히 검토한 뒤 자기 제자들 쪽으로 몸을 돌리며 이렇게 말했다. "이제 주의 왕의 지혜를 깨달았으며, 그의 집이 어떻게 하여 제국의 통치권을 차지하게 되었는지를 이해했다." 그러나 그가 주나라를 방문한 주된 목적은 노자를 만나는 것이었다.

성향이 매우 다른 두 사람의 만남에 대해서는 다양한 이야기가 내려오고 있다. 유교 쪽 작가들은 대체로 두 사람이 만났다는 사실을 언급한다. 그러나 노자를 존경하던 사람들은 공자가 자기보다 더 금욕적인 동시대인으로부터 매우 형편없는 대접을 받았다고 확인한다. 마음의 평정과 자기를 낮추는 것이 최고의 목표라고 가르치던 노자가 의례의 준수와 의식적인 예절을 최고의 가치로 꼽는 존재를 공격할 준비가 되어 있었다고 보는 것이 자연스럽다. 공자의 매우 억제된 목소리와 격식을 갖춘 행동이 겸양을 과시하는 듯한 자존심과 맞물리면서 형이상학적인 쪽으로 경도된 노자에게는 매우 짜증스럽게 느껴졌을 것이 틀림없다. 그런 경우에 엄청난 분노가 일어나더라도 어떠한 말대꾸도 삼가는 것이 공자의 탁월한 특징이었다.

공자가 노자와 언쟁을 벌였다는 내용의 글은 어디에도 보이지 않는다. 반대 의견이 제기될 때는 상대방보다 앞서 뒤로 물러나는 것이 공자의 가르침을 따르는 것이다. 그는 "현자는 불안한 상태에 빠지지도 않으며, 정돈되지 않은 상태에 살지도 않는 법이다. 현자는 정부가 옳은 원칙들을 널리 펼 때에는 스스로를 드러내지만, 정부의 원칙들이 올바르지 않을 때에는 숨어 지내는 법이다."라고 말했다. 그리고 그는 개인적인 삶에도 똑같은 원칙을 적용하며 언제나 논쟁을 거부했다.

공자가 주나라 수도의 사당에 서 있던, 입에 삼중의 걸쇠를 한 어느 남자의 철조각상 쪽으로 제자들이 관심을 쏟도록 한 것도 이 사건과 관련이 있을 수 있다. 그 조각상의 뒤에는 이런 글이 새겨져 있었다. "옛사람들은 자신의 말에 신중을 기했다. 그들처럼 우리 또한 다변을 삼가야 하네. 많은 말은 많은 패배를 부른다. 또한 많은 일에 관여하는 것도 피하도록 하라. 많은 일은 많은 어려움을 일으키기 때문이다."

공자는 그 문장을 가리키면서 "자네들도 이 가르침을 명심하도록 하라."고 말했다. "이 말들은 모두가 진리이다. 우리의 이성도 이 말에 끌리는구나."

주나라에서 자신이 원했던 정보를 모두 얻은 뒤, 그는 노나라로 돌아갔다. 이제 학생들이 그에게 물밀듯 밀려왔다. 우리는 그가 3만 명이나 되는 제자들로 둘러싸이게 된 것으로 알고 있다. 그러나 그가 노나라에 머문 기간은 짧았다. 그 나라의 주요 도당 3개, 즉 맹손과 숙손, 이손의 권세가가 갈등을 자주 빚은 끝에 자신들을 지배하던 군주와 전쟁을 벌여 그의 군대를 뒤엎어버렸기 때문이다. 사태가 이렇게 되자 그 군주는 제齊 나라에 피난처를 구했으며, 공자도 그를 따라 거기까지 갔다. 그가 길을 지나다가 어느 여인이 묘에서 우는 것을 목격했다. 그녀가 불쌍하게 보였던지라 그는 제자 자로子路를 그녀에게 보내 사연을 알아보도록 했다. "당신은 끝없는 슬픔을 겪은 것처럼 울고 계시군요."라고 자로가 말했다. 그러자 부인은 "저는 여기서 시아버님도 사자에게 잃고, 남편도 사자에게 잃고, 지금은 아들이 똑같은 운명을 맞았습니다."라고 대답했다. 자로가 "그런데도 이곳을 떠나지 않는 이유는 뭡니까?"라고 물었다. "그래도 여긴 억압적인 정부는 없어요."라는 대답이 돌아왔다. 이 대답을 듣자마자 공자는 제자들을 향해 "자네들이 기억해 둬야 할 말이다. 억압적인 정부는 사자보다도 더 흉포한 것이거든."이라고 말했다.

공자가 제나라에 끌렸던 것은 순 황제의 음악이 그 궁전에서는 그때도 여전히 연주되고 있다는 사실을 알았기 때문일 수도 있다. 공자가 그 수도로 향하던 길에 자신이 그렇게도 바라던 음악이 연주되는 것을 들을 때면 그의 걸음이 빨라졌다고 한다. 그는 또한 자신이 들었던 음악의 분위기에 깊이 빠졌기 때문에 3개월 등안 육류를 입에 대지 않았다. 그는 "음악이 그런 경지까지 오를 수 있다고 생각한 적은 없었다."라고 말했다.

현자가 도착했다는 소리를 듣자마자, 제나라의 왕이 그를 찾으러 사람을 보냈다. 그 왕은 그와 몇 마디 대화를 나눈 뒤에 너무나 탁월한 방문객의 후원자가 되고 싶은 마음에 그에게 니계尼谿라는 도시를 하사하겠다고 제안했다. 세금을 거둘 권리와 함께. 그러나 공자는 이 제안을 거절하면서 제자들에게 이렇게 말했다. "뛰어난 사람은 원래 자신이 하지 않은 일에 대해서는 보상을 받지 않는다. 내가 왕에게 조언을 했지만 그는 아직 그것을 따르지 않고 있다. 그가 지금 나에게 이곳을 주려 하고 있으니 말이다. 그가 나를 이해하려면 아직 한참 멀었다." 그럼에도 그는 그 왕과 정치 문제를 논했으며, 그에게 "군주가 군주답고 장관이 장관답고 아버지가 아버지답고 아들이 아들다운 곳에 훌륭한 정부가 있습니다."라고 가르쳤다. 그러자 왕이 "옳은 말이오. 만약 군주가 군주답지 않고 장관이 장관답지 않고 아들이 아들답지 않으면, 비록 내가 수입을 갖는다 한들 그것을 어찌 즐길 수 있겠소?"라고 말했다.

비록 그 왕이 만족할 만한 학생은 결코 아니었음에도, 본성만은 선했다. 그가 다시 한 번 공자를 후원하며 가까운 곳에 두고 싶다는 뜻을 표현했으나 이번에는 재상이 왕에게 그렇게 해서는 곤란하다고 설득하고 나섰다. 그 재상은 이렇게 설명했다. "학자들은 고집도 세고 본받기도 어렵습니다. 그 사람들은 거만하고 자신의 관점에 우쭐해하기 때문에 낮은 직위에는 결코 만족하지 못할 것입니다. 그들은 장례 의식에 매우 높은 가치를 부여하고, 슬픔에 곧잘 빠지고, 대규모 장례식에 재산을 탕진할 것이며 보통 사람들의 예절에 상처를 받을 것입니다. 공자는 기벽奇癖이 대단합니다. 그가 의식에 대해 알고 있는 것을 다 드러내 보이는 데만도 몇 세대가 걸릴 것입니다. 지금은 『예기』를 연구하고 있을 때가 아닙니다. 만약 그를 고용하여 제나라의 관습을 바꾸기를 원하신다면, 그건 백성을 최우선으로 고려하는 처사가 아닐 것입니다." 이런 식의 논리가 그 왕에게 제대로 먹혔다. 그래서 왕은 다음번에 공자의 조언을 따를 것을 종용받게 되었을 때 "나는 그대의 원리들을 채택하기에는 나이가 너무 들어버렸어."라는 말로 논의를 잘랐다.

이런 상황에서 공자는 한 번 더 노나라로 돌아갔다. 그곳에서 확인한 것은 그 나라의 조건이 여전히 변하지 않았다는 사실이었다. 무질서가 더 심해져 있었다. 정부의 통치는 여전히 가장 강력한 집단의 우두머리에 좌지우지되고 있었다. 공자가 관직을 맡을 때가 전혀 아니었다. 그는 어쩔 수 없이 맞게 된 여유로운 시간을 『시경』과 『서경』의 편찬에 투입했다.

그러나 세월이 흐르면서 질서가 다시 잡혔다. 이지 그도 정공定公이 제안한 중도中都의 행정 장관 자리를 받아들여도 좋다는 느낌이 들었다. 그가 자신의 행정 원칙들을 현실에 적용할 수 있는 기회가 왔다. 결과는 부분적으로 그의 기대에 부응하는 쪽으로 나타났다. 그는 살아 있는 사람들의 부양을 위한 규율과 죽은 사람들을 위한 의례와 관련하여 지켜야 할 규율을 정했다. 그는 늙은이와 젊은이들에게 적절한 음식을 정하고, 남자와 여자의 적절한 구별을 추구했다. 그에 따라서, 우리가 잘 알듯이, 영국의 알프레드 왕의 시대처럼 길에 물건이 떨어져 있어도 주워가는 사람도 없고, 그릇들을 엉터리로 깎아 파는 일도 없고, 관棺도 규정대로 두껍게 만들어졌고, 시장에서 이중 가격이 형성되는 일이 없어졌다. 제후는 자신이 눈으로 확인한 사실에 깜짝 놀라며 그 현자에게 그 행정 규칙을 나라 전체에 적용할 수 있는지를 물었다. 그러자 공자는 "물론입니다. 노나라만 아니라 전체 제국에 두루 적용할 수 있습니다.”라고 대답했다. 이제 제후는 그를 ‘사공’司空(오늘날의 건설부 장관)에 앉힌 뒤 얼마 지나지 않아 다시 그를 ‘대사구’大司寇(오늘날의 법무부 장관)에 임명했다. 여기서 다시 한 번 그의 성공이 마무리 되었다. 그가 대사구에 임명된 그날부터 범죄가 사라졌던 것으로 전해오고 있으며, 형법은 사문死文이 되어버렸다.

공자가 가장 위대하게 평가한 미덕 중 하나가 용기였다. 그 시대에 공자의 도덕적 및 육체적 용기가 대단했다는 사실을 뒷받침하는 사례가 두 가지 전해온다. 망명한 왕 소공昭公의 시신이 매장을 위해 제나라에서 돌아왔을 때, 사실상 그 나라의 주인인 계씨 가문의 우두머리가 소공을 그의 조상들의 묘지와는 다른 곳에 매장해야 한다고 주장했다. 그 우두머리의 결정을 알게 된 공자가 소공의 무덤이 들어설 매장지의 둘레를 파도록 명령했다. 그는 계씨에게 “그런 식으로 한 군주를 책망하고 그의 결점을 만천하에 알리는 것은 예의에 어긋납니다.”라고 말했다. “나는 그 무덤이 조상들의 묘지 안에 들어가도록 했습니다. 내가 굳이 그렇게 한 것은 당신의 불충을 숨기기 위해서입니다.” 그 뒤 그의 행동은 아무런 제재를 받지 않고 넘어갔다.

다른 예는 몇 년 뒤 노나라와 제나라 제후 사이의 회담과 얽혀 있다. 공자도 의식을 집행하는 책임자로 그 회담에 참석했다. 그의 제안에 따라 회담이 이뤄지는 곳에 제단이 세워졌다. 그리고 제단 위에 세 개의 계단을 만들고, 그 위로 제후들이 올라가 서로 서약을 하고 동맹조약에 관한 논의에 들어갔다. 그러나 제나라의 제후 측에서 배신을 할 생각이었으며, 어떤 신호가 떨어지자 한 무리의 무뢰한이 북

소리에 맞춰 나타나 노나라의 제후를 납치하려 했다. 곤자의 판단에 그런 책략이 있을 것 같다는 생각이 들었다. 위험이 임박한 순간, 그는 제단으로 몸을 날려 그 제후를 데리고 나갔다. 엄청난 혼란이 이어졌음에도 공자의 탁월한 처신으로 조약이 성립되었다. 공자의 노력으로 심지어 제나라가 차지하고 있던 땅의 일부까지 노나라가 되찾을 수 있었다.

그러나 대사구로서의 공자로 돌아가면 이야기가 조금 달라진다. 그의 정책이 성공을 거두었음에도 불구하고 그의 제도 아래서 거둔 결과들이 그의 추종자들이 내세웠던 것만큼 대단하지는 못했다. 그가 대사구를 맡은 동안에 범죄가 줄어든 것은 확실했다. 그러나 범죄가 사라진 것은 결코 아니었다. 사실 그의 전기 작가들은 공자에게 충격을 안겨줬을 것이 분명한 어떤 사건을 언급하고 있다.

어느 아버지가 효심의 미덕을 강조하던 재판관에게 자기 아들을 고발했다. 그 아버지 생각에는 자신이 재판을 쉽게 이길 것처럼 보였던 것 같다. 그러나 그 아버지, 아니 구경꾼까지도 놀랄 사태가 벌어지고 말았다. 공자가 아버지와 아들 둘 다를 감옥에 가둬버린 것이다. 계씨 도당의 우두머리가 항의하고 나서자 그는 이렇게 말했다. "한 번도 효심을 갖도록 교육을 받지 못한 사람을 효도를 하지 않았다는 이유로 처벌하는 것이 과연 옳습니까? 자기 아들에게 아들로서 지켜야 할 의무를 가르치는 것을 게을리 한 사람도 그 의무를 제대로 이행하지 못한 아들과 똑같이 죄가 있는 것 아닙니까? 범죄가 인간의 본성에 고유한 것이 아닙니다. 그렇기 때문에 가정에서는 아버지

가, 국가에서는 정부가 효도를 위반하고 공공의 법을 깨뜨리는 범죄
에 대한 책임을 져야 합니다. 만약 왕이 법률을 공표하는 일을 게을
리 해 놓고는 엄격한 법률 조항에 따라 단호히 처벌한다면, 그 왕도
사기꾼의 일부 역할을 하는 셈입니다. 만약 왕이 사전 경고를 하지도
않고 자의적으로 세금을 징수한다면, 왕은 직권남용의 죄를 짓는 것
입니다. 만약 왕이 백성들을 가르치지 않고서도 그들이 잘못 했다고
사형에 처한다면, 그 왕은 잔학 행위를 저지르는 것입니다.”

　이런 가르침을 공자는 자주 주장했으며, 훈시와 본보기를 통해 그
정신을 널리 퍼뜨리려고 애썼다. 공자도 자신의 군주 앞에 설 때면
겉으로는 침착하게 보였음에도 불구하고 태도에 불편함이 묻어났다
고 한다. 그가 궁전으로 들어가거나 비어 있는 옥좌를 지나칠 때면,
안색이 변하고 두 다리가 구부러지고 말도 호흡이 멈춘 듯 어색해졌
다. 왕의 권장을 드는 일이 자신에게 떨어지면, 그는 그 권장의 무게
를 이기지 못하는 듯 몸을 구부렸다. 그가 병에라도 걸려 군주가 방
문하는 날이면, 그는 관복을 갖춰 입은 채 누워 머리를 동쪽으로 돌
리고 있었다. 군주가 요리한 고기를 선물로 내리면 공자는 그것을 조
상들의 영령에 바쳤으며, 산 가축을 내리면 자기 집에서 계속 키우곤
했다.

　그러나 공자조차도 자신의 이론을 모두 현실로 실천하는 것이 불
가능하다는 사실을 깨달았다. 그리고 대사구로서의 경험이 그에게
사람들을 미덕의 길로 이끌기 위해서는 단순한 본보기 이상의 것이
필요하다는 사실을 가르쳐주었다. 그가 관직에 오르고 여러 달 지나

서의 일이다. 그는 소정묘라는 명망 높은 시민에게 공공의 평화를 해친 혐의로 사형선고를 내렸다. 그가 얼마 전에 확립한 원칙을 저버린 이 조치가 그의 추종자들을 깜짝 놀라게 만들었다. 그러나 공자는 그 조치가 필요했다는 입장을 고수하면서 이렇게 말했다. "세상에는 정말 무서운 악이 다섯 가지가 있다. 위험한 반역의 기질을 가진 사람, 흉포한 기질의 소유자로 사악한 행동을 일삼는 사람, 고의로 거짓말을 일삼는 사람, 머릿속에 불건전한 생각을 품고서 그것을 널리 퍼뜨리는 사람, 악을 따르고 기르는 사람이 그들이다. 소정묘에게는 이 모든 사악한 기질이 다 결합되어 있다. 그의 집은 불평분자들이 모이는 소굴이고, 그의 말은 누구라도 현혹시킬 만큼 달돈하고, 그의 반대는 독립심 강한 어떤 사람이라도 넘어뜨릴 만큼 폭력적이다."

그러나 그 자신이 다진 노선에서 그런 식으로 이탈했음에도 불구하고, 사람들은 그의 규율을 찬미하고 그를 압제와 허위의 구렁텅이에서 구해준 구원자로 묘사한 노래를 불렀다.

공자는 열성적이었으며, 자신이 살던 시대를 완전히 개혁할 수 있다는 믿음 또한 강했다. 그러나 현실적으로 나타난 결과는 어떠했는가? 노나라의 백성들 사이에 팽배하던 만족감은 제나라 제흑에게 그와 비슷한 제도를 받아들이도록 만들어야 할 텐데 엉뚱하게 질투심을 불러일으키고 말았다. 제나라의 제후가 공자의 명예를 떨어뜨릴 계략을 꾸미고 나섰던 것이다. 우선 음악과 춤이 뛰어난 아름다운 소년 80명을 노나라의 제후에게 선물로 보내 왕의 마음을 어지럽혀 놓아 국정을 멀리하게 만들었다.

그러자 제자 자로가 "스승님, 이제 떠나셔야 할 때입니다."라는 의견을 내놓았다. 그러나 그 제자보다 더 큰 것이 걸린 공자로서는 자신이 마음먹은 실험을 포기하길 거부했다. 게다가 하늘에 성대하게 제물을 바쳐야 하는 하지夏至가 다가오고 있었다. 그가 제후와 그 절기의 중요성에 대해 너무나 많은 대화를 나누었기 때문에 그 의식을 반드시 치러야 한다는 의무감이 작용했으며, 동시에 그 일로 인해 왕이 정신을 차렸으면 하는 마음도 없지 않았다. 그러나 그 왕의 총애를 받고 있던 환관들이 여전히 권력을 휘두르고 있었으며, 성대한 축제도 왕의 양심을 잠시도 깨워놓지 못했다. 어쩔 수 없이 공자는 자리에서 물러나 수도를 떠났다.

이리하여 노나라의 왕을 도우려던 희망이 꺼졌음에도 불구하고, 공자는 당대의 개혁가로서의 역할을 버릴 생각은 추호도 없었다. 그는 "군주 중에서 누구라도 나를 고용하려는 사람이 나온다면, 난 12개월 안에 정부의 매우 많은 것을 바꿔놓을 수 있고 3년 후면 완벽하게 바꿔놓을 수 있다."고 말했다. 그러나 당시 분위기는 그 현자에게 호의적이지 않았다. 수많은 나라들의 군주 사이에 패권을 노려 몇 세기 동안 이어져오던 투쟁이 마침 절정에 달하고 있었다. 최종적으로 패권을 잡을 나라가 진晉이냐, 초楚냐, 아니면 진秦이냐 하는 의문이 제기되고 있었지만, 권장이 이미 주나라 통치자의 손에서 다른 곳으로 넘어간 것은 의문의 여지가 없는 사실이었다. 그러므로 존재를 멈춰버린 한 나라의 소유권을 놓고 싸우는 사람들에게는, 주나라의 죽은 시신에 생명을 불어넣는 것을 최고의 목적으로 삼고 있던 사람을 장관으로 중용한다는 것은 우스꽝스러운 이야기였다.

그 후 공자의 방랑이 오랫동안 이어진다. 위나라의 수도를 찾았으나 거기도 공자의 영향력 확대를 우려한 관리들의 견제가 매우 심했다. 그곳에 머문 것은 겨우 10개월이었다. 공자는 진나라의 수도를 향해 길을 떠났으나 그 여정이 순탄치 않아 다시 위나라의 수도로 돌아왔다. 거기서 관직을 얻을 수 있을까 하고 기회를 엿보던 공자를 실망시키는 일이 일어났다. 그를 다시 따뜻하게 맞아준 왕이 공자가 맡기를 원하는 역할의 존엄성을 제대로 이해하지 못한다는 사실이 확인되었다. 왕이 수도 거리를 돌면서 공자가 마차를 타고 그의 뒤를 따르기를 원했던 것이다. 행렬이 시장을 지날 때, 사람들은 '미덕이 탐욕을 따르는' 모양새라며 비웃음을 흘렸다. 이로써 공자는 예전에 자기를 돌봐주던 나라에서 관직을 얻겠다는 꿈을 완전히 접었다.

그렇게 힘든 생활을 하는 동안에도 공자는 많은 일화를 남겼다. 그는 자신이 먹는 육류와 밥의 양에는 엄격히 제한을 두고 절약했지만 술에 관한 한 그런 제한을 전혀 두지 않았다. 그럼에도 그가 술 때문에 정신을 잃은 적은 한 번도 없었다. 공자는 외출을 할 때에는 고개를 옆으로 돌리는 일이 없었다. 그는 말로만 아니라 행동으로도 경솔한 인상을 절대로 남기지 않았다. 이런 사소한 이야기도 지금 세계 인구의 상당수에 영향력을 행사하고 있는 공자와 같은 인물에 관한 것일 때에는 대단한 흥미를 불러일으킨다.

공자가 소유했던 유일한 예능은 음악에 대한 사랑이었다. 그는 음악을 예능이 아니라 교육에 필요한 한 부분으로 공부했다. 그는 이렇게 말하곤 했다. "마음을 깨우는 것은 『시경』이고, 성격을 형성시키는 것은 예의범절이다. 그리고 그 체계를 완성시켜주는 것은 음악이다."

공자의 나이 63세가 되었다. 위나라에 도착한 공자는 자신의 옛 친구이던 영공靈公의 손자가 아버지를 몰아내고 왕좌를 지키고 있다는 사실을 깨달았다. 스스로를 출공出公이라고 불렀던 이 우두머리는 공자의 지지만 얻을 경우에 자신의 명분이 크게 강화될 수 있다는 점을 잘 알고 있던 터라 자로를 공자에게 보내 관직을 제안했다. 그러자 공자는 "우선 이름부터 고치는 일이 필요하네."라고 대답했다. "엉뚱한 말씀."이라는 말에 공자는 이렇게 설명했다. "군자는 자신이 모르는 일에는 겸양의 미덕을 발휘해야 하는 법이다. 이름을 바루지 않으면, 말이 사물이나 사태의 진실과 조화를 이루지 못한다. 만약에 말이 사물이나 사태의 진실과 조화를 이루지 못하면, 일이 성공적으로 처리되지 못한다. 일이 성공적으로 처리되지 못할 때에는 예의범절과 음악이 번창하지 못한다. 예의범절과 음악이 번창하지 못할 때에는 처벌이 적절히 이뤄지지 않는다. 처벌이 적절히 이뤄지지 않을 때에는 사람들이 손이나 발을 움직이는 방법을 모르게 된다. 그렇기 때문에 군자는 이름을 적절히 사용하는 것이 중요하다는 사실을 깨달아야 한다. 자기가 나아갈 방향을 잘 잡는 것도 중요하고, 군자의 말은 정확해야 하는 법이다."

위나라의 상황은 공자가 인정할 수 없는 지경이었다. 그 나라의 왕도 자신의 길을 바꿀 의향을 전혀 보이지 않았기 때문에 공자는 그의

궁전을 떠났다. 그리고 5, 6년 동안 그 나라에 머물면서 은둔하다시
피 했다.

공자가 자신이 태어난 노나라를 떠나 지낸 지도 어언 14년이 되었
다. 이제 고향으로 돌아갈 때가 왔다. 그런데 이게 무슨 운명의 장난
인가. 그의 오랜 희망이 이뤄질 때가 가까이 왔던 것이다. 정치적이
거나 도덕적인 지혜가 아니라, 그가 진정으로 혐오했던 군사적 전략
에 대한 지식 때문이었다. 이런 일이 벌어졌다. 당시 계강자의 노나
라 정부에서 봉직하고 있던 공자의 제자 염유가 제나라를 상대로 전
쟁을 벌여 대단한 성공을 거두었다. 개선한 그에게 계강자가 그런 군
사 기술을 어떻게 터득했는지 물었다. 그 장군은 "공자에게서 배웠
습니다."라고 대답했다. 그러자 계강자가 "그가 도대체 어떤 인물인
가?"라고 물었다. 이에 염유가 "만약 폐하께서 그를 쓰신다면, 폐하
의 명성은 멀리 다른 나라로도 퍼져나갈 것입니다."라고 대답했다.
이어 계강자가 공자를 자신의 궁전으로 초대했다.

계강자의 초대장이 공자에게 닿기 전에 어떤 사건이 일어났다. 이
것이 공자로 하여금 노나라 측의 제안에 더 솔깃하도록 만들었다. 앞
서 위나라의 한 관리가 공자를 찾아와 자신과 반목하는 다른 장교의
군사력을 공격할 최선의 수단이 무엇인지 자문을 청했던 것이다. 그
따위 일로 자신의 가르침을 청한다는 사실에 불쾌해진 공자는 그 나
라를 떠나려고 작정하면서 이런 말을 남겼다. "새들이 나무를 고르
는 것이지, 나무가 새를 고르는 것이 아니다." 바로 그때 계강자의 사
신들이 도착했다.

노나라에 도착하자마자, 공자는 궁전으로 들어가 행정의 문제를 묻는 애공哀公의 질문에 자신의 임명이 필요함을 암시하는 대답을 했다. "정부의 성공은 올바른 장관들의 선택에 달려 있습니다. 정직한 사람들을 쓰시고 비뚤어진 사람들은 멀리 하십시오. 그러면 비뚤어진 사람도 똑바로 서게 될 것입니다."

그 당시 계강자는 산적 행위를 해결할 방도를 찾지 못해 당황해하고 있었다. 공자가 내놓은 묘책은 이것이었다. "만약 왕께서 탐욕스럽지 않다면, 백성들에게 상금을 내려가며 훔치라고 해도 백성들은 훔치지 않을 것입니다." 이 말에는 공자가 계강자의 나라에 대해, 더 나아가 애공에 대해 내린 평가가 그대로 담겨 있었다. 공자는 그런 나라에서 관직을 얻느니 차라리 세상에서 물러나 학문적 과업의 완성에 매진하기로 작정했다.

이때가 그의 나이 예순 아홉이었다. 한 인간의 성공을 그 사람 본인이 꾸었던 꿈을 이루었는지의 여부를 근거로 판단한다면, 공자는 불행한 편에 속했다. 엄청난 존경을 받았고, 뜨거운 성격보다는 냉철한 성격을 더 많이 물려받았고, 공부하기를 좋아하는 천성을 타고났고, 고대 왕들의 전통 속에서 성장한 그는 자신이 그 누구보다도 더 많은 것을 성취할 수 있다고 믿었다. 경력 초반에는 노나라에서 자신의 정부 이론을 실천할 수 있는 기회를 누렸다. 거기서 그의 원칙을 적용한 결과 백성들의 형편에 일시적 향상밖에 나타나지 않았다. 그럼에도 그는 자기 자신과 자신이 주장하는 원칙들에 대한 믿음을 결코 놓지 않았다. 그런 확신이 오히려 그가 자신의 실패에서 교훈을 얻지 못하도록 막았다. 그 자신의 경험이 던지는 가르침은 그의 곁을 헛되이 맴돌다 사라져갔다. 72세의 나이로 흙에 묻힐 때에도 그는 "적당한 관직만 주어지면 3년 안에 정부를 완벽하게 만들 수 있을 것이다."라는 확신을 그대로 간직하고 있었을 것이다.

노나라의 통치자들과 어울리는 것도 불가능하다는 사실을 파악한 뒤, 공자는 관직을 배제하고 은퇴를 택한 것 같다. 그의 방랑도 끝났다. 마침내 그는 여생을 자기 고국에서 보내기로 마음을 먹었다. 그제야 『서경』의 편집을 끝낼 시간적 여유를 갖게 되었다. 그는 또한 고대의 현자와 왕들의 지혜에서 나온 의례와 제식을 신중하게 요약하는 작업도 벌이고, 고대 시를 수집해 정리하고, 음악을 개선하는 작업도 벌였다. 그는 『역경』易經을 성실히 공부하고 거기에 해설을 붙이기도 했다. 이런 작업을 보면 그 책의 원래 의미가 다른 사람들과 마찬가지로 공자에게도 상당히 난해했다는 사실이 확인된다. 공자는 이런 말을 남겼다. "인생에 몇 년의 세월이 더 주어진다면 『역경』의 공부에 반을 바칠 것이다. 그러면 그에 대한 해석에 큰 실수가 없게 될 것이다."

B.C. 482년에 아들 리가 죽었다. 그 이듬해 공자는 충직한 제자 안휘를 먼저 저세상으로 떠나보내는 슬픔을 겪었다. 안휘의 죽음을 알리는 기별이 왔을 때, 그는 "아니! 하늘마저 나를 버리는구나!"라고 외쳤다고 한다. 그러고 나서 1년 뒤, 계강자의 하인이 사냥을 하다가 이상하게 생긴 외뿔 동물을 잡았다. 그곳 사람 중에는 그것이 무슨 동물인지를 아는 사람이 아무도 없었기 때문에 공자가 그 현장으로

갔다. 그 동물을 보는 순간, 공자는 그것이 기린이라고 선언했다. 전설에 따르면 그것이 그의 출생 전에 안징재가 니 산에서 꾼 꿈에 나타났던 동물과 동일하다는 것은 뿔에 달린 리본 조각으로 확인된다고 한다. 이 동물의 출현에는 오직 한 가지 의미밖에 없었다. 공자는 그 전조에 깊이 영향을 받았다. 그는 "그대는 누구를 위해 왔는가? 그대는 누구를 위해 왔는가?"라고 외치다가 눈물을 쏟으면서 "나의 원칙은 헛되이 사라져버렸고, 나는 무명無名으로 남았네."라고 덧붙였다. "선생님께서 무명이 되셨다는 말은 무슨 뜻입니까?"라고 제자 자공이 물었다. 그러자 공자가 이렇게 대답했다. "섭리를 원망하는 것이 아닐세. 배움을 게을리 하고 성공을 숭배하는 사람들에게도 잘못이 없네. 하늘은 나를 알아. 군자는 죽어서 이름을 남기는 법이야. 그런데 나의 원칙들은 전혀 발전을 이루지 못했으니, 미래 세대들에게 내가 어떻게 받아들여질까?"

이즈음 기력이 떨어지고 있었음에도 불구하고 그는 『춘추』를 썼다. 은공隱公시대부터 애공의 통치 14년까지, 자기 고국 노나라의 역사를 추적한 책이었다. 끝나는 시점이 바로 기린이 나타나 그에게 삶의 종말을 생각하게 만든 해였다.

공자가 저자인 책은 이 작품이 유일하다. 이 책의 글들은 순전히 그 자신의 말이다. 그의 전기 작가들은 "적힌 것은 그가 적은 것이며, 지운 것은 그에 의해 지워진 것"이라고 말한다. 어느 한 구절도 그 아닌 다른 사람이 더하거나 왜곡한 것이 없다는 뜻이다. 그 작품을 마무리 지었을 때, 그는 제자들에게 원고를 건네주면서 "『춘추』로 이름을 알리게 되고,『춘추』로 비난을 받게 될 걸세."라고 말했다. 이것도 작가들이 자기 작품의 가치에 대한 평가에서 오판을 곤잘 함을 보여주는 많은 예 중 하나이다.

공자의 말이라면 당연히 존경하게 되어 있는 그의 고국 사람들의 평가에서도『춘추』는 좀 처지는 것으로 통한다.『논어』論語에 담긴 그의 언설이 훨씬 더 소중하게 받아들여진다. 그리고 그가 편집한 두 작품『시경』과『서경』이 공적 평가에서 그 자신이 자랑스러워했던 그 책보다 훨씬 더 윗자리를 차지하고 있다. 중국인들보다 조금 더 객관적일 수 있는 외국인들에게는 독자적인 역사가로서 그의 명성은 무의미하게 들린다. 그는 단지 철학자와 정치인으로만 알려져 있을 뿐이다.

10장

# 로마, 공화정을 확립하다

(B.C. 510-494)

HENRY GEORGE LIDDELL
### 헨리 조지 리델 (1811-1898)

영국 옥스퍼드의 크리스트 처치의 학장. 웨스트민스터 스쿨의 교장. 옥스퍼드 대학의 부총장을 지냈다. 저서로는 『로마사』(A History of Rome)와 『그리스-영어 사전』(Greek-English Lexicon)이 있다. 그의 친구인 루이스 캐롤이 쓴 『이상한 나라의 앨리스』의 주인공 앨리스가 바로 헨리 조지 리델의 딸 앨리스 리델을 모델로 한 인물이었다. 리델은 캐롤이 죽고 1주일 후에 세상을 떠났다. 리델은 옥스퍼드의 차터하우스와 크라이스트 처치에서 교육을 받았다.

로마의 공화정은 로마에서 최고의 권력을 누리던 에트루리아인 가문인 타르퀴니우스 일가의 범죄로 촉발된 혁명의 결과였다. 섹스투스 타르퀴니우스(Sextus Tarquinius)가 루크레티아(Lucretia)를 강간하고, 수치심을 참지 못한 그 부인이 콜라티아(Collatia)에서 자살한 것이 그녀의 아버지로 하여금 루키우스 유니우스 브루투스(Lucius Junius Brutus)와 푸블리우스 발레리우스(Publius Valerius)와 더불어 반란을 도모하게 만들었다. 사람들이 쿠리아에 모여 타르퀴니우스 수페르부스(Tarquinius Superbus: ?～B.C. 496)의 왕권을 빼앗고 그를 비롯한 가족 모두를 로마에서 추방하기로 의결했다.

회의 결과가 실행에 옮겨졌다. 이제 왕 대신에 최고 권력을 행사할 집정관들이 임명되었다. 이 집정관들은 켄투리아회(comitia centuriata: 백인회)에서 매년 선출되었으며, 쿠리아회의 표결을 통해 자신들에게 부여된 최고 권력을 행사했다. 최초로 선출된 집정관은 루키우스 유니우스 브루투스와 루키우스 타르퀴니우스 콜라티누스(Lucius Tarquinius Collatinus)였다.

공화정 초기에 로마의 평민들은 귀족들의 억압과 잔인성에 분개한 나머지 로마에서 어느 정도 떨어진 몬스 사케르(Mons Sacer) 산으로 집단으로 떠나 버렸다. '성산聖山으로의 탈퇴'로 알려진 사건이다. 메네니우스 아그리파(Menenius Agrippa)가 '위胃와 다른 신체 부위들'이라는 유명한 이솝 우화를 들려줌으로써 그들을 달랬던 곳이 바로 그 산이었다. 이 우화를 들은 뒤 사람들은 귀족들과 타협을 이루고 로마로 다시 돌아왔다.

그러나 평민들은 사실상 국가에서 최고 계층에 속하던 집정관과 귀족계급들에 과감히 맞섬으로써 엄청난 성과를 올릴 수 있었다. 당시 귀족계급은 고리대금업자 노릇을 하면서 법원의 결정을 좌지우지하고 있었다. 집정관 두 사람이 상류 계층의 이익을 대변하는 성향이 강하다고 지적하면서 자신들을 압제로부터 보호하기 위해 호민관護民官 두 사람을 선출해야 한다고 한 평민들의 주장이 결코 헛되지는 않았다. 이 새로운 관직은 적법한 절차를 거쳐 임명되었으며, 그들의 숫자가 나중에는 10명으로 늘어났다. 그들의 권력은 거의 절대적이었다. 그래도 그 권력이 남용된 경우는 없었던 것 같다. 이런 사실은 고대 로마인들의 타고난 중용中庸의 정신을 뒷받침하는 것이다. 근대의 역사를 보면 헌법을 둘러싼 투쟁이 참으로 많았다. 하지만 평민을 위하는 호민관과 같은 제도는 전혀 나타나지 않았다. 근대 들어서 그 어떤 나라에서도 초기 로마의 호민관이 발휘했던 것과 같은 건전한 영향력을 누렸던 제도는 없었다.

타르퀴니우스는 귀족들의 도움으로 왕이 되었다. 타르퀴니우스에 앞서 왕위에 오른 세르비우스 툴리우스(Servius Tullius)가 민중을 위한 개혁을 실시했다. 그러자 씨족들의 구성원들이 자신들의 특권이 줄어든 데 분개하여 그의 권력을 뒤엎는 일이라면 무엇이든 돕겠다는 식으로 나섰던 것이다. 그러나 타르퀴니우스가 먼저 자신이 타고 올라온 사다리를 걷어 차버렸다. 그가 눈엣가시 같던 켄투리아회를 폐기한 것은 사실이었다. 그러나 그는 쿠리아회에도 관심을 기울이지 않았으며, 죽음이나 다른 이유로 원로원에 결원이 생겨도 회원을 새로 선출하지 않았다. 그렇게 되자 그가 권좌에 오르도록 도왔던 귀족들마저도 자신들의 경솔함을 후회하기에 이르렀다. '거만하다'는 뜻인 수페르부스라는 이름이 두 번째 타르퀴니우스의 횡포한 통치를 민심이 어떻게 받아들였는지를 잘 보여준다.

국내에서 압제를 휘두르던 그가 믿었던 것은 외국의 동맹이었다. 타르퀴니(Tarquinii)의 에트루리아인들과 그들의 동맹 도시들이 그의 친구였다. 그들은 라틴계 도시 가운데서도 로마의 원로원과 시민들을 견제할 힘을 모으길 원했다.

타르퀴니우스 프리스쿠스(Tarquinius Priscus)와 세르비우스의 지혜가 모든 라틴 이름들을 로마와 연결시켰다. 그리하여 로마가 라티움의 최고 도시가 되었다. 마지막 타르퀴니우스는 그런 연결을 더욱 공고히 했다. 그는 투스쿨룸(Tusculum)의 족장 옥타비우스 마밀리우스

(Octavius Mamilius)에게 딸을 주어 결혼하게 했으며, 라틴 민족들을 특히 좋아했다. 그러나 라틴 민족들이 민족의 문제들을 논의하기 위해 알바의 산밑의 페렌티노 숲에서 연 총회에서 아리키아(Aricia)의 투르누스 헤르도니우스(Turnus Herdonius)가 벌떡 일어나서 그에게 불리한 발언을 했다. 그러자 타르퀴니우스가 그를 배신자라고 비난하면서 그에게 불리하게 증언할 가짜 목격자들을 데려왔다. 그 왕이 라틴 민족 사이에 매우 막강한 존재였기 때문에 그 총회에 모인 라틴 민족 지도자들은 자기 동포를 페렌티노의 물에 빠뜨려 죽이면서까지 타르퀴니우스의 명령에 복종했다.

타르퀴니우스는 라틴 민족과 함께 볼스키족을 상대로 전쟁을 벌여 수에사(Suessa)를 점령했으며, 거기서 수많은 전리품을 챙겼다. 그는 자기 아버지와 세르비우스 왕의 예를 모방하여 위대한 건축물을 건설하는 일에 그 전리품을 썼다. 대大 타르퀴니우스의 경우에는 타르페이아 바위 쪽을 더 높이 쌓고 산꼭대기를 평평하게 다져 주피터 신전의 토대로 삼았으나 그 건물을 완공하지는 못했다. 이제 타르퀴니우스 수페르부스는 티투스 타티우스의 시대 이후도 그곳에 있던 사빈족 신들의 신전과 사당을 모두 철거했다. 그럼에도 젊음의 여신과 경계신境界神 테르미누스(Terminus)는 자신들의 위치를 그대로 지켰다. 거기엔 절대로 시들지 않는 활력을 누리고 싶고, 제국의 경계선이 결코 줄어들지 않았으면 좋겠다는 로마 사람들의 염원이 담겨 있었다.

타르퀴니우스 수페르부스는 타르페이아 꼭대기에 주피터와 유노,

미네르바를 공동으로 섬기는 장엄한 신전을 지었다. 그 이후로 사투르니아 산의 이 부분은 '중요한 곳'이라는 의미로 카피톨이라 불렸고, 윗부분은 '성채'라는 뜻으로 아르크스(Arx)라 불렸다. 그는 그 신전을 설계할 건축가들을 에트루리아에서 데려왔으나 로마 사람들에게는 자신을 위해 무임으로 일하도록 강제했다.

그러던 어느 날 이상한 여인이 그 왕 앞에 나타나 책을 아홉 권 살 것을 요구했다. 그가 거절하자 그 여인은 돌아가 9권 중 3권을 태우고 나머지 6권을 다시 왕 앞에 가져와 같은 값에 사라고 제안했다. 그가 그런 그녀를 비웃으며 다시 거절하자, 그녀는 그 전과 똑같이 그 자리를 떠나 3권을 더 태운 뒤 왕 앞으로 와서 같은 값에 살 것을 또다시 요구했다. 이제 왕도 그녀의 끈덕진 행태를 이상히 여겨 예언가들에게 그게 무슨 뜻인지를 물었다. 그러자 예언가들은 어떤 수를 써서라도 나머지 3권을 사라고 조언하면서 9권을 모두 사지 않은 것은 왕의 실수라고 전했다. 그 책들이 시빌(무당)들의 책으로 중요한 비밀을 담고 있다는 이유에서였다. 그리하여 그 책들은 카피톨의 지하에 돌로 만든 궤에 간직되었으며, 그 책을 지키는 책임자로 임명된 두 사람이 나라가 위기에 처할 때마다 책의 내용을 참고했다.

타르퀴니우스의 권력을 부인했던 유일한 라틴 도시는 가비(Gabii)였다. 그러자 그 왕의 막내 아들 섹스투스는 자기 아버지를 위하여 그 도시를 손에 넣기로 약속했다. 그리하여 그는 로마를 빠져나가 가비에 모습을 드러냈다. 그곳에서 그는 자기 아버지의 학정에 대해 불만을 털어놓으며 보호를 간청했다. 그러자 가비 사람들은 그를 믿고

그들의 도시로 데려갔으며, 어느 정도 세월이 흐르자 그를 신뢰하여
군사령관에 앉혔다. 이어 그의 아버지가 여러 차례 작은 전투에서 그
에게 패하자 그에 대한 가비 사람들의 신뢰는 더욱 두터워졌다.

그런 다음에 그는 자기 아버지에게 밀사를 보내 가비 사람들이 복
종하도록 만들기 위해서 어떻게 해야 하는지를 물었다. 그때 타르퀴
니우스 왕은 그 밀사에게 아무 대답도 하지 않은 채 그저 정원을 위
아래로 걸으면서 지팡이로 키가 가장 큰 양귀비의 목을 치기간 했다.
마침내 밀사도 지쳐 그냥 섹스투스에게 돌아가 타르퀴니우스 왕이
하던 행동을 그대로 전했다. 그러자 섹스투스는 자기 아버지가 뜻한
바를 이해하고는 지휘관 모두에게 누명을 씌어 일부는 사형에 처하
고 일부는 추방했다. 결국 무방비 상태에 놓이게 된 가비를 섹스투스
는 자기 아버지에게 넘겼다.

타르퀴니우스가 카피톨에 자신의 신전을 건설하는 동안에 이상한
조짐이 한 가지 나타났다. 뱀 한 마리가 기어 나와 저 단에 있던 제물
들을 다 삼켜버린 것이다. 그러자 왕은 에트루리아 예언가들의 해석
에 만족하지 못하고 델포이 신전으로 사람들을 보내 신탁을 청하도
록 했다. 그가 보낸 사람들은 그의 아들 티투스와 아룬스(Aruns), 그
의 여형제의 아들 L. 유니우스(Junius)였다. 이중 유니우스는 자기 외
삼촌의 질투를 피하기 위해 덜떨어진 사람으로 행세하고 있었으며,
그 때문에 '멍청이'라는 뜻의 브루투스(Brutus)로 불렸다.

신탁이 내린 대답은 셋 중에서 자기 어머니와 가장 먼저 입을 맞추
는 사람에게 로마의 최고 권력이 돌아간다는 것이었다. 그러자 타르

퀴니우스 왕의 두 아들은 집에 돌아가자마자 어머니와 입을 맞출 사람을 제비뽑기로 정하기로 합의를 보았다. 그러나 브루투스의 생각에는 그 신탁에는 다른 의미가 들어 있는 것 같았다. 그래서 그는 이탈리아 땅에 닿자마자 돌에 걸려 넘어지듯 엎어지면서 땅바닥에 입을 맞추었다. 그에게는 대지야말로 죽음의 운명에 처한 모든 것의 진정한 어머니였던 것이다.

타르퀴니우스의 두 아들이 사촌 L. 유니우스 브루투스와 함께 돌아왔을 때 그 왕은 아르데아의 루툴리아 사람들과 전쟁을 벌이고 있었다. 왕은 아르데아를 무력으로 점령할 수 없는 상황이었기에 봉쇄작전을 펴지 않을 수 없었다. 로마 병사들이 아르데아 앞에 주둔하고 있는 동안에 그 젊은이들은 밤이면 술에 빠져 지냈다. 어느 날 밤에 잔치가 벌어졌다. 거기에는 그 왕의 셋째 아들인 섹스투스, 또 왕의 삼촌인 에게리우스(Egerius)의 아들로 콜라티아(Collatia)의 총독이던 콜라티누스(Collatinus)도 참석했다. 곧 그들은 아내들의 인간 됨됨이를 놓고 언쟁을 벌이기 시작했다. 모두가 자기 아내가 최고라고 우겼다. 그러자 콜라티누스가 이렇게 제안했다. "그렇다면, 우리 모두 말을 타고 가서 자기 아내가 뭘 하고 있는지 확인하도록 하세. 그들이 지금 이 순간에 우리가 나타날 것이라고는 전혀 예상하고 있지 않을 것이기 때문에 우리 모두가 진실을 알게 될 걸세." 모두가 동의하고 로마로 말을 몰았다. 그곳에서 그들은 한 사람만 빼고는 모두가 잔치를 벌이고 있는 것을 확인했다. 그들이 콜라티아로 갔을 때, 콜라티누스의 아내 루크레티아만이 다른 사람처럼 잔치에 빠지지 않고 하녀들

틈에 앉아 양모를 손질하고 있었다. 그래서 그들 모두는 루크레티아가 가장 훌륭한 아내라는 데 동의했다.

루크레티아는 당시 로마의 장관을 맡은 귀족 스푸리우스 루크레티우스(Spurius Lucretius)의 딸이었다. 왕들이 전쟁에 나갈 때에는 자기 나라에 왕의 이름으로 모든 일을 처리할 최고 책임자를 남겨두는 것이 관례였으며, 그에 따라 루크레티우스가 장관으로 임명되었다.

그러나 왕의 아들 섹스투스는 아리따운 루크레티아를 보는 순간 홀딱 반해 그녀에게 욕정을 품었다. 며칠 지나서 그는 다시 콜라티아로 왔다. 루크레티아는 그를 남편의 사촌이자 친구로 따뜻하게 맞이했다. 그러나 한밤중에 그는 잠자리에서 일어나 그녀의 침대로 몰래 기어들어갔다. 그때 그의 오른손에는 칼이 쥐어져 있었다. 그는 왼손을 그녀의 가슴에 얹으면서 자신의 사악한 욕정에 따르라고 명령했다. 순순히 따르지 않으면 그가 그녀를 죽인 뒤 노여를 그녀의 옆에 뉘어놓고 간통 현장을 목격하고 살해했노라고 선언할 터였다. 그녀는 수치심에서 어쩔 수 없이 몸을 맡겼으며, 섹스투스는 지저분한 짓을 끝낸 뒤 주둔지로 돌아갔다.

이어 루크레티아는 로마로 자기 아버지를, 아르테아의 주둔지로 자기 남편을 부르러 급히 사람을 보냈다. 그녀의 아버지와 남편이 서둘러 루크레티아에게로 왔다. 루크레티우스는 P. 발레리우스(Valerius)를, 콜라티누스는 자기 사촌 L. 유니우스 브루투스를 각각 데리고 왔다. 그들이 루크레티아에게 안부를 물었다. 그러자 그녀는 그들에게 자신에게 벌어진 일을 흐느끼며 털어놓았다. "하지만 수치를 당한 것은 저의 육체뿐입니다. 저의 의지는 그런 행위에 동의하지 않았습니다. 그러므로 비열한 인간 섹스투스에게 보복을 해주길 바랍니다. 저를 말할 것 같으면, 비록 가슴은 죄를 저지르지 않았지만 더는 살 수 없습니다. 아무도 루크레티아를 보고 부정하게 삶을 살았다고 말하지는 못할 것입니다." 이 말과 함께 그녀는 칼을 끄집어내 자신의 심장을 찔렀다.

15세기 이탈리아 화가 산드로 보티첼리의 작품 '루크레티아의 죽음'

그 장면을 보고 그녀의 아버지와 남편이 비명을 질렀다. 그러나 브루투스는 그녀의 심장에서 칼을 뽑은 뒤 똑바로 들고 이렇게 말했다. "이 순결한 피로 나는 신들 앞에서 '거만한' 타르퀴니우스와 인면수심인 그의 가족들을 불과 칼 등 가능한 온갖 수단으로 몰아낼 것을 맹세하노라. 앞으로는 그들만 아니라 다른 누구도 로마에서는 왕이 되지 못해." 그런 뒤 그는 그 칼을 콜라티누스와 루크레티우스, 발레리우스에게 차례로 넘겼다. 그들도 똑같이 맹세를 했다. '멍청이' L. 유니우스로부터 그런 맹세의 말을 듣는 느낌은 참으로 이상했다. 그들은 루크레티아의 시신을 포룸으로 옮긴 뒤 콜라티아 주민들에게 전제군주에 맞서 봉기할 것을 호소했다. 이어서 그들은 도시의 성문에 경비병을 세우고 그 일에 관한 소식이 타르퀴니우스 왕에게는 절대로 들어가지 않도록 차단했다. 그들은 콜라티아의 젊은이들을 이끌고 로마로 향했다. 그곳에서 기병대 대장이던 브루투스가 사람들을 집합시켜놓고 그 사건에 대해 설명하고 루크레티우스와 콜라티누스에게 가해진 수치를, 전제군주들의 학정으로 당한 고통을 타르퀴니우스 가문에 복수하자고 외쳤다. 거기서 타르퀴니우스와 그의 가족들을 추방하자는 안이 통과되었다. 젊은이들은 왕의 군대와 맞서는 브루투스를 따르겠다고 선언했으며, 나이 많은 사람들은 그 도시의 장관이던 루크레티우스의 통치를 따르기로 결정했다. 이 소동의 와중에 사악한 툴리아(Tullia)가 집에서 달아나면서 모든 사람의 저주를 받았다.

이런 소식이 전해지자 왕은 서둘러 로마로 향했다. 브루투스 또한 아르데아의 주둔지를 향해 출발했다. 그는 삼촌인 왕과 부딪히지 않도록 길을 돌아갔다. 그래서 그도 아르데아의 주둔지에 도착했고, 왕도 로마로 돌아왔다. 당시 아르데아에 있던 로마인들은 모두 브루투스를 환영하면서 왕의 아들을 주둔지에서 몰아냈다. 그러나 로마 시민들은 왕이 들어오지 못하도록 문을 닫아버렸다. 그래서 왕은 로마로 들어가지 못하고 말았다. 그 길로 타르퀴니우스 왕은 아들 티투스와 아룬스를 데리고 망명길에 올라 에트루리아의 카이레(Caere)에서 살았다. 그러나 섹스투스는 예전에 통치했던 가비로 달아났다가 그 옛날의 잔혹한 행위 때문에 그곳 주민들에게 살해당했다.

타르퀴니우스 수페르부스가 로마에서 추방당한 것은 통치 22년만의 일이었다. 그리고 이 사건을 기념하여 매년 2월 24일에 레지푸지움(Regifugium: '왕의 도주' 라는 의미)이라는 축제가 열렸다.

귀족들은 평민들을 만족시키기 위해 세르비우스 왕이 민중의 편에서 실시했던 조치들을 일부 복구하기로 동의했다. 또 최고 행정부와 관련하여 세르비우스가 품었던 뜻을 따르기로 결정했다. 즉 해마다 행정 장관을 2명 선출하여, 그들에게 통치 동안에는 왕과 똑같은 권력을 부여하는 것이었다. 이것이 훗날 집정관이라는 이름으로 알려지는 바로 그 직책이었다. 그러나 고대에는 그 직위가 '프라이토르'(Praetor)로 불렸다. 그들은 켄투리아회에서 선출되었으며, 쿠리아회가 부여한 최고 권력을 가졌다. 그들은 가장자리를 보라색으로 장식한 의복을 입고 상아를 박은 의자에 앉았으며, 각각 릭토르(lictor: 죄인을 다스리던 관리) 12명의 시중을 받았다. 릭토르들은 집정관이 왕들을 계승한 존재로서 갖는 생生과 사死에 대한 권력의 증거로 막대기 다발 속에 도끼를 끼워 만든 권위의 표장들을 들었다. 하지만 이 권력을 행사하는 사람은 언제나 한 사람 뿐이었다. 그 표시로 그 외의 다른 동료 행정 장관의 표장에는 도끼가 들어 있지 않았다. 각 장관은 최고 권력(임페리움)을 1개월씩 번갈아가며 행사했다.

첫 번째 집정관은 L. 유니우스 브루투스와 L. 타르퀴니우스 콜라티누스였다. 새로운 집정관들은 원로원을 3백 명으로 채웠다. 새로 원로원에 뽑힌 사람은 '콘스크리프티'(Conscripti)라 불린 반면에 기존의 원로원 의원은 '파트레스'(Patres)라는 이름을 그대로 지켰다. 그렇기 때문에 의장이 전체 의원을 다 부를 때에는 '파트레스, 콘스크리프티'라고 불러야 했다. 그러나 세월이 흐르면서 구분이 흐릿해졌고, 전체 원로원을 부를 때에는 '파트레스 콘스크리프티'라는 하나의 이름만 사용되었다.

왕이라는 호칭은 혐오의 대상이 되었다. 그러나 왕에 의해서만 행해져야 하는 제식이 있었다. 그렇기 때문에 그 형식을 지켜나가기 위해 '제사왕'이라는 뜻으로 렉스 사크로룸(Rex Sacrorum)이라는 타이틀을 가진 사람이 선출되었다. 그러나 그 사람까지도 대신관大神官의 권위 아래에 놓였다.

타르퀴니우스 왕은 추방당한 뒤에 로마로 사자使者를 보내 자신의 재산을 돌려줄 것을 요구했다. 이에 원로원은 청원이 받아들여져야 한다는 내용의 포고령을 내렸다. 그러나 그 왕의 사절들이 로마에 머물면서 타르퀴니우스의 총애를 받던 사람들의 마음을 흔들어놓았다. 급기야는 그를 다시 왕으로 추대하려는 음모가 꾸며지기도 했다. 그런 음모를 꾸민 사람들 중에는 집정관 브루투스의 아들인 티투스와 티베리우스(Tiberius)가 포함되어 있었다. 그들은 왕의 사절들에게 편지를 건넸다. 그러나 그들이 만나던 장소에 어떤 노예가 숨어 있다가 우연히 그들의 음모를 엿듣게 되었다. 그 노예는 집정관들에게 가서 모든 내용을 다 털어놓았다. 그러자 집정관이 왕의 지지자들이 쓴 편지를 소지하고 있던 사절들을 체포했다. 즉각 범인들이 체포되었다. 그러나 사절들에게는 자기 도시로 돌아가는 것이 허용되었다. 사절들의 존재가 신성한 것으로 여겨졌기 때문이다. 타르퀴니우스 왕의 소유물들은 사람들이 약탈해가도록 버려졌다.

이어 배신자들이 집정관 앞으로 끌려갔다. 그곳에 나온 사람들 모두의 가슴을 아프게 만드는 장면이었다. 그 이유는 그들 틈에 로마 시민들의 해방자이며 첫 번째 집정관인 L. 유니우스 브루투스의 아들이 포함되어 있었기 때문이다. 이제 모든 사람이 브루투스가 조국을 얼마나 사랑하는지를 눈으로 똑똑히 보았다. 그가 모든 배신자들을 사형에 처하라고 릭토르에게 명령을 내렸기 때문이다. 그는 자기 아들을 맨 먼저 사형에 처하도록 했다. 그때 사람들은 그의 얼굴에서 로마의 최고 행정 장관으로서의 임무와 아버지로서의 감정 사이의 갈등을 똑똑히 볼 수 있었다. 사람들이 그를 칭송하고 존경하는 마음이 강했던 그만큼 그에게 동정심을 더 강하게 느꼈다.

그런 다음에 타르퀴니우스의 피붙이는 한 사람도 로마에 남을 수 없다는 칙령이 선포되었다. 집정관이던 콜라티누스도 타르퀴니우스가의 후손이었기 때문에 할 수 없이 직책을 포기하고 콜라티아로 돌아가야 했다. 그를 대신하여 P. 발레리우스(Valerius)가 시민들에 의해 집정관으로 선출되었다. 이것이 타르퀴니우스 수페르부스를 복귀시키려던 첫 번째 시도였다.

그 음모가 실패한 것을 목격한 뒤 타르퀴니우스는 타르퀴니(Tar-quinii)와 베이(Veii)의 사람들에게 자기와 함께 힘을 모아 로마 사람들과 전쟁을 벌이자고 제안했다. 집정관들이 그들에게 닥쳤다. 발레리우스는 본대를 지휘하고, 브루투스는 기병을 지휘했다. 그리고 왕의 아들 아룬스가 적의 기병을 이끌었다. 아룬스는 브루투스를 향해 말의 박차를 가했다. 브루투스도 전투를 피하지 않았다. 그래서 두 사람은 창을 겨냥한 채 서로를 향해 말을 달렸다. 너무나 격렬한 충돌이 벌어졌다. 서로의 창이 상대의 가슴에서 등까지 관통했다. 둘 다 말에서 떨어져 죽었다.

이어서 병사들의 전투가 벌어졌다. 승리도 아니고 패배도 아닌 전투였다. 한밤중에 에트루리아 인들에게 어떤 소문이 들렸다. 정복자들이 로마인들이라는 것이었다. 그 소리에 적들은 밤에 다 달아나 버렸다. 로마인들이 아침에 일어났을 때는 그들에게 맞서는 사람이 하나도 없었다. 그들은 브루투스의 시신을 수습하여 고국으로 돌아가 성대한 의식과 함께 묻었다. 로마의 기혼 부인들은 그의 죽음을 1년 내내 슬퍼했다. 그가 바로 루크레티아의 모욕을 복수한 인물이었기 때문이다. 그리하여 타르퀴니우스를 복위시키려던 두 번째 시도도 좌절되었다.

브루투스의 죽음 이후, 푸블리우스 발레리우스는 한동안 혼자서 시민들을 다스렸다. 그는 포룸이 내려다보는 벨리아(Velia)라는 산마루에 집을 짓기 시작했다. 그러자 사람들이 그가 스스로 왕이 되기를 원한다고 생각하게 되었다. 이런 소문이 들리자, 그는 시민들의 회의를 소집한 뒤에 권장의 도끼를 뽑아내고 권장을 낮춘 가운데 그들 앞에 나타났다. 그 뒤로는 집정관을 보필하는 릭토르들이 도시 안에서는 도끼가 없는 권장을 드는 것이 관례가 되었다. 이제 집정관에게는 외국에 군대를 끌고 나갈 때를 제외하고는 삶과 죽음을 관장할 권력이 없어졌다. 그러면서 그는 벨리아 산마루에 짓던 집을 허물고 그 언덕 아래에다가 지었다. 또한 그는 모든 로마 시민들이 최고 행정장관의 판단에 반대하여 다른 사람들의 뜻을 결집할 수 있게 하는 법들을 통과시켰다. 그런 업적 때문에 그는 사람들의 존경을 한 몸에 받았으며, '시민들의 친구'라는 뜻으로 포퓰리콜라(Populicola)라 불렸다.

이 일이 있은 뒤에 발레리우스는 켄투리아회를 소집하여 루크레티우스의 아버지 Sp. 루크레티우스를 브루투스의 후임으로 선출했다. 그러나 Sp.루크레티우스는 나이가 많았던 탓에 집정관을 오래 지내지 못하고 세상을 떠났다. 그를 대신하여 선택된 인물이 M. 호라티우스였다.

타르퀴니우스가 카피톨에 짓기 시작했던 그 신전은 봉헌조차 되지 못하고 있었다. 이제 발레리우스와 호라티우스가 제비뽑기로 봉헌자를 결정하기로 했다. 그 임무는 호라티우스에게 돌아갔다. 그러자 발레리우스의 친구들이 투덜거렸다. 그들은 호라티우스가 그런 명예를 누리지 못하도록 막기를 원했다. 그가 신전의 문설주에 손을 얹고 축성의 기도를 올리고 있을 때, 전령이 나타났다. 전령이 전한 내용은 그의 아들이 이제 막 죽었으며, 아들의 죽음을 당한 사람은 신전의 축성을 제대로 할 수 없다는 것이었다. 그러나 호라티으스는 계속 자신의 손을 문설주에 얹은 채 사람들에게 아들의 매장을 돌봐달라고 부탁한 뒤 축성 의식을 끝냈다. 이리하여 그는 자기 자식보다 신들을 더 명예롭게 여기는 것으로 드러났다. 그 이듬해에도 발레리우스는 T. 루크레티우스와 함께 집정관이 되었다.

반면 타르퀴니우스는 베이와 타르퀴니의 친구들이 코인 도움의 손길에 실망한 나머지 티베르 강으로 흘러들어가는 클라니스(Clanis) 강변의 도시 클루시움(Clusium)의 라르스 포르세나(Lars Porsenna)에게 갔다. 그때 포르세나는 에트루리아인들의 도시 12개의 대표자로 알려져 있었다. 그는 막강한 군대를 조직하여 로마로 갔다. 그의 진격 속도는 대단히 빨랐다. 그가 티베르 강에 신속히 도착했기 때문에 아마 수블리초 다리(Sublician Bridge)를 건너기만 했다면 로마는 파괴되었을 수도 있었을 것이다.

그때 로마에 살던 호라티우스 코데스(Horatius Codes)라는 루케레스 부족 출신의 귀족이 자신의 두 친구 Sp. 라르티우스(Lartius)와 헤르미니우스(Herminius)와 함께 다리 끝에 버티고 서서 에트루리아인 무리가 그곳을 통과하지 못하도록 막았다. 그 사이에 로마인들은 그들 뒤의 다리를 끊고 있었다. 다리가 거의 끊어질 즈음 친구 두 사람은 다리를 건너 후퇴했으나 호라티우스만은 혼자 남아 적들의 공격을 막고 있었다. 그는 자신의 방패에 화살이 비 오듯 쏟아지는 가운데서도 꼿꼿이 서서 적들을 막고 있었다. 이제 마지막 교각이 강물 속으로 쓰러졌다. 그러자 그는 "아버지 강 티베르여, 저를 받아 저쪽으로 옮겨주소서!"라고 기도를 올리며 물속으로 뛰어들었다가 건너편에 안전하게 닿았다. 로마인들은 그를 크게 존경했다. 그들은 코미티움에 그의 조각상을 세우고, 그에게 자신의 힘으로 하루 동안 걸을 수 있는 넓이만큼의 땅을 주었다. 로마의 주민들 모두가 그에게 보답하기 위해 하루치 식량만큼의 돈을 내놓았다.

포르세나는 로마를 기습 공격하려던 노력이 깨어진 데 실망하여 야니쿨룸 언덕(Janiculum Hill)을 차지하고 그 도시를 포위했다. 그 결과 로마의 시민들이 기근에 시달리게 되었다. 그러자 귀족 젊은이 C. 마키우스(Macius)가 포르세나 왕을 죽여 자기 나라를 구하기로 작정하고 왕이 재판을 할 때 앉곤 하던 곳으로 갔다. 그때 그곳에서는 군인들이 왕의 대신(secretary)으로부터 월급을 받고 있었다. 그런데 그 대신의 옷차림이 너무 화려했기 때문에 마치 그가 최고 권력자처럼 보였다.

마키우스는 이 사람이 왕임에 틀림없다고 판단하고 그의 심장을 찔렀다. 그러자 경호원들이 그를 체포하여 왕 앞으로 끌고 갔다. 크게 격노한 왕이 경호원들에게 그가 음모를 다 털어놓지 않을 경우에는 산 채로 불태워 죽이라고 명령했다. 그러자 무키우스가 왕 앞에 똑바로 서서 "그 따위 시시한 고문으로는 용감한 자가 비밀을 털어놓도록 만들 수는 없는 법이네."라고 말하며 자신의 오른손을 제단의 불속에 집어넣고는 미동도 하지 않았다. 이제 왕이 그의 용기에 깜짝 놀라며 그를 구하여 안전한 곳으로 옮기라고 명령했다.

왕은 "자네야말로 진정으로 용기 있는 자로군. 나보다 자네 자신에게 더 큰 상처를 입혔군."이라고 말했다. 이에 무키우스는 "당신은 나를 위협한 것보다 자비를 베푼 것이 더 크다. 로마의 젊은이 3백 명이 그대의 죽음을 서약했다. 나의 순번이 첫 번째였을 뿐이다. 그러나 나머지 젊은이들도 나처럼 목숨을 버릴 준비가 되어 있다."라고 대답했다. 그는 풀려나 고향으로 돌아간 뒤에 오른쪽 팔이 불에 타 없어져 '왼손잡이'라는 뜻으로 스카이볼라(Scaevola)로 불렸다.

포르세나 왕은 가까스로 모면한 암살 위험에 크게 놀라는 한편으로 로마인들의 완강한 반대를 깨닫고는 평화조약을 제안했다. 로마인들도 기꺼이 그의 말에 귀를 기울였다. 로마인들은 갑박감을 많이 느낀 탓에 티베르 강 너머 에트루리아인들로부터 얻은 땅을 되돌려 주기로 합의했다. 또 그들은 약속을 틀림없이 지키겠다는 뜻으로 왕에게 젊은이 10명과 처녀 10명을 인질로 보냈다. 그런데 그 처녀 중 한 명인 클로일리아(Cloelia)가 강심장이었다. 그녀는 동료들을 설득시켜 왕의 진영에서 달아나 티베르 강을 헤엄쳐 건넜다. 처음에는 포르세나 왕도 격노했다. 그러나 그는 나중에 호라티우스와 무키우스의 용맹을 보았던 때보다 더 기뻐하게 되었다. 로마인들이 그 왕과의 신뢰를 깨뜨리고 싶지 않아 클로일리아와 그녀의 동료 처녀들을 다시 돌려보냈을 때, 왕은 그녀에게 집으로 돌아가라고 명령을 내렸다. 그러면서 왕은 볼모로 온 젊은이들 중에서 마음에 드는 사람들을 데려가도 좋다는 허락까지 내렸다. 그러자 그녀는 어린 스년들을 데려가 부모에게 돌려주었다.

로마인들은 젊은 무키우스에게 땅을 주고, 용감한 클로일리아를 위해서는 성도聖道에 말 탄 모습의 조각상을 세워주었다. 그리고 포르세나 왕은 자기 나라로 돌아갔다. 이리하여 타르퀴니우스를 복위시키려던 세 번째이자 가장 무서운 시도도 실패로 돌아갔다.

타르퀴니우스는 포르세나와 그의 에트루리아인 친구들로부터 추가 지원을 받기가 어렵게 되었다는 사실을 확인하고는 자신의 사위 마밀리우스 옥타비우스(Mamilius Octavius)가 여전히 족장으로 있던 투스쿨룸으로 가 거기서 살았다. 이어 라틴 도시 30곳이 서로 결합하고 옥타비우스를 절대 권력자로 받아들이고 자신의 옛 친구이자 동맹인 타르퀴니우스 왕을 로마의 권력자로 다시 앉히기로 결심했다.

'포퓰리콜라'로 불리던 P. 발레리우스는 이미 죽은 몸이었다. 로마인들은 라틴 군대에 맞서 자신들을 이끌어줄 만한 인물을 찾고 있었다. 포퓰리콜라는 집정관을 네 차례나 지낸 인물이었으며, 그의 동료들도 그를 자신들의 지배자로 인정했다. 모든 사람들이 그를 왕으로 생각하고 복종했다. 그러나 지금의 두 집정관은 서로를 질투하고 있었다. 하물며 그들에게는 도시 안에서의 생사여탈권조차 주어지지 않았다. 발레리우스가 권위의 표장에서 도끼를 뽑아버렸기 때문이다. 이는 브루투스를 비롯한 사람들이 한 사람의 왕 대신에 2명의 집정관을 두기로 한 이유의 하나이기도 하다. 사람들은 집정관 중 어느 한쪽도 상대방이 전제군주가 되도록 내버려두지 않을 것이라고 말했다. 집정관들이 한 번에 1년씩만 그 직책을 맡았기 때문에 임기가 끝날 때는 자신이 꾸린 정부에 대한 책임을 져야 했다.

이것이 평화가 이어지는 시대에는 자유를 위한 안전장치가 됨에도 불구하고, 전시에는 오히려 해로운 요소였다. 시민들이 회의를 통해 선출한 집정관들이 언제나 군사적 기술이 뛰어난 장군이지는 않기 때문이다. 아니면 집정관이 훌륭한 장군일지라도 연말이면 지휘권을 내놓아야 하기 때문이다.

그런 까닭에 원로원은 큰 위험이 닥친 경우에는 집정관 중 한 사람에게 한 명의 우두머리를 지명할 권한을 부여하기로 의결했다. 이 사람은 '백성들의 주인'이라는 뜻으로 딕타토르(dictator)로 불렸다. 이 사람은 도시 안이나 도시 밖에서 최고의 권력을 가졌으며, 그의 권장에는 예전에 왕의 것이 그랬던 것처럼 언제나 도끼가 끼어 있었다. 그는 단 6개월만 임명될 수 있었으나 임기가 끝날 시점에는 자신의 권력 행사에 아무런 책임을 지지 않아도 되었다. 그렇기 때문에 딕타토르는 자신의 판단에 따라 자유롭게 행동할 수 있었으며, 당장 그를 방해하고 나설 동료도 전혀 없었으며, 미래의 비난을 두려워할 이유도 전혀 없었다. 딕타토르는 총사령관이었으며, 자신의 책임 아래 놓인 기병들을 통제할 지휘관들을 임명했다. 이 지휘관들은 '기병총감'(master of the horse)으로 불렸다.

라틴 도시들이 공격적인 태도를 취할 때, 그들에 맞서 로마의 병사들을 통제할 막강한 권력을 가진 사람을 임명하는 것이 옳아 보였다. 그리하여 처음으로 임명된 딕타토르가 T. 라르티우스(Lartius)였으며, 그는 스푸리우스 카시우스(Spurius Cassius)를 '기병총감'으로 임명했다. 이것이 타르퀴니우스의 제명이 있고 8년 뒤인 B.C. 499년의 일이었다.

그리고 2년 뒤 라틴 도시들이 전쟁을 선포했다. 그러자 원로원이 다시 집정관에게 딕타토르를 임명하도록 명령했다. 이에 따라 집정관은 Aul. 포스투미우스(Postumius)를 딕타토르에 임명하고, 포스투미우스는 그 해의 집정관 중 한 사람이던 T. 아이부티우스(Aebutius)를 '기병총감'으로 임명했다. 그들은 로마 병사들을 이끌고 라틴 국가들의 군대에 대항했다. 그들은 투스쿨룸 사람들의 땅인 레길루스 호수에서 만났다. 타르퀴니우스와 그의 가족 모두는 라틴 도시들의 병력 속에 끼어 있었다. 그날 로마가 다시 그 독재자의 통치를 받을 것인지, 아니면 로마가 라틴 도시의 영주가 될 것인지 판가름 나게 되어 있었다.

타르퀴니우스 왕 본인은 늙었기 때문에 갑옷을 입고 라틴 병사들의 맨 앞에서 말을 타고 있었다. 그가 병사들을 지휘하던 로마의 딕타토르를 알아보고는 딕타토르를 향해 말을 몰았다. 그러나 포스투미우스가 그의 옆구리에 부상을 입혔다. 그는 라틴 병사들에게 구조되었다. 로마 측 '기병총감'인 아이부티우스와 라틴 측 독재자인 Oct. 마밀리우스(Mamilius)가 서로 격돌했다. 그 싸움에서 아이부티우스는 팔에 관통상을 입었고, 마밀리우스는 가슴에 부상을 입었다. 그러나 라틴 독재자는 조금도 굽히지 않고 다시 전투에 돌입했으며, 그의 뒤를 타르퀴니우스의 아들인 티투스가 망명객 무리들과 함께 따랐다. 이들이 로마 병사들에게 사납게 달려들자, 로마 병사들이 길을 열어 주었다. 그러나 위대한 포퓰리콜라의 형제인 M. 발레리우스가 이를 목격하고 자신의 창을 조준하며 말을 티투스 쪽으로 몰았다. 티투스가 몸을 돌려 달아날 때, 발레리우스가 그를 맹렬히 추격하다가 라틴 병사들 속으로 들어가고 말았다. 그때 라틴 병사가 그의 옆구리를 찔렀다. 이어 그가 말에서 떨어져 죽었다. 그의 말은 주인을 잃은 뒤에도 질주를 계속했다. 망명객 무리들이 로마 병사들을 더욱 맹렬히 압박해왔고, 로마 병사들은 패주하기 시작했다.

바로 그때 딕타토르 포스투미우스가 목소리를 높여 그리스인들의 위대한 쌍둥이 영웅인 카스토르와 폴룩스에게 도움을 간청하면서 자기를 도와주면 신전을 지어 봉헌하겠노라고 맹세했다. 그 기도에 대한 화답이었을까. 그때 그의 오른쪽에 기병 두 사람이 모습을 나타냈다. 인간의 아들보다 키가 더 훤칠하고 인물도 더 잘 생긴 사람들이었다. 말은 백설만큼이나 희었다. 그들이 망명객 무리들과 라틴 병사들 쪽으로 딕타토르와 그의 경호병들을 이끌었다. 갑자기 로마인들이 라틴 병사들보다 우세해졌다. 호라티우스 코클레스(Horatius Cocles)의 친구인 T. 헤르미니우스(Herminius)가 라틴 사람들의 독재자인 마밀리우스에게 돌진하여 그를 죽였다. 그러나 그가 적의 무기를 벗기는 동안에 다른 병사 하나가 그에게 돌진했다. 그는 다른 병사들에 의해 진영으로 옮겨진 뒤에 숨을 거두었다. 타르퀴니우스의 아들 티투스 역시 죽음을 당했고, 라틴 병사들은 달아났다. 로마 병사들은 그들을 추격하면서 엄청나게 많은 수를 죽였으며 주둔지와 그 안에 있던 모든 것을 챙겼다.

이제 포스투미우스는 라틴 주둔지로 가장 먼저 들어가는 병사에게 큰 보상을 약속했다. 그때 가장 먼저 주둔지를 뚫고 들어간 병사는 백마를 탄 두 사람의 기병이었다. 그러나 전투가 끝난 뒤 그들의 모습은 어디에도 보이지 않았다. 바위의 말굽 흔적 외에는 그들이 남긴 것은 아무것도 없었다.

바로 그 시각, 젊은이 2명이 백마를 타고 로마의 포룸으로 들어가고 있었다. 오랫동안 사투를 벌인 병사들처럼, 먼지와 땀과 피로 범벅이 된 상태였다. 그들의 말 또한 비지땀을 뒤집어쓰고 있었다. 그들은 베스타의 신전 가까운 곳에서 말을 내려 거세게 솟구치는 샘에서 목욕을 한 뒤 포룸의 사람들에게 레길루스 호수에서 벌어진 싸움에서 어떤 식으로 승리를 거두었는지를 들려주었다. 이어 말을 타고 사라진 뒤로 그들은 다시는 모습을 보이지 않았다.

그러나 포스투미우스는 그 이야기를 듣는 즉시 그들이 그리스인들의 쌍둥이 영웅 카스토르와 폴룩스였으며, 레길루스 호수에서 로마를 위해 훌륭하게 싸워준 인물이 바로 그들이라는 것을 알았다. 그래서 그는 자신의 서약대로 그들이 말에서 내린 포룸의 그 장소에 그들을 위한 신전을 세웠다. 로마의 동전에도 그들의 모습이 새겨졌다.

이것이 타르퀴니우스 왕을 복위시키려던 네 번째이자 마지막 시도였다. 레길루스 호수에서 대패한 뒤 라틴 도시들은 로마와 평화조약을 체결하고 옛 왕에 대한 보호를 거부하기로 합의했다. 그러자 타르퀴니우스는 아들 모두를 잃은 채 충직한 친구 몇 명을 데리고 나폴리만의 그리스 도시 쿠마이로 가서 독재자 아리스토데모스(Aristodemus)의 궁전에서 마지막 피난처를 구했다가 1년도 되지 않아 죽었다. 추방되고 14년 후의 일이었다.

지금 우리는 로마인들이 이웃들에 대한 지배권을 힘들게 되찾아가는 과정을 기록할 뿐 아니라 평민들이 자신들의 처지를 귀족의 수준으로 끌어올리는 오랜 투쟁을 기록하고 있다. 전설 같은 이야기와 역사가 버무려져 있음에도 불구하고, 용감한 사람들이 가치 있는 목표를 정하고 그것을 끈기 있게 추구하면서도 무모한 폭력으로 훌륭한 명분을 깨뜨리지 않는 과정은 사람들의 관심을 불러일으키기에 충분하다. 특히 영국인에게 로마인들의 역사가 훌륭하게 느껴진다. 영국의 보통 사람들이 단호한 결의와 온건한 기질, 고귀한 자제력으로 자신들의 권리를 찾아간 단계와 아주 많이 닮았기 때문이다. 로마인들의 성격이 강건함과 에너지가 넘치는 개성을 띠게 된 것도 1세기 반을 통한 이런 투쟁의 산물이었다. 그런 힘이 있었기에 카르타고의 장군 한니발을 아프리카 해안으로 내쫓을 수 있었고, 그리고 반세기 뒤에 지중해 연안의 맹주로 떠오를 수 있었던 것이다.

타르퀴니우스의 추방에 이어 벌어진 전쟁들이 영토 상실과 더불어 로마의 모든 시민들에게 대단한 절망감을 안겨주었다는 사실에는 의문이 여지가 없다. 그러나 가장 심하게 고통을 받은 사람들은 평민이었다. 그 당시 평민들은 크고 작은 지주와 농부들로 구성되어 있었다. 교역과 기계를 다루는 일은 자유의 몸으로 태어난 사람들이 할 만한 일이 아닌 것으로 여겨졌기 때문이다. 평민들 중 일부는 귀족들만큼 부유했다. 그러나 평민들 대부분은 소박한 자작농이었다. 그들은 자그마한 농장에서 나오는 산물을 먹고 살았으며, 오직 자신의 노동과 근면과 성실로만 생계를 유지했다. 대부분의 평민들은 넓은 평원 곳곳에 형성된 마을과 작은 도시에서 살았다.

반면에 귀족들은 주로 도시에 거주했다. 그때만 해도 노예의 숫자가 적긴 했지만 귀족들은 농장 경작에 예속 평민들의 노동을 이용할 수 있었다. 그들은 예속 평민들을 통한 교역과 공예로 이익을 얻을 수도 있었다. 귀족들에게는 이런 부의 원천 외에도 공공의 땅을 독점적으로 이용할 권한이 있었다. 이 땅은 왕을 추방한 뒤에 국가로 몰수된 것이었다. 귀족들은 그 땅에 대한 실질적 권리를 행사하면서도 그 대가로 아주 적은 지대地代를 내놓았다.

이밖에 군대 복무도 부유한 지주냐 자작농이냐에 따라 크게 달랐다. 자작농의 경우에는 순서가 되어 여름철 전투에 칼과 창을 들고 나서야 할 때면 농장을 돌보지 못하고 내버려둬야 했다. 그러면 그의 농작물은 이웃들의 도움으로 거둬들이는 수밖에 없었다. 반면에 부유한 지주들은 예속 평민이나 고용 노동자들을 군사작전에 대신 내보낼 수 있었기 때문에 자신의 땅을 계속 돌볼 수 있었다. 더욱이 로마의 영토가 매우 좁아 적들의 국경선이 손을 뻗으면 닿을 거리에 있었기 때문에 자작농들은 하룻밤 사이에 거지로 나앉을 수도 있었다. 농작물이 파괴되고, 가축들을 도둑맞고, 농가가 약탈로 불타기 일쑤였기 때문이다. 귀족들과 평민들이 똑같은 불운에 노출되었던 것은 사실이다. 그러나 부富가 언제나 약간의 방패가 되어주기 마련이다. 돈이 많은 사람들은 자신의 가축을 숨길 공간을 별도로 마련해 둘 수도 있는 문제이다. 그런 공간을 이용하면 귀족들과 그들의 예속 평민들은 고립되어 살던 자작농을 파괴하는 폭풍도 피할 수 있었다.

타르퀴니우스가 추방되고 난 뒤 한동안 귀족들에게는 평민들을 너 그럽게 다룰 필요가 있었다. '평민들의 왕' 세르비우스가 실시했다가 타르퀴니우스에 의해 파기되었던 제도들이 일부 부활되었다. 심지어 최초의 집정관 중 한 사람은 평민이었으며, 이 사람이 지도급 평민 몇 사람을 원로원 의원으로 선택하기도 했다. 그러나 포르세나가 죽고 타르퀴니우스에 대한 공포가 걷히고 나자 평민들에게 잘 보이려던 움직임 또한 모두 사라졌다. 집정관은 여전히 켄투리아회에서 선출되고 있었지만 임페리움을 부여하는 권한은 쿠리아회에 있었다. 이는 곧 더 큰 기관의 표결에 거부권을 행사할 수 있는 권한이 쿠리아회에 있었다고 볼 수 있는 것이다. 초기 집정관들의 면면을 보면 공화정 첫 해를 빼고는 모두 귀족들이다. 그러나 만약 어떤 집정관이 평민을 더 챙기는 성향을 보일 경우에는 딕타토르의 임명을 통해 그의 권력을 중지시킬 수 있는 권한이 원로원과 귀족에게 있었다. 이리하여 실질적으로는 귀족 의원들이 다시 로마의 정치 조직이 되었다.

여기서는 이 통치 조직이 배타적인 계급이었다는 점을 잊지 말아야 한다. 즉 그 조직은 제한된 수의 귀족들로 이뤄졌으며, 이들은 자기 가족이 귀족 아닌 사람과 결혼하는 것도 허용하지 않았다. 귀족과 평민 혹은 귀족과 예속 평민 사이에 태어난 아이는 합법적인 결혼관계에서 태어난 자식으로 받아들여지지 않았다. 한쪽 부모의 피가 제아무리 훌륭하다 하더라도, 그 아이는 다른 한쪽 부모의 낮은 지위로 떨어지고 만다. 귀족과 열등한 계급의 사람 사이에는 '결혼권'이 전혀 없었던 것이다. 인간 세상에서 그런 구속보다 더 비인간적인 것이 있을까. 그런 금지는 그것을 특권으로 여기는 사람들에게조차도 해롭다. 결혼을 배타적인 울타리 안으로 국한시킬 경우 그 가족 모두는 결국엔 멸종하게 된다. 그런 결혼을 통한 후손들은 체력과 정신적 건강에서 점점 더 뒤떨어지기 때문이다. 로마의 입장에서는 무척 다행하게도, 귀족들이 별도의 계급을 오랫동안 유지할 수 없게 되었다.

그럼에도 불구하고 평민들이 개인적 고통을 심각하게 받아들이지 않았거나, 로마의 어떤 엄격한 법이 평민들로 하여금 정치 조직의 구성원이 되어야겠다는 자각을 심어주지 않았다면, 그들은 아마 사회적, 정치적 열등의 상태에 오랫동안 복종했을지도 모른다.

여기서 말하는 그 엄격한 어떤 법이란 바로 채무자와 채권자에 관한 법을 말한다. 만약 어떤 로마인이 돈을 빌린다면 그는 채권자와 정한 날짜에 빚을 갚겠다고 계약을 맺는 것이다. 만약 그 날에 그 사람이 의무를 이행하지 못하게 되면, 그는 귀족 재판관 앞에 출두해야 한다. 이 재판관에겐 빚을 제때 갚지 못한 사람을 채권자의 노예로 만들 권한이 주어졌다. 말하자면 채무자는 돈으로 갚지 못하는 금액을 육체노동으로 갚아야 하는 것이다. 만약 어떤 사람이 이런 형식적인 계약을 맺지 않은 가운데 빚을 지게 되면 그 규칙은 훨씬 더 가혹하다. 그런 경우에는 빚을 정해진 날짜로부터 30일이 지날 때까지 갚지 못하면 채권자는 채무자를 체포하여 쇠고랑을 채운 뒤 30일 동안 그 사람에게 빵과 물만을 먹일 권한을 가졌다. 그런 뒤에도 돈을 받지 못할 경우 채권자는 채무자를 죽이거나 가장 비싼 값을 부르는 사람에게 노예로 팔아넘길 수도 있었다. 채권자가 여럿일 경우에는 채권자들이 채무자의 몸을 여러 개로 토막을 낼 수도 있었다.

채권자는 대부분이 귀족계급이고, 채무자는 거의 예외 없이 평민 중에서도 가장 가난한 사람들이었다는 사실도 언급할 필요가 있다. 귀족계급이 채권자가 될 수 있었던 것은 공공 토지의 소유와 무역과 기술에 따르는 수익이 그들에게 여분의 자본을 안겨주었기 때문이다. 채무자는 평민 자작농이었다. 그 이유는 그들의 독립적인 지위가 그 당시 그들을 경제적으로 비참하게 만들었기 때문이다. 노예나 예속 평민, 농노 등 귀족에 의지하던 사람들은 자유로운 지주들만큼 약탈적인 전쟁의 피해를 심하게 입지는 않았다. 전쟁에 따른 피해는 어디까지나 주인들에게 떨어졌기 때문이다. 그러나 독립적인 자작농의 경우에는 농작물이 파괴되거나 가축을 도난당하거나 농가가 잿더미로 변할 경우 그 손실을 고스란히 떠안아야 한다. 수많은 로마 평민들의 처지가 그랬다. 평민들은 자신들의 집을 다시 짓고 농장에 가축을 다시 채워 넣기 위해 돈을 빌렸다. 그러면 귀족들이 그들의 채권자가 되었다. 그 법은 힘없는 자작농을 보호하기는커녕 고대 유대인들의 법처럼 자작농들을 농노나 노예의 구렁텅이로 몰아넣었다.

그리하여 자유로운 평민들이 남에게 의존해야 하는 상태로 몰락하고, 로마의 역사도 스파르타나 베네치아의 그것처럼 가혹함의 한 예가 되었을 수도 있었을 것이다. 그러나 로마의 역사는 다른 식으로 흘렀다. 절망과 압제에 시달리던 평민들이 정치적 보호자들을 요구하고 나섰다. 이런 수단을 통해 평민들은 느리지만 착실히 자신들의 통치자와 압제자들과 비슷한 수준의 권리와 특권을 얻어나갔다. 이 보호자들이 그 유명한 호민관들이었다. 이제 이에 얽힌 유명한 전설들을 돌아볼 차례이다.

평민들이 자신들의 권리를 찾기 위해 첫발을 내디딘 것은 타르퀴니우스의 추방이 있고 15년 뒤의 일이었다. 레길루스 호수의 전투 뒤에 평민들에게는 부채에 관한 법의 완화를 기대할 이유가 있었다. 그들이 그 전쟁에서 기여한 공이 컸기 때문이다. 그러나 그들에게 주어진 보상은 아무것도 없었다. 귀족 채권자들은 평민 채무자들을 상대로 그 법의 잔인성을 다시 이용하기 시작했다. 그에 대한 평민들의 불만이 엄청나게 컸다. 집정관들은 그 폭풍을 맞을 준비를 끝내고 있었다. 그 집정관들이 바로 아피우스 클라우디우스(Appius Claudius)와 P. 세르빌리우스였다. 클라우디우스는 최근에 로마인이 된 거만한 사빈 귀족으로 온 열정을 다해 귀족 집단을 이끌었고, 세르빌리우스는 그보다 조금 더 온건한 집단을 대표했다.

장이 열리던 어느 날, 포룸으로 한 늙은이가 들어왔다. 쇠사슬이 채워지고 넝마를 걸치고 있었다. 머리와 수염을 깎지 않아 궁상맞은 몰골이었다. 오랫동안 음식을 먹지 못하고 맑은 공기를 마시지 않아 귀신처럼 느껴지는 사람이었다. 그런 그가 용감한 군인이었던 것으로 확인되었다. 포룸으로 몰려든 많은 사람들의 옛 전우였던 것이다. 그가 자신의 이야기를 들려주었다. 최근의 전쟁에서 적들이 자기 집을 태우고 가축을 약탈해갔으며, 그 피해를 메우기 위해 어떤 귀족에게 돈을 빌렸고, 잔인한 채권자가 자신을 감옥에 가두고 쇠사슬과 채찍으로 고문했다는 사연이었다. 이 슬픈 이야기에 그곳 사람들의 속이 부글부글 끓어올랐다.

아피우스는 아무런 내색을 하지 않았지만, 세르빌리우스는 원로원에서 평민들의 대의大義를 옹호했다. 그러던 중에 로마 영토가 볼스키 족들에게 침략을 당했다는 소식이 날아들었다. 그러자 집정관들이 소집령을 내렸다. 그러나 용감한 자작농들이 일지히 군사적 서약을 거부하고 나섰다. 그러자 세르빌리우스가 앞으로 나서서 전쟁이 수행되는 한에는 어떠한 시민도 빚 때문에 감옥에 갇히지 않을 것이며, 아울러 전쟁이 끝나면 그 법의 개정을 추진하겠다는 내용의 칙령을 발표했다. 그러나 사람들에게 인기가 많았던 그 집정관이 승리를 거둔 군인들과 함께 돌아오자 아피우스가 이끌던 원로원이 승리의 공을 그에게로 돌리기를 거부하고 동시에 채무자에게 어떠한 양보도 할 수 없다고 나왔다.

평민들의 분노가 극에 달했다. 그때 다시 적이 로마의 땅을 약탈하고 있다는 소식이 들려왔다. 그 당시 아피우스는 압제자로 여겨지고 있었으며, 세르빌리우스는 자신이 백성들을 속일 도구가 되고 싶어 하지 않을 것이 뻔했다. 그러자 원로원은 집정관들의 힘으로는 아무도 동원하지 못한다는 사실을 잘 알고는 딕타토르를 한 사람 임명하여 시민들을 전쟁터로 끌고 가도록 했다. 원로원은 백성들의 힘을 더 많이 끌어들이기 위해 위대한 포퓰리콜라의 후손인 M. 발레리우스를 딕타토르로 임명했다. 똑같은 장면이 다시 되풀이 되었다. 발레리우스는 전쟁이 벌어지는 동안에는 채무자를 보호해주고 전쟁이 끝나면 부채를 탕감해주겠다고 약속했다. 그러나 위협이 사라지고 나자 다시 아피우스가 주도권을 잡았다. 원로원은 발레리우스의 말에 귀를 기울이길 거부했다. 그러자 그 딕타토르는 자신의 직책을 내놓았다.

발레리우스가 이끌고 갔던 평민들은 아직 군사적 서약에 묶인 상태로 무장을 하고 있었다. 아피우스는 난폭한 귀족들과 함께 평민들을 해산시키기를 거부했다. 그렇게 되자 발레리우스를 잃은 군대는 그들 중에서 2명, 즉 L. 유니우스 브루투스와 L. 시키니우스 벨루투스(Sicinius Bellutus)를 지도자로 뽑고 그들의 지휘 아래 북쪽으로 진군하여 티베르 강과 아니오 강이 합류하는 지역이 내려다보이는 언덕을 차지했다. 그들은 로마에서 2마일 떨어진 그곳에 정착하여 새로운 도시를 건설하고 로마는 귀족과 그들의 예속 평민에게 넘기기로 작정했다. 그러나 귀족들은 자신들의 군대에서 가장 우수한 인력을 잃을 생각이 없었다. 귀족들은 거듭 사절을 파견하여 분리자들에게 로마로 돌아오도록 설득했다. 그러나 평민들은 귀족들의 모든 약속에 귀를 막았다. 너무 자주 속아왔기 때문이다. 이제 아피우스는 원로원과 귀족들에게 평민들을 그대로 내버려두라고 촉구하고 나섰다. 귀족과 예속 평민들만으로도 도시를 잘 지킬 수 있을 것이라는 주장이었다.

그러나 그보다 현명한 의견이 점점 더 팽배해졌다. 딕타토르를 지낸 바 있는 T. 라르티우스와 M. 발레리우스, 그리고 평민에 대한 이해가 깊었던 늙은 귀족 메네니우스 아그리파(Menenius Agrippa)에게 그 평민들을 다룰 권한이 주어졌다. 그래도 평민들의 지도자들은 그들의 말에 귀를 기울이려 들지 않았다. 그러다가 늙은 메네니우스가 그 유명한 동화 '위와 다른 신체 부위들'을 들려주자 사정이 급변했다.

"옛날에 우리 몸의 각 부위들이 스스로 생각할 수 있어서 저마다 의지를 가졌을 때, 그들 모두는 위에게 반란을 일으키기로 의견의 일치를 보았다. 그들은 아침부터 늦은 밤까지 자신들이 왜 그렇게 힘들여 일을 해야 하는지 그 이유를 몰랐다. 위는 몸의 한가운데 나태하게 드러누워서 남들의 노동에 얹혀 살을 찌우고 있는데 말이다. 따라서 신체 부위들은 위를 더 이상 부양하지 않기로 마음을 먹었다. 발은 더 이상 위를 데리고 다니지 않겠다고 다짐했다. 손은 더 이상 일을 하지 않겠다고, 이빨은 억지로 고기 조각을 집어넣어줘도 결코 씹지 않겠다고 다짐했다. 이런 식으로 결심한 신체 부위들은 한동안은 각자 결심을 굳건히 지켰다. 그런데 곧 그들은 자신들이 위를 고생시키기는커녕 스스로를 괴롭히고 있다는 사실을 깨달았다. 그들은 한동안 나른해졌다. 그들은 한참 지나서야 자신들이 일을 할 힘과 반란을 일으킬 용기를 가질 수 있었던 것도 다 위의 덕이었다는 사실을 깨달았다."

이 우화의 교훈은 지극히 분명했다. 사람들은 즉각 그 이야기를 귀족들과 자신들에게 적용해보았다. 그들의 지도자들은 귀족의 사절단에게 동의의 조건을 제시했다. 빚을 갚을 능력이 없는 채무자에게는 빚을 탕감해주고, 노예로 전락한 사람들에게는 자유를 돌려준다는 조건이었다. 이것들은 과거의 일에 관한 부분이다. 미래를 위한 안전장치로 그들은 귀족의 행정 장관에 맞서서 평민들을 보호하는 임무만을 지닌 직책에 평민 두 사람을 선출할 수 있도록 해 달라고 요구했다. 행정 장관이 채무자들을 잔인하게 대하거나 불공평하게 대할 때를 대비한 것이었다. 이리하여 '호민관'이라 불리는 직책에 두 사람이 임명되었다. 호민관들의 경우 직책을 맡고 있는 동안에는 신성불가침의 존재로 통했다. 그들의 관직이 '신성불가침의 권력'이라고 불린 것도 그런 이유에서였다. 그들은 임기 동안에는 절대로 도시를 떠날 수 없었으며, 그들의 집은 도움이 필요한 사람이 언제나 들락거릴 수 있도록 밤낮으로 열려 있어야 했다.

이런 양보는 귀족들이 호민관들의 선출을 켄투리아회에서 하자고 고집함으로써 크게 수정되었다. 켄투리아회라면 귀족과 부유한 예속 평민들이 언제나 다수를 차지할 수 있었기 때문이다. 훗날 호민관은 5명으로, 더 뒤에는 10명으로 늘어났다. 그들은 씨족들의 민회에서 선출되었다. 그들은 원로원 의원은 아니었지만 원로원에서 열리는 모든 회의에 참석할 특권을 가졌다. 무엇보다도 그들은 위대하면서도 위험한 권리인 거부권을 행사할 수 있었다. 호민관 중 한 사람이라도 거부권을 행사하면, 원로원의 어떠한 명령이나 법령도 불가능했다. 이 거부권은 '중재권'이라 불렸다.

이 약정이 맺어진 현장에는 두려움을 일으키기도 하고 두려움을 쫓기도 하는 주피터 신의 제단이 세워졌다. 평민들이 두려움을 느끼는 상태에서 떠났다가 안전하게 돌아왔다는 뜻에서였다. 그곳은 그 후로 성산聖山이라 불렸다.

호민관들을 행정 장관이나 관리라고 보기는 힘들다. 그들에게는 뚜렷한 역할이나 공식적인 임무가 없었기 때문이다. 그들은 단지 평민의 대표자였고 보호자였다.

평민들은 이들 외에도 조영관造營官 2명을 자신들의 계층에서 둘 수 있는 권한을 확보했다. 이 조영관들의 임무는 거리의 질서를 유지하고 예의범절을 지키며 건물과 도로를 보수하는 것이었다. 경찰의 기능과 공공사업 담당관의 역할이 결합된 직책이었다.

# 11장

# 페르시아, 그리스를 침공하다
## (B.C. 480)

HERODOTUS
**헤로도토스** (B.C. 480년경– B.C. 420년경)

고대 그리스의 역사가로 '역사의 아버지'로 불린다. 그의 생애에 관한 정보는 그의 저서 『역사』에 단편적으로 언급된 것 외에는 거의 전하지지 않는다. 고향은 도리아 인들이 건설한 소아시아 지방의 할리카르나소스(현재 터키의 보드룸)이다. 페르시아 전쟁을 기록한 『역사』는 후대의 작가들로부터 편향적이라는 평가를 받기도 했으나 20세기 들어 고고학적 및 문헌적 발견에 힘입어 상당히 정확한 것으로 재평가 받았다.

　헤로도토스가 9권의 책에 담은 그 위대한 역사의 주제는 페르시아 왕 크세르크세스(Xerxes)의 그리스 침공이다. 헤로도토스의 목적은 당시 세계의 강력한 나라 대부분을 정복한 뒤에 그리스를 공격해온 페르시아 군사력을 함대와 병사로 물리친 그리스의 탁월함을 보여주는 것이었다.

　크세르크세스는 자신의 제국 곳곳에서 병사들을 모아 거대한 군대를 조직했다. 페니키아인의 경우에는 그에게 거대한 함대를 제공했다. 그는 헬레스폰트(오늘날의 다르다넬스 해협)를 가로질러 배를 두 척씩 연결하는 방법으로 다리를 만들고 아토스 산을 관통하는 운하를 팠다. 그는 B.C. 481년 가을에 사르디스(Sardis)에 도착했으며, 그 이듬해 자신의 군대가 선박으로 만든 그 다리를 건넜다. 그 다리를 통과하는 데만 꼬박 7일 낮과 밤이 걸렸다. 그가 이끈 병사들의 수는 2백 50만 명을 넘었다. 전함은 2백7척이었으며, 육상 부대와 보급품을 실어 나른 배의 숫자는 자그마치 3천 척이나 되었다.

　이 어마어마한 병사들은 북동쪽에 위치한 테르모필라이(Thermopy-lae)의 협소한 길에 이르러 스파르타 왕 레오니다스(Leonidas)와 그의 병사 3백 명 때문에 한동안 방해를 받았다. 그러나 이 스파르타 병사들은 페르시아 병사들의 아테네 공격을 막으려고 애쓰다가 모두 죽었으며, 이어 아테네는 침략자들에게 거의 완전히 파괴당했다. 살라미스(Salamis) 해전에서는 그리스가 군사력의 엄청난 열세에도 불구하고 승리를 거두었다. 이어 B.C. 479년에 플라타이아(Plataea)에서도 페르시아 군대가 그리스의 지상 군대에게 패했다. 이때는 크세르크세스의 가장 훌륭한 장군이던 마르도니우스(Mardcnius)가 죽음을 맞음에 따라 페르시아는 더욱 뼈아픈 패배를 경험하게 되었다.

여기 소개하는 헤로도토스의 글은 B.C. 499년부터 B.C. 450년까지 이어진 페르시아 전쟁 중에서 페르시아가 B.C. 480년에 두 번째로 그리스를 침공한 전쟁에 초점을 맞추고 있다. 이 전쟁에서 그리스 연합군은 플라타이아 전투와 살라미스 해전에서 페르시아 군대를 쳐부수었다.

현대의 역사학자들 중에는 페르시아와 그리스의 전쟁에서 페르시아가 최종적으로 패배함에 따라 결과적으로 문명의 중심이 서구로 넘어가게 되었다고 보는 이들이 많다.

ı **헤로도토스의 글** ı

그리스 병사들은 이스트무스(Isthmus)에 도착한 다음 알렉산드로스(Alexander) 1세로부터 받은 메시지를 바탕으로 자신들이 어느 길로, 어떤 곳에서 전쟁을 수행해야 할 것인지를 논의했다. 지배적인 의견은 테르모필라이의 고개를 방어해야 한다는 쪽이었다. 그 이유는 그 길이 테살리아로 들어가는 길보다 더 좁으면서 자신들의 영토에 더 가까웠기 때문이다.

그들은 이 길목을 지켜 야만인(페르시아인) 병사들이 그리스로 들어서지 못하도록 막기로 결정했다. 해군은 히스티아이오티스(Histiaeo-tis)의 영토 안에 있는 아르테미시움(Artemisium)까지 항해를 해야 했다. 그러면 지상군과 해군이 서로에게 일어나는 일들을 들을 수 있었다.

그 지점들의 지리적 특징을 보자. 우선 아르테미시움은 트라키아 해의 넓은 바다가 좁아지는 어귀에 자리 잡고 있었다. 그 어귀는 스키아토스(Sciathus) 섬과 마그네시아(Magnesia) 대륙 사이를 말한다. 좁은 그 어귀에서 에우보이아 섬의 해안이 시작되며, 섬에는 디아나(Diana: 달의 신)의 신전이 있었다.

가장 좁은 지역인 트라키스(Trachis)를 통해 그리스로 들어가는 길은 폭이 겨우 15m 정도에 지나지 않았다. 그러나 그 나라에서 가장 좁은 부분은 거기가 아니고 테르모필라이 고개의 앞과 뒤였다. 뒤쪽인 알페니(Alpeni) 근처는 겨우 마차 한 대가 지나갈 정도였고, 앞쪽인

포에닉스(Phoenix) 강의 안텔라(Anthela) 도시 근처에도 마차 한 대만 다닐 수 있는 길이 있었다.

테르모필라이의 서쪽 면은 오에타(Oeta) 산까지 이어지는, 접근이 불가능한 낭떠러지 산이었다. 그 길의 동쪽 면은 바다와 소택지였다. 이 통행로에는 주민들이 '키트리'(Chytri)라고 부른 뜨거운 온천이 있었으며, 그 위로 헤라클레스에게 봉헌한 제단이 있었다.

이 통행로에는 벽이 하나 세워졌으며, 예전에는 거기에 문들이 나 있었다. 포키스(Phocis)의 사람들이 자신들의 소유였던 아이을리아 영토로 테스프로티아(Thesprotia)의 테살리아 사람들이 정착하려고 오는 것을 보고는 겁을 먹고 지은 벽이었다. 테살리아 사람들이 자신들을 정복하려 한다고 생각한 포키스 사람들은 동시에 뜨거운 물을 그 입구 쪽으로 돌려 그 곳을 인위적으로 분리시켰다.

이렇듯 포키스 사람들은 테살리아 사람들이 자기 나라를 침입하는 것을 막는 일이라면 무슨 아이디어든 다 동원했다. 이제 오래 전에 지어진 이 벽도 세월의 무게를 견디지 못하고 허물어진 상태였다. 그래서 그들은 이 벽을 다시 세우고 야만인들을 그리스에서 몰아내기로 작정했다. 이 길과 매우 가까운 곳에 알페니라는 마을이 있었다. 그리스인들은 그곳에서 양식을 조달할 계획이었다.

따라서 협소한 지형적 조건이 그리스인들에게 유리할 것으로 보였다. 그리스인들의 분석에는 그 야만인들이 수적 우세를 이용하지도 못하고 기병도 활용하지 못할 것으로 판단되었기 때문이다. 그들은 그곳에서 그리스를 노리는 침략자들을 기다리기로 했다. 페르시아 병사들이 피에리아(Pieria)에 도착했다는 소식을 듣자마자 그리스 병사 중 일부는 이스트무스에서 갈라져 나와 육로로 테르모필라이로, 나머지는 해상으로 아르테미시움으로 향했다.

그렇게 두 개의 사단으로 나뉜 그리스인들은 적들을 만나려고 서둘렀다. 그와 동시에 델포이 사람들은 자신만 아니라 그리스의 운명을 걱정하여 신탁을 청했다. 거기서 나온 대답은 "바람에게 그리스의 막강한 동맹이 되어 달라고 간절히 기도를 올려야 한다."는 것이었다.

델포이 사람들은 그런 예언을 들은 뒤 그 내용을 가장 먼저 그리스 군대에 전달했다. 그런 다음에 델포이 사람들은 케피소스(Cephisus: 강의 신)의 딸 티이아(Thyia:샘의 요정)에게 봉헌된 신전이 있고 이 요정의 이름을 그대로 쓰던 도시 티이아에 바람의 신에게 바치는 제단을 짓고 제물을 바쳐 신들을 달랬다.

한편 크세르크세스의 해군은 가장 빠른 선박 10척을 이끌고 테르마(Therma)라는 도시를 출발하여 그리스 선박들이 경계 활동을 펴고 있던 스키아토스(Scyathus)로 곧장 나아갔다. 트로이젠 사람들과 아이기나 사람들, 아테네 사람들이 각각 타고 있던 그리스 배들은 멀리서 야만인들의 배들이 보이자 냅다 달아났다.

프락시노스(Praxinus)가 지휘하던 트로이젠 사람들의 배는 야만인들에게 금방 잡혔다. 페르시아 병사들은 그 배의 병사 중에서 가장 멋진 병사를 뱃머리로 끌고 가 죽였다. 그들은 자신들이 죽인 첫 번째 그리스 병사가 매우 잘생겼다는 사실을 길조로 받아들이는 듯했다. 그때 죽음을 당한 병사의 이름은 레온(Leon)이었다.

아이기나 사람들이 탄 배는 아소니데스(Asonides)의 지휘 아래 페르시아 해군에 저항하며 약간의 어려움을 안겨주었다. 그 배에 타고 있던 병사들 중에는 이스케누스(Ischenous)의 아들 피테아스(Pytheas)가 가장 용감했는데, 그는 배가 페르시아 군에게 빼앗긴 뒤에도 끝까지 싸우다가 몸이 찢기고 말았다.

그가 쓰러지자(그래도 그는 죽지 않고 숨을 쉬고 있었다), 그 배에 올라 전투를 벌였던 페르시아 병사들까지 그를 살리려고 애썼다. 적들마저도 그의 용맹에 감화를 받은 것이다. 페르시아 병사들은 그의 상처에 약을 바르고 붕대를 매어주었다. 그들은 자신들의 배로 돌아가서도 그에게는 존경을 표하며 잘 대해주었으나 다른 그리스 병사들은 노예 다루듯 대했다.

이리하여 그리스 선박 2척은 적군에게 포획되었으나, 아테네인 포르모스(Phormus)의 지휘를 받던 다른 한 척은 달아나다 페네우스(Peneus) 강 어귀의 해안에 좌초하고 말았다. 그러나 그 배에는 병사들이 하나도 없었다. 배가 해안에 걸리자마자 병사들이 배에서 뛰어내려 테살리아를 거쳐 아테네로 향했기 때문이다. 아르테미시움에 주둔하고 있던 그리스 병사들에게 스키아토스(Sciathus)로부터 봉화를 통해 이 소식이 전해졌다. 소식을 들은 그리스 병사들은 매우 불안해하면서 에우보이아 섬 높은 곳에 정찰병을 남겨 놓은 뒤 에우리포스(Euripus)를 방어할 목적으로 아르테미시움에서 칼키스로 물러났다.

야만인들의 배 10척 중에서 3척이 시키아토스(Sciathus)와 마그네시아 사이 물속에 잠겨 있던 미르멕스(Myrmex)라는 바위 쪽으로 접근하고 있었다. 야만인들은 물 밑에 숨어 있던 그 바위 위에 자신들이 가지고 온 돌 기둥을 얹은 다음에는 모든 장애물이 다 제거되었다는 듯 선박들을 이끌고 앞으로 나아갔다. 크세르크세스가 테르마를 떠나고 11일이 지난 뒤였다. 팜몬(Pammon)이라는 사람이 페르시아 군인들에게 그들의 항로에 숨어 있던 그 바위에 대한 정보를 일러주었다. 야만인들은 하루 종일 항해를 한 끝에 마그네시아의 세피아스(Sepias)에 닿았다.

이곳과 테르모필라이에 이르기까지는 아직 페르시아 병사들에게 어떠한 손실도 일어나지 않았다. 당시 페르시아의 병력은 다음과 같았다. 아시아에서 끌고 온 1천2백7척의 선박에 타고 있던 다양한 국적의 병력만도 24만1천4백 명이나 되었다. 선박 한 척 당 2백명꼴이다. 여기다가 보병 1백70만 명, 기병 8만 명, 낙타를 탄 아라비아인 병력과 전차를 몬 리비아 병력 등을 모두 합하면 아시아에서 온 병력만 3백17만 명에 달했다.

그것만이 아니었다. 유럽에서 끌고 온 병력도 엄청났다. 트라키아와 마케도니아, 파이오니아(Paeonia) 등 유럽 지역에서 차출된 2백60만 명까지 합하면, 다리우스의 아들 크세르크세스가 세피아스와 테르모필라이로 끌고 온 병력이 자그마치 5백28만3천 명이나 된다.

페르시아 함대가 카스타나이아(Casthanaea)와 세피아스의 해안 사이의 마그네시아에 도착했을 때, 선두의 선박은 육지에 바짝 붙여 정박하고 다른 배들은 그 뒤로 줄을 서야 했다. 바다가 너무 좁은 탓에 선박 여러 척이 옆으로 나란히 정박하는 것이 불가능했기 때문이다. 그렇게 페르시아 병사들은 그 날 밤을 보냈다. 그러나 날이 밝자 파도가 거세지기 시작했다. 동쪽에서 엄청난 폭풍이 몰아쳐왔다. 일부 배들은 폭풍을 예측하고 육지로 올라가 피해를 면할 수 있었다. 그러나 바다에서 폭풍을 맞았던 배들은 폭풍에 떼밀려 일부는 펠리오 근처의 이프니(Ipni)로 갔고, 또 일부는 세피아스 곶에 부딪혔다. 일부는 멜리보이아(Meliboea)에서, 또 일부는 카스타나이아에서 부서졌다. 그 날 폭풍은 정말로 거셌다.

바람이 잦아들고 파도가 약해지자 페르시아 군대는 육지를 끼고 항해하면서 파가사이(Pagasae)로 이어지는 만灣 깊숙이 들어갔다. 마그네시아 만에는 아르고 호가 황금 양모를 찾아 다시아의 콜키스(Colchis)로 항해를 하던 중에 헤라클레스가 물을 길으러 왔다가 그만 이아손(Jason)과 그의 일행으로부터 버림을 받았다고 전해지는 곳이 있다. 바로 그 지점에 크세르크세스의 함대가 닻을 내렸다.

어느 정도 머문 뒤 이 선박 중 열다섯 척이 어쩌다 바다로 나갔다가 아르테미시움에 정박해 있던 그리스 병사들의 선박을 목격하게 되었다. 야만인들은 그 배들이 자기편이라고 생각하고 계속 항해를 하다가 그만 적진으로 들어가고 말았다. 아이올리아의 키메의 총독 타우마시우스(Thaumasius)의 아들 산도케스(Sandoces)의 지휘를 받던 배들이었다.

왕실 재판관이던 산도케스는 앞서 뇌물을 받고 부당한 판결을 내린 죄로 페르시아의 다리우스 왕으로부터 십자가형을 선고받았다. 그러나 그가 십자가에 매달려 있는 동안에 다리우스가 곰곰 생각한 끝에 산도케스가 왕실에 기여한 공로가 잘못보다 더 크다는 사실을 깨닫고는 그를 풀어주었다. 다리우스의 사형선고까지 살아남았던 그였지만 그리스 병사들의 손아귀에서 벗어날 길은 어디에도 없었다. 그때 그리스 병사들은 적군의 실수를 일찌감치 알아채고는 그들을 기습 공격하여 쉽게 제압할 수 있었다.

크세르크세스는 말리스(Malis) 지방의 트라키아 영토에 주둔했고, 그리스 군대는 그 길목에 주둔하고 있었다. 이 지점을 그리스인 대부분은 '테르모필라이'라고 부르지만, 그곳 주민들과 이웃들은 '필라이'(Pylae)라고 부른다. 양측은 바로 그곳에 병력을 주둔시키고 있었다. 한쪽은 북쪽으로 트라키스까지 연결되는 지역을, 다른 한쪽은 남쪽으로 그 대륙 끝까지의 지역을 각각 차지하고 있었다.

그 지역에서 페르시아 군대를 기다리고 있던 그리스 병사들의 구성도 참으로 다양했다. 스파르타와 테게아, 만티네이아, 아르카디아, 코린토스 등 수많은 도시국가들이 페르시아에 맞서 힘을 합하고 있었다. 이 도시국가들은 각자 장군들을 보내놓고 있었지만, 가장 존경받은 인물은 예기치 않게 스파르타의 왕이 된 레오니다스였다.

레오니다스에게는 클레오메네스(Cleomenes)와 도리에우스(Dorieus)라는 형들이 있었다. 그렇기 때문에 그는 왕국의 승계 문제에 대해서는 한 번도 생각해보지 않았다. 그러나 클레오메네스가 아들을 보지 못한 가운데 죽고, 도리에우스도 시칠리아에서 죽음에 따라 왕국은 자연히 레오니다스에게 맡겨졌다. 그 일이 있은 뒤 그는 법에 따라 3백 명을 선택해서 테르모필라이로 진군했다. 그때 그와 함께 군사작전에 나선 병력은 에우리마코스(Eurymachus)의 아들 레온퇴아데스(Leontiades)가 지휘하던 테베 출신들이었다.

테르모필라이의 그리스인들은 페르시아 병력이 그 통행로에 가까이 오자 깜짝 놀라며 후퇴할 것인지를 놓고 머리를 맞댔다. 펠로폰네소스의 사람들이 보기에는 펠로폰네소스까지 후퇴하여 이스트무스를 지키는 것이 최선의 작전처럼 보였다. 그러나 레오니다스는 포키스와 로크리아 사람들이 그런 제안에 분개한다는 사실을 깨닫고는 그곳에 그대로 머물기로 작정하고, 각 도시로 전령들을 급파했다. 자신들의 병력이 너무 적어서 페르시아 군을 격퇴시킬 수 없다면서 각 도시들이 도우러 오기를 기대한다는 내용이었다.

그리스 병력들이 이런 문제들을 놓고 심사숙고하는 동안에 크세르크세스는 정찰 기병을 말에 태워 보내 그리스 병사의 규모가 어느 정도인지, 그들이 무엇을 하고 있는지 파악하도록 했다. 그가 테살리아에 머무는 동안에 그 지점에 집결한 병력의 규모가 작고, 그들의 지도자들 중에는 스파르타 인이며 헤라클레스의 후손인 레오니다스도 포함되어 있다는 소문을 들었기 때문이다.

페르시아 기병이 그리스 군의 진지까지 가서 정찰을 하긴 했지만 사실은 야영지 전부를 보지는 못했다. 그리스 병사들이 새로 세운 장벽의 뒤에 주둔하고 있었기 때문이다. 그러나 그 정찰병은 장벽 밖에 있던 병력만은 확실히 볼 수 있었다. 장벽 앞에는 무기가 쌓여 있었으며, 그때 장벽 밖에 있던 병사들이 어쩌다 스파르타 출신들이었다. 페르시아 정찰병이 본 병력 중 일부는 신체 단련을 위해 운동을 하고 있었고, 일부는 머리를 빗고 있었다. 이런 장면에 페르시아 병사는 깜짝 놀라며, 그 수를 정확히 헤아려 외운 뒤에 느긋한 맘으로 자기 진영으로 말을 달렸다. 그는 진영에 도착하자마자 크세르크세스에게 자신이 본 것을 다 털어놓았다.

이런 보고를 접한 크세르크세스는 그리스 병력들이 죽으려고 약을 쓰고 있는 것인지 아니면 적군을 전멸시킬 계략을 꾸미고 있는 것인지 도무지 알 수가 없었다. 아무리 생각해도 그리스 병사들의 행동이 미심쩍다는 생각이 들어서 그는 당시 주둔지에 있던 아리스톤(Aris-ton)의 아들 데마라토스(Demaratus)를 부르러 사람을 보냈다.

그가 나타나자 크세르크세스는 스파르타 군인들이 하는 짓이 무슨 의미인지를 파악하기 위해 의문스런 점에 대해 조목조목 물었다. 데마라토스의 대답은 이랬다. "그 병사들은 그 통행로를 지키기 위해 우리와 싸워야 할 군인들입니다. 그들은 지금 전투 준비를 하고 있습니다. 목숨이 걸린 일에 나설 때에는 머리를 손질하는 것이 그들의 관습이지요. 그렇지만 당신이 이 병사들과 스파르타에 있는 병사들을 정복하기를 원한다면, 그들만큼 당신에게 완강하게 버틸 국가는 이 세상에 없다는 것을 아셔야 합니다. 당신은 지금 그리스의 도시 중에서 가장 고귀한 왕국과 가장 용맹스런 병사들과 전투를 벌이게 되어 있습니다." 크세르크세스는 그 말이 믿기지 않는 듯 다시 물었다. "어떻게 그렇게 작은 병력으로 우리 군대와 맞서 싸울 수 있다고 생각하는 것일까?” 그러자 데마라토스는 “앞으로 일이 제가 말한 대로 전개되지 않는다면 나를 거짓말쟁이로 취급해도 좋습니다.” 라고 대답했다.

데마라토스가 이렇게까지 말했는데도 크세르크세스는 쉽게 납득이 되지 않았다. 그래서 크세르크세스는 그리스 병사들이 스스로 알아서 달아나기를 기대하면서 나흘을 그냥 흘려보냈다. 그러나 5일째 되던 날 크세르크세스가 보기에는 그리스 병사들이 퇴각하기는커녕 오만방자하게도 그대로 머물 것 같다는 생각이 들었다.

이에 격분한 크세르크세스는 그리스 병사들을 생포해 오라는 명령과 함께 메디아 병사들을 출동시켰다. 메디아 병사들이 성급하게 그리스 병사들을 공격하고 나섰다가 많은 수가 쓰러졌다. 다른 병사들도 메디아 병사들의 뒤를 이어 돌격에 나섰다가 엄청난 손실을 입긴 했으나 퇴각 당하지는 않았다. 그러나 모든 사람들에게, 특히 그 왕에게 분명하게 확인된 한 가지 사실은 페르시아 병력의 경우 숫자는 엄청나지만 진정한 군인의 수는 적다는 점이었다. 그 전투는 낮 동안 계속되었다.

메디아 병력들이 힘겹게 전투를 벌이다 후퇴하게 되자 이번에는 왕이 ‘불멸의 존재’ 로 추켜세웠던 히다르네스(Hydarnes) 지휘 하의 페르시아 군이 그리스 군을 쉽게 진압할 것으로 판단하고 공격에 나섰다. 그러나 막상 그리스 군과 전투를 벌이게 되자 그들도 메디아 병사들보다 나을 것이 하나도 없었다. 그들은 좁은 공간에서 그리스인들보다 짧은 창을 사용했기 때문에 수적 우세를 이용할 수 없었다. 페르시아군은 그 통행로에 대한 공격에서 얻을 게 없다는 사실을 확인하고는 후퇴했다.

이 전투가 벌어지는 동안에 그 현장을 목격한 크세르크세스가 자기 군대의 안전을 염려하여 자리에서 3번이나 벌떡 일어났다는 이야기도 전해온다. 그런 식으로 그때 페르시아군은 분투했다. 그들은 그 다음 날에도 전투를 벌였지만 성공을 조금도 더 거두지 못했다. 그리스군의 숫자가 적을 것으로 예상한 데다 그 병사들마저도 부상을 입어 더 이상 무기를 들지 못할 것이라는 판단에서 전투를 시작했기 때문이다. 그러나 그리스군은 중대 단위로 정렬했으며, 그 통행로를 지키기 위해 산에 주둔하고 있던 포키아 병사들을 제외하고는 모두가 국가별로 나눠 교대로 전투에 임했다. 그렇기 때문에 페르시아군은 전날과 달라진 것이 하나도 없다는 사실을 알고는 후퇴했다.

그 왕이 난국을 어떤 식으로 타파할 것인지를 논의하던 동안에 에우리데모스(Eurydemus)의 아들 에피알테스(Ephialtes)가 왕을 알현할 기회를 잡은 뒤 왕에게 산을 돌아 테르모필라이로 갈 수 있는 길을 알려주었다. 그 길을 택하면 그곳에 주둔하고 있던 그리스 병사들을 괴멸시킬 수 있다는 것이었다. 그러나 에피알테스는 후에 스파르타 병사들을 두려워하여 테살리아로 달아나버렸다. 이어 그의 목에 현상금이 걸렸다. 그는 후에 안티키라(Anticyra)로 내려갔다가 그곳에서 트라키아 사람인 아테나데스(Athenades)에게 죽음을 당했다.

다른 이야기도 있다. 그 왕에게 그런 정보를 줘 페르시아 병사들이 산을 돌아가게 한 사람들이 파나고라스(Phanagoras)의 아들 오네테스

(Onetes)와 안티키라의 코리달로스(Corydallus)였다는 설이다. 그러나 내가 볼 때 이 이야기는 신빙성이 떨어지는 것 같다. 으선 우리는 이 상황에서 목에 현상금이 붙은 사람이 오네테스와 코리달로스가 아니고 트라키스의 에피알테스라는 결론을 끌어낼 수 있기 때문이다. 그 다음으로는 에피알테스가 바로 그 이유로 달아났다는 점을 우리는 알고 있다. 오네테스가 말리 사람이 아니었음에도 그 지역에 밝았다면 이 통행로에 정통했을 수도 있다. 그러나 페르시아 인들이 통행로 옆의 산을 돌도록 안내한 사람은 에피알테스였다. 나는 그가 죄인이라고 생각한다.

크세르크세스는 에피알테스가 페르시아 군을 돕겠다고 한 약속에 흡족해 하며 히다르네스와 병사들을 급파했으며, 자신은 어둑해질 무렵에 주둔지를 떠났다.

그 통행로의 위치를 더 자세히 살펴보도록 하자. 그것은 오목한 지형을 흐르는 아소포스 강에서 시작한다. 그 통행로오- 산에는 똑같이 '아노파이아'(Anopaea)라는 이름이 붙여졌다. 아노파이아 통행로는 산등성이를 따라 이어지다가 알페노스라는 도시에서 끝난다.

이 통행로를 따라, 페르시아 군대는 아소포스 강을 건넌 뒤 좌우로 산을 끼고 밤새도록 행진했다. 날이 밝아왔다. 그때 그들은 산의 정상에 올라 있었다. 그곳에는 내가 이미 설명한 것처럼, 중무장한 포키아 병사 1천명이 레오니다스에게 산을 가로지르는 통행로를 지키겠다고 자발적으로 약속한 뒤에 경계를 서고 있었다.

포키아 병사들이 산 정상까지 올라온 페르시아 병사들을 발견한 과정은 이랬다. 당시 전체 산은 오크로 무성했다. 그런 까닭에 페르시아 군대가 발각되지 않은 채 그곳까지 접근할 수 있었다. 산은 적막 그 자체였다. 그런 가운데 나뭇잎 밟는 소리가 들려오자 포키아 병사들은 자리에서 벌떡 일어서며 무기를 들었다. 금방 야만인들이 모습을 드러냈다.

그러나 야만인들은 중무장한 군인들을 보는 순간 크게 경악했다. 자신들의 앞길을 막고 나설 방해 요소가 하나도 없을 것으로 예상했는데 갑자기 군인들과 맞닥뜨렸으니 그 놀라움은 이만저만이 아니었다. 그 순간 히다르네스가 포키아 병사들이 스파르타 군인이 아닐까 두려워하며 에피알테스에게 군인들의 국적이 어디인지 물었으며 그에 관한 정보를 정확히 안 뒤에는 페르시아 군인들을 전투 대형으로 정렬시켰다. 포키아 병사들은 화살이 소나기처럼 쏟아지자 페르시아 군이 자신들을 공격하러 온 것이 분명하다고 판단하고 정상으로 올라가 싸우다 죽을 각오를 다졌다. 그때 포키아 병사들의 결심은 그랬다. 그러나 에피알테스와 히다르네스와 함께 온 페르시아 군대는 포키아 병사들에 대해서는 더 이상 신경을 쓰지 않고 그대로 전속력으로 산을 내려갔다.

예언자 메기스티아스(Megistias)가 제물들의 모양을 자세히 살핀 뒤 테르모필라이에 있던 그리스 군인들에게 오전에 그들에게 죽음이 닥칠 것이라고 알려주었다. 이어서 탈주자 몇 명이 와서 페르시아 군대가 진군하고 있는 길에 관한 정보를 주었다. 그리스 병사들이 이 정보를 접한 것은 밤중이었다. 날이 밝자마자 산 정상에서 달려 내려온

정찰병들도 똑같은 정보를 갖고 왔다. 이를 놓고 그리스 군이 머리를 맞댔다. 의견이 갈렸다. 일부는 주둔지를 포기하자고 주장하는가 하면 일부는 그럴 수 없다고 맞섰다. 이런 논의 끝에 회의가 무산되자, 그들 중 일부는 자신들의 도시를 지키기 위해 그곳을 떠났다. 그러나 나머지는 레오니다스와 그곳에 남을 준비를 했다.

레오니다스 본인이 군인들의 목숨을 염려하여 그들에게 각자의 도시로 흩어지도록 했으나 자신과 그곳에 있던 스파르타 군인들은 애초에 그곳을 지키게 되어 있던 터라 명예 때문에 그 자리를 떠날 수 없었다는 이야기도 전해온다. 내가 보기에는 레오니다스가 동맹국 병사들이 자신과 위험을 나눠지려 들지 않을 것 같다고 판단하여 그들에게 철수 명령을 내렸으나 자신이 떠나는 것은 불명예스런 일이라고 생각했던 것 같다.

그런 한편으로 그가 그 현장에 그대로 남음으로써 얻을 수 있는 명성은 대단했으며, 그렇게 되면 스파르타의 번영도 계속 이어질 수 있을 것이었다. 그러므로 나는 동맹국 병사들이 의견을 달리한 까닭에 스파르타 군대를 떠났다기보다는 레오니다스가 여러 가지를 고려한 끝에 스파르타만이 영광을 얻기를 원하여 그들을 보냈다고 생각한다.

해산 명령을 받은 동맹국 병사들은 레오니다스의 뜻에 따라 그곳을 떠났으나 테스파이와 테베의 병사들은 스파르타 군과 함께 남았다. 이중 테베의 병사들은 자신들의 뜻과는 관계없이 그곳에 남게 되었다. 레오니다스가 그들을 억류했기 때문이다. 그러나 테스파이 병사들은 자신들의 의지에 따라 기꺼이 남았다. 그들은 레오니다스를 버리고 떠나기를 거부하면서 그와 함께 남았다가 함께 죽어갔다. 그들을 지휘한 사람은 디아드로마스의 아들 데모필로스였다.

크세르크세스는 일출에 맞춰 제주祭酒를 뿌린 뒤 에피알테스의 조언에 따라 잠시 기다렸다가 공격을 개시했다. 산에서 내려오는 길이 더 빠르고, 우회해서 올라가는 것보다 거리가 훨씬 더 짧았기 때문이다. 그리하여 크세르크세스가 이끄는 야만인들도 진군을 했고, 레오니다스가 이끄는 그리스 병사들도 죽음을 각오하고 그 전보다 더 멀리 협곡의 넓은 지역으로 진군해 들어갔다. 그리스 병사들은 그 전 며칠 동안에는 협곡의 좁은 부분에서 진을 치며 싸웠다. 그러나 지금은 좁은 지점 외곽에서 전투가 벌어져 엄청난 수의 야만인들이 쓰러졌다.

페르시아 군대의 장교들이 뒤에서 병사들을 앞으로 마구 몰았다. 그 결과 많은 병사들이 바다에 빠져 죽었고, 또 그보다 더 많은 병사들이 다른 군인들의 발에 밟혀 죽었다. 그래도 페르시아 장교들은 죽어가는 병사들에게 관심을 쏟을 수 없었다. 그리스 병사들이 어차피 산을 돌아간 페르시아 병사들에게 죽을 목숨이라며 자신을 돌보지 않고 야만인들에게 필사적으로 달려들며 하늘을 찌를 듯한 용기를 발휘했기 때문이다.

이미 그리스 병사들의 창은 대부분이 부러졌다. 그들은 이제 페르시아 병사들을 칼로 죽이기 시작했다. 이 전투 단계에서 레오니다스가 용맹스럽게 싸우다 쓰러졌다. 그와 함께 다른 탁월한 스파르타 군인들도 쓰러졌다. 나는 그렇게 쓰러져간 병사들의 이름이 자그마치 3백 명에 이른다는 것을 확인한다. 페르시아 측에서도 이 전투에서 탁월한 인물들이 쓰러졌다. 다리우스의 두 아들, 아브로코메스(Abrocomes)와 히페란테스(Hyperanthes)도 희생자에 포함되었다. 아르타네스(Artanes)의 딸 프라타구네(Phratagune)와의 사이에 태어난 아들이었다. 아르타네스는 다리우스 왕의 형제였다. 그는 유일한 자식이던 딸을 다리우스에게 주면서 자신이 가진 재산도 함께 넘겼다.

크세르크세스의 두 형제가 레오니다스의 시신을 확보하기 위해 싸우다 쓰러졌으며 페르시아 병사들과 스파르타 병사들 사이에 치열한 전투가 벌어졌다. 그러다 끝내는 그리스 병사들이 용기를 발휘하여 레오니다스의 시신을 찾고 적들을 네 번이나 무찔렀다. 그 전투는 에피알테스가 이끄는 병사들이 올 때까지 그런 식으로 계속되었다. 그리스 병사들이 에피알테스의 병사들이 다가오고 있다는 소식을 들은 때부터 전투의 양상이 바뀌었다. 그리스 병사들은 그때까지 남아 있던 칼을 휘두르거나 그마저도 없으면 백병전을 벌이며 자신을 방어했다.

그러나 야만인들은 화살로 그리스인들을 압도했다. 야만인 병사들 중 일부는 정면에서 그리스 병사들을 공격했고, 또 일부는 성벽을 허물고는 사방에서 공격을 벌였다.

스파르타 병사들과 테스피아이 병사들이 이런 식으로 용감하게 행동했지만, 그 중에서도 가장 용맹스러웠던 인물은 스파르타의 디에네케스였던 것으로 전해진다. 그리스 병사들은 머 디아 병사들과 전투를 시작하기 전에 있었던 일화를 들려준다. 어떤 트라키아 사람이 페르시아 병사들이 얼마나 많은 화살을 쏘았든지 그것들이 태양을 가려 어두워졌다고 말했다. 이 말을 들은 디에네케스는 놀라기는커녕 오히려 메디아 병사들의 숫자를 낮춰보면서 "그들의 트라키아 친구가 모든 이야기를 그들에게 유리한 쪽으로 들려주었군. 메디아 병사들이 태양을 가린다면 그들이 태양 아래서가 아니라 어둠 속에서 싸워야 하겠지."라고 말했다. 사람들은 스파르타인 디에네케스가 이런 저런 무용담을 남겼다고 전한다. 그 다음으로는 스파르타인 형제로 오리시판토스(Orisiphantus)의 아들인 알페오스(Alpheus)와 마론(Maron)이 탁월했던 것으로 전해진다.

그 전쟁터에서 죽어 묻힌 병사들을 기념하여 그들의 무덤 위로 다음과 같은 글이 새겨졌다. "펠로폰네소스에서 온 4천명이 이곳에서 3백만 명과 싸웠노라!" 이 비문은 그 전쟁에 참가한 병사들 모두를 위한 것이었으며, 특별히 스파르타 병사들을 위해서는 "길손이여, 스파르타 사람들에게 가거든 그들의 명령을 따르다 우리 여기 이렇게 묻혀 있노라고 전해 주오!"라고 새겼다. 또 예언가 메기스터아스를 위한 비문도 새겨졌다. "이것은 메디아 병사들에게 죽음을 당한 저명한 메기스티아스를 기리는 기념물이오. 메기스티아스는 임박한 운명을 잘 알면서도 스파르타의 지도자들을 결코 포기하지 않은 예언가였다오."

죽은 병사들의 명예를 기리기 위하여 비문을 새기고 기둥을 세운 이들은 '근린동맹'의 구성원들이었다. 그러나 그 예언가를 위한 비

문만은 예외였다. 예언가 메기스티아스의 비문을 새기는 임무는 그
와 우정이 두터웠던 시모니데스에게 맡겨졌다.

# 12장

# 예수, 십자가에 못 박히다

## (A.D. 30)

FREDERIC WILLIAM FARRAR
**프레데릭 윌리엄 파라** (1831-1903)

'주임 사제 파라'로도 잘 알려진 신학자. 인도 봄베어에서 태어나 런던의 킹스 칼리지와 케임브리지의 트리니티 칼리지에서 공부했다. 케임브리지에서는 시로 총장메달을 받기도 했다. 해로 스쿨의 교장을 거쳐 말보로 칼리지의 학장을 지냈다. 그가 쓴 『예수의 생애』(Life of Christ)와 『성 바울의 생애』(Life of St. Paul)는 많은 언어로 번역되었다. 그는 모든 사람들이 결국에는 구원을 받을 것이라고 믿었다.

예수 그리스도를 못으로 십자가에 박아 처형한 사건은 A.D. 30년 유대력歷으로 유월절이 있던 주의 금요일에 벌어졌다. 그 날 이후로 이 날은 기독교 교도들에게 '성聖금요일'로 지켜지고 있다. 가장 잔인하고 수치스런 방법으로 꼽히는 십자가 처형은 고대의 많은 나라에서 행해졌다. 유대인들의 경우에는 이런 식으로 범죄자를 처벌한 적은 없었지만 그리스인과 로마인들은 악인을 죽이는 도구로 십자가를 만들었다. 십자가는 영어 대문자 T자 아니면 X자 모양이었으며, 17세기 화가 루벤스(1577–1640)의 그림에 생생하게 그려지고 있다.

죄인이 처형 장소까지 자신의 십자가를 짊어지고 가도록 하는 것은 흔한 관습이었다. 처형장에 도착하면 십자가를 세우고, 범죄자의 손과 발을 거기에 묶어 굶어 죽게 하는 것이 일반적인 처벌이었다. 가끔 범죄자에게 감각을 마비시킬 마취제를 마시도록 한다. 예수 그리스도의 처형에는 희생자의 손과 발에 못을 박아 십자가에 고정시키는 방법이 택해졌다.

미국의 성직자 저드슨 티츠워스(Judson Titsworth) 박사가 지적한 것처럼, 예수 그리스도와 함께 십자가로 처형된 사람들은 도둑이 아니고 강도들이었다. 아마 로마인들에게 정치적 반역자와 무법자로 보였을 유대인 애국자였을 것이다. 당시 그들은 로마 황제의 주권에 충성을 하지 않았다는 죄목으로 예수 그리스도와 같이 분류되었다.

로마 총독 폰티우스 필라테(Pontius Pilate:본티오. 빌라도)가 통치하던 동안에 유대인들 사이에는 선동이나 반란의 기미가 팽배했으며, 많은 반항자들이 십자가형에 처해졌다. 필라테가 대중의 분노의 희생자로 예수 그리스도 대신에 내세우려 했던 강도 바라바(Barabbas)도 그런 반항자 중 한 사람이었다.

십자가 처형이 인간성을 훼손하는 잔혹한 방법이라는 이유로 지금까지 1천5백년 동안 폐지되어 왔지만, 그 옛날에는 그런 관습이 유대 땅에서도 로마인들에 의해 종종 행해졌다. 로마인들이 사용한 방법은 범죄자의 겨드랑이 밑을 몽둥이로 치는 것이 특징이었다. 그렇게 하면 직접적으로 죽음을 야기하지는 않지만 죽음을 재촉할 수는 있었다. 이 처형 방식에 대해서는 언급할 필요가 없다고 나는 생각한다. 어쨌든 그 방법이 예수 그리스도의 처형에는 쓰이지 않았기 때문이다. 그러나 유대인들이 이용하던 방법에는 처형하기 직전에 죄인에게 독한 마취제가 든 술을 몇 모금 마시게 하는 절차가 있었다. 유대교의 온화한 성격 때문이라고나 할까. 예루살렘에서는 부유한 집안의 부인들이 사형에 처해질 죄인들에게 자신의 돈으로 마취제를 사서 제공하는 것이 관습이었다. 그들이 그렇게 한 것은 특별히 어떤 죄인에게 동정심을 느껴서가 아니었다.

아마 두 죄인들은 아무 생각 없이 그 마취제를 받았을 것이다. 사람들이 예수에게도 그것을 건네려 했겠지만 그가 그것을 받지 않았을 것이다. 그 거부야말로 가장 영웅다운 행동이었다. 그 한 모금의 술은 신경을 둔하게 만들고, 지성을 흐릿하게 만들고, 무서운 죽음에 대한 두려움을 어느 정도 누그러뜨리는 마취제의 역할을 하게 되어 있었다. 그러나 그는 '죽음을 똑바로 바라보기'를 원했다. 당연히 예상되는 무서운 공포를 조금도 누그러뜨리지 않고, 이리저리 찢긴 신

경의 팔딱임을 고스란히 느끼면서 죽음을 맞는 쪽을 택한 것이다.

땅 바닥에 3개의 십자가가 놓였다. 틀림없이 다른 두 사람의 것보다 더 컸을 예수 그리스도의 십자가가 가운데에 자리를 잡았다. 이제 세로 나무에 못

17세기 플랑드르 화가 피터 폴 루벤스의 '십자가의 예수 그리스도'.

으로 가로장을 고정시켰을 것이다. 이어서 예수 그리스도의 목에 매어 있거나 군인들 중 하나가 갖고 왔을 이름표를 십자가 꼭대기에 못으로 박았을 것이다.

예수 그리스도의 옷이 벗겨졌다. 가장 끔찍한 순간이 이어졌다. 그가 십자가 위로 반듯이 누웠다. 팔이 가로대 위로 양쪽으로 쭉 펴졌다. 펴진 손바닥의 한가운데에 굵은 쇠못을 대고 나무메를 내리쳐 십자가 깊숙이 박았다.

이어서 두 발을 따로따로, 아니면 포개서 그 위에다가 다른 쇠못을 대고 나무메를 내리쳤다. 못이 파르르 떠는 살점을 뚫고 들어가 십자가에 박혔다. 그러고 나서 희생자를 십자가에 별도로 묶었는지는 우리로서는 알 길이 없다. 그러나 손과 발이 체중에 찢어져 희생자가 바닥으로 떨어지는 것을 막기 위해, 곧 극한 고통에 몸부림칠 인간의 몸을 부분적으로라도 받칠 수 있을 만큼 튼튼한 나무 받침대를 십자가의 중간쯤에 장치한 것은 확실하다.

‘사람의 아들’ 의 목소리가 또렷하게 들린 것이 아마 형용할 수 없는 공포를 맞은 이 순간이었을 것이다. 가혹한 고문에 따르는 고통에서 지르는 비명이 아니었다. 그를 죽이려드는 잔혹하고 일말의 동정심도 없는 살인범들과, 또 벌 받아 마땅한 무지無知에서 그에게 십자가형을 가하는 모든 이들에 대한 동정심에서 차분히 올리는 기도의 목소리였다. "아버지, 저들을 용서해 주십시오. 저들은 자기들이 무슨 일을 하는지 모릅니다."

그 저주받은 나무가 서서히 억센 팔들에 의해 일으켜 세워졌다. 거기에 묶여 고통에 신음하던 인간들은 나무가 움직일 때마다 손과 발의 찢어진 부분이 더 크게 찢어지는 고문에 시달려야 했다. 미리 파 놓은 구덩이에 십자가의 끝을 단단히 고정시켰다. 발이 땅에서 약간 들릴 정도의 높이였다.

희생자는 누구나 마음만 먹으면 때릴 수도 있는 높이에 내걸렸으며, 온갖 모욕과 혐오의 몸짓에 그대로 노출되어 있었다. 그는 몇 시간 동안 그렇게 매달린 채로, 군중들의 모욕과 분노, 심지어 사람들의 주먹에 시달렸을지도 몰랐다.

시간이 지날수록 미칠 지경으로 심해지는 고통 속에서, 불행한 희생자들은 생죽음을 죽느니 차라리 빨리 죽여 달라고 구경꾼이나 사형 집행자들에게 애원하고 싶은 마음을 느꼈다. 마지막 순간까지 의식이 살아 있는 가운데, 그들은 비참하게 눈물을 흘리면서 적들에게 죽음을 간구하고 싶어졌다.

십자가형의 죽음에는 고통이란 고통은 다 수반된다. 그리고 죽음이 갖는, 비참하고 무서운 모든 것이 다 동반된다. 현기증과 경련, 갈증, 굶주림, 불면, 열, 근육 경직, 수치심, 지속적인 고통, 죽음의 예상에 대한 공포, 찢어진 상처의 아픔…. 이 모든 것들이 갈수록 치열해지다 보면 급기야는 의식을 앗아갈 만도 한데도 무의식으로 떨어지기 직전 상태에서 멈춰버렸다.

팔과 다리가 못에 박힌 부자연스런 자세에서 일어나는 움직임 하나하나는 그대로 고통이었다. 찢어진 혈관과 뭉개진 건腱들이 끊임없는 격통으로 팔딱거렸다. 햇살에 노출되어 부풀어 오른 상처들은 점점 부패해갔다. 동맥, 특히 머리와 위의 동맥들이 부풀어 올라 몰린 피에 눌리게 되었다.

온갖 비참함이 형용하기 어려운 상태로 깊어지는 가운데 그들에게 목이 타들어가는 갈증의 고통이 하나 더 더해졌다. 이 모든 육체적 아픔들이 서로 결합하면서 그들의 내면에서는 이제 죽음 자체가 달콤하고 아름다운 구원의 성격을 띠기에 이르렀다.

예수 그리스도가 맞게 되어 있던 죽음은 그런 것이었다. 그는 정오

직후부터 거의 일몰까지 그렇게 매달려 있었다. 그러고 나서 그는 자신의 영혼을 죽음에 맡겼다.

유대인 지도자들은 십자가가 세워졌을 때에야 비로소 총독 필라테가 작심하고 자신들에게 모욕을 주려했다는 사실을 처음으로 깨달았다. 그 전까지 그들이 맹목적 분노에 휩싸여 있을 때에는 예수 그리스도를 십자가형에 처하는 것이 단순히 예수 그리스도만을 표적으로 한 모욕으로 보였다. 그러나 예수가 두 명의 강도 사이에 훨씬 더 높은 십자가에 매달려 있는 모습을 보는 순간, 그것이 그들 모두를 향한 경멸이라는 생각이 그들의 머리를 때렸다.

십자가에 박힌 예수 그리스도의 머리 위로, 석고 얼룩이 묻은 하얀 나무판에 시커먼 글씨가 적혀 있었다. 고대 세계의 문명화된 언어 3가지, 즉 공식적인 라틴어와 당시에 쓰이던 그리스어, 그 지방의 언어인 아람 말로 쓰였기 때문에 그곳에 모인 사람 중에서 그 내용을 모를 사람은 아마 아무도 없었을 것이다. 수치스럽고 비굴한 죽음을 당하고 있는 이 사람. 세상이 다 보는 앞에서 두 사람의 '시카리이'(sicarii: 자객) 사이에서 십자가형에 처해진 이 사람이 '유대인의 왕'이라는 내용이었다.

십자가형에 처해진 본인에게는 그 악의에 조롱의 냄새가 전혀 없는 것처럼 보였다. 그렇게 십자가에 매달려서도 그는 군림했다. 그곳에서도 그는 자신을 죽음으로 몰아넣은 성직자들이나 그의 고통을 보고자 몰려든 세속적인 대중보다 훨씬 더 성스러워 보였다. 영적으로나 도덕적으로나 너무나 고귀하여 육체가 찢겨 죽어가는 처절함

속에서도 함께 죽어가던 죄인들과 이교도 사형집행인에게까지 경외
감을 불러일으키는 존재에게는 그런 악의가 아무런 의미를 지니지
못했다.

심기가 뒤틀린 로마 총독의 입장에서는 그 현장에 가시 돋친 메시
지를 담고 싶었을 터였다. 공개적으로 오만한 행위를 함으로써 지긋
지긋한 피지배자들에게 보복을 하는 한편으로, 유대인 중에서 가장
고귀하고 진실한 인물인 유대인의 왕을 십자가에 못 박은 이들이 바
로 유대인 자신들이었다는 점을 암시하고 싶었을 것이다. 그 왕이 자
신의 왕국을 다스릴 가치가 없는 것이 아니었다. 그 왕의 왕국이 그
왕을 가질 자격이 없다는 뜻이었다. 이제 살인자들의 도시가 되어 버
린 정의의 도시를 슬픈 눈으로 내려다보는 예수 그리스도의 두 눈에
는 장엄함보다 더 고귀한 무엇인가가 담겨 있었다.

유대인들은 필라테가 자신들을 다루는 행태에서 치욕적인 경멸을
느꼈다. 그 경멸이 그들의 승리를 엉망으로 만들어버렸기 때문에 그
들은 로마 총독에게 성직자들을 대표로 보내 매우 불쾌한 이름표를
바꿔달라고 간청했다.

그들은 "유대인의 왕이라고 쓰지 말고, '그는 자신이 유대인의 왕
이라고 말했다.'고 써 달라."고 부탁했다. 그러자 필라테의 용기가
발동했다. 그로서는 아침에만 해도 선동적으로 아우성을 치면서 자
신의 의지대로 행동하지 못하게 만든 바로 그 사람들에게 큰소리를
칠 수 있게 되었으니 여간 즐거운 일이 아니었다. 필라테는 자신이
한 짓의 정당성에 대해 설명할 생각도 하지 않고 "쓸 것을 썼을 뿐."

이라며 일언지하에 거절했다.

그 전에 십자가에서 내려진 뒤 살아난 예들이 있었던 터라 조금의 생존 가능성이라도 없애기 위해, 4명의 군인들이 백부장과 함께 마지막 순간까지 십자가를 지키기 위해 그곳에 남았다. 희생자들의 옷은 언제나 그 무시무시한 임무를 수행한 사람들의 차지였다. 그들이 예수 그리스도의 옷들을 나누기 시작했다. 탈리스(유대인 남자들이 아침 기도 때 걸치는 숄)는 솔기를 찢어 4조각으로 잘랐다. 그러나 속옷은 한 올의 실로 짠 섬유로 만들었기 때문에 찢을 경우에는 쓰지 못하게 되어 있었다. 그리하여 그들은 예수의 속옷은 추첨으로 한 사람이 갖기로 했다. 옷을 나누는 일이 다 끝난 뒤에 그들은 앉아 먹고 마시고 조롱하고 주사위 놀이를 하면서 지루한 시간을 죽이며 그가 숨을 거둘 때까지 자리를 지켰다.

그곳은 소동의 현장이었다. 사람들의 거대한 무리가 가만히 서서 뚫어지게 바라보고 있는 것 같았다. 그들 중 일부는 십자가 옆을 지나치며 예수에게 모욕이나 조롱의 말을 뱉었다. 십자가에서 내려와 예수 자신을 한번 구해보라는 식의 조롱도 있었다. 대중보다 덜 동정적이고 경외감이 덜한 고위 성직자들과 필경사, 노인들은 비난의 말을 무자비하게 뱉으면서도 부끄러워하는 기색이 전혀 없었다. 고통받는 희생자의 숭고한 인내심을 보고도 자제의 맘을 얻지 못하고, 자신들의 사악한 복수가 성취되었다는 사실에도 만족할 줄 모르고, 죽음의 눈빛에 담긴 고통에도 전혀 마음이 움직이지 않던 그들은 십자가 밑에서 건방진 말을 던지며 서로를 축하했다. "다른 사람은 구한다면서 왜 자기를 구하지는 못할까?" "이 예수 그리스도를, 이스라엘의 왕을 십자가에서 내려오게 해 보시지. 그러면 우리가 눈으로 보고 믿을 텐데."

그때 무식한 군인들도 부끄러워할 줄 모르는 고위 성직자들과 조롱의 말을 주고받았을 것이 틀림없다. 또 그들이 죽어가는 사람 앞에서 점심을 먹으면서 바싹바싹 타들어가고 있던 그의 입술 쪽으로 포도주 잔을 들어 올리는 시늉을 하고, 또 십자가를 곤좌처럼 가시관을 왕관처럼 쓰고 있던 그 왕의 나약함을 비꼬던 유대인들의 조롱을 그대로 옮기면서 축배를 들었을 것이 틀림없다.

그와 함께 십자가에 매달려 있던 그 불쌍한 사람들까지도 소름끼치는 조롱의 영향을 받아 예수를 놀렸을 것이다. 집행유예를 선고받고 풀려난 바라바(예수 그리스도가 십자가형에 처해지는 대신 풀려난 유대 민족주의 지도자)의 동료들로, 메시아를 알아볼 리 없었던 그 죄수들은 책망하듯 예수에게, 만약 그의 주장이 사실이라면 자신과 그들을 구원해보라고 말했다.

그렇듯 그를 향한 모든 목소리에 모독과 악의가 가득했다. 서서히 죽어가던 그의 귀에 감사나 동정, 사랑의 말은 한마디도 들리지 않았다. 비열함과 허위, 야만, 우둔함…. 그 구세주의 마지막 의식 앞에 펼쳐지는 세상은 모두 그런 것뿐이었다.

그러나 이런 파렴치한 언어의 합창 속에서도 예수 그리스도는 한마디도 하지 않았다. 당시 그도 어떤 말이든 할 수 있었을 것이다. 십자가형의 고통이 지력智力을 떨어뜨리거나 말하는 능력을 마비시키지는 않았다. 십자가형에 처해진 사람 중에서 십자가에 매달려 있는 몇 시간 동안에 슬픔과 분노 또는 절망을 각자 성격에 따라 쏟아내는 사람이 있었다는 이야기가 있다. 격노와 저주를 폭발시키며 자신의 적에게 침을 뱉는 사람도 있고, 마지막까지 자신에 대한 처벌의 불공평에 항의했던 사람도 있고, 비굴하게 간청하면서 동정심을 사려 들었던 사람도 있고, 법정에서처럼 십자가에 매달려서도 장광설을 늘어놓으며 동포들의 사악함과 악을 신랄하게 비난한 사람도 있었다.

그러나 예수 그리스도의 경우에는 다른 사람을 축복하고 용기를 북돋우고, 그들의 축복과 행복을 비는 말 외에는 한마디도 하지 않았다. 구경꾼들과 성직자, 군인들, 그리고 그와 죽음의 고통을 함께 겪던 불쌍한 강도들의 저주에 관한 한, 그는 재판 동안에 그랬던 것처럼 십자가에 못 박혀서도 왕다운 침묵을 깨지 않았다. 그러나 그 침묵은, 마치 후광처럼 그에게서 퍼져 나오는 존엄과 신성, 순결과 결합되어 그 어떤 말보다도 더 웅변적이었다.

예수와 함께 십자가형에 처해진 강도 중 한 사람은 그 전에 예수 그리스도를 만나 그의 말씀을 들었으며, 아마 그의 기적을 본 수천 명 중 한 사람이었을 수도 있다. 그의 이름이 디스마스(Dysmas)라거나 그가 동정녀 마리아와 그녀의 아들이 이집트로 탈출할 때 그들의 목숨을 구해줬다는 아름다운 이야기를 뒷받침할 증거는 어디에도 없다. 그러나 게네사렛(Gennesareth) 평원에서, 강도들의 동굴 어딘가에서 나오던 그가 예수 그리스도에게 다가갔을 수는 있다. 그가 예수 그리스도의 말씀을 들으러 예수에게 가까이 갔던 세리와 죄인 중 하나였을 수는 있다.

그리고 예수 그리스도의 말씀이 그의 가슴 중 선한 부분에 새겨졌을 수도 있다. 예수의 말씀이 모두 무의미하게 돌덩이 위로 떨어진 것은 아닐 것이다. 수치와 죽음의 그 순간에, 자신의 과거 악행의 결과로 고통 받는 그의 내면에서 믿음이 승리를 거뒀다. 꺼져가는 깜부기불에서도 간혹 불꽃이 피어오르듯이, 죄 많은 인생을 산 그의 가슴에 두껍게 쌓인 하얀 재 속에서도 신과 구세주를 향한 사랑의 불꽃이 피어오를 수 있는 것이다.

그러다 갑자기 대기가 온갖 징후들로 넘치는 듯했다. 하늘엔 어둠이 짙어졌고, 땅은 크게 흔들렸다. 죽어가던 그 강도는 처음에는 그때까지 기대했던 것과는 완전히 딴판으로 돌아가는 상황에 실망하여 조롱 반 절망 반의 심정으로 패배와 나약함을 받아들였다. 그러나 이제는 그 패배가 승리보다 훨씬 더 커 보였다. 나약함이 그 어떤 힘보다도 더 물리치기 힘든 힘으로 변했다. 그의 가슴에서 신앙이 동을 틔우더니 점점 커져 환한 대낮이 되었다. 그가 비난의 말을 멈춘 것은 오래 전의 일이었다. 이제 그는 자기 동료의 모독적인 발언을 꾸짖고 나섰다. 그런 뒤 그는 예수 그리스도 쪽으로 머리를 돌리며 이렇게 간청했다. "오, 예수여, 당신의 왕국에 들어갈 때 나를 기억해주오." 그러자 욕설에도 입을 굳게 다물고 있던 예수가 그 소박한 기도에 대답해주었다. "진실로, 내가 너에게 이르노니, 오늘 너는 나와 낙원에 있을 것이로다."

아무도 예수 그리스도를 위로하는 말을 내뱉지 않았음에도 불구하고 거기 모인 군중 속에는 무서운 고통을 받는 예수에게 동정심을 느껴 팔딱거리던 심장도 있었다. 저 멀리서 한 무리의 여인들이 예수 그리스도 쪽을 바라보고 있었다. 아마 그 무서운 시간에도 그의 즉각적인 구원을 기대하고 있었을 것이다. 그들 중 많은 이들은 갈릴리에서 그를 섬겼던 여인들이었으며, 거기서부터 갈릴리 순례단과 함께 온 사람들이었다.

찢어지는 가슴을 안고 서 있는 사람들 중에는 예수 그리스도의 어머니 마리아, 막달라 마리아, 클로파의 아내이며 야고보(James)와 요한(Joses)의 어머니인 마리아, 세베데(Zebedee)의 아내 살로메가 두드러져 보였다. 시간이 흐르면서 그들 중 일부는 십자가에 더 가까워졌다. 그러다 마침내 구세주의 흐릿한 눈길이 그의 어머니 마리아 위로 박혔다. 순간, 마리아는 비수가 가슴을 관통하는 아픔을 느끼면서 아들이 사랑한 그 제자와 함께 서 있었다.

예수의 어머니가 구원 활동을 펴던 아들과 함께한 시간은 많지 않은 것 같다. 아마 미천한 가정에서 일에 매어 살다보니 아들을 보살피는 것이 불가능했을 것이다. 어쨌든 우리가 마리아에 대한 이야기를 듣는 경우는, 예수 그리스도의 목표와 권위와는 별도로, 아들의 동료들이 구세주 예수의 행로에 영향을 미치려고 노력할 때 그들을 동행하는 때뿐이다. 그러나 예수 그리스도가 세상을 구원하는 일에 나선 초반부터 자기 어머니에게 세속적 및 혈연적 관계는 그보다 훨씬 더 고귀하고 신성한 관계에 묻히게 된다는 점을 보여주었고, 그녀의 모든 희망이 이런 식으로 종지부를 찍는다는 것이 형용하기 어려운 슬픔으로 그녀의 신앙을 시험하고 있었음에도 불구하고, 그녀는 더없는 굴욕감에 빠진 아들을 진실하게 대했으며, 아들을 위해서 어머니의 동정과 사랑이 할 수 있는 모든 것을 해주었다.

예수 그리스도도 어린 시절에 잠을 자는 자기를 내려다보던 그녀를, 나사렛의 오두막에서 30년을 함께한 그녀를 한시도 잊지 않았다. 그는 어머니가 이 땅에서 살아가야 할 여생을, 그녀를 기다리고 있을 미래를 슬픈 마음으로 그려보다가 그 세월이 이제 막 싹을 틔운 신앙에 대한 박해와 혼란으로 점철될 것이라는 생각이 들자 괴로운 맘부터 앞섰다. 그의 부활 후, 그녀의 운명은 그의 사도들에 의해 결정되었다. 그가 가장 사랑한 사도, 마음과 삶에서 그와 가장 가까웠던 사도가 그녀를 돌보는 일에 적임자로 보였다. 그러므로 예수가 그어떤 형제보다도 더 사랑했던 요한에게, 최후의 만찬 석상에서 예수의 가슴에 머리를 기댔던 그 요한에게, 자기 어머니를 돌코는 신성한 책임을 맡겼다.

예수 그리스도는 어머니에게 겨우 몇 마디를 했을 뿐이지만 그 말에는 애정이 듬뿍 실려 있었다. "여인이여, 당신 아들을 보소서." 그런 다음에 그는 성 요한을 향해 "네 어머니를 보라."라그 말했다. 그는 못에 박혀 찢어진 손으로는 어떠한 제스처도 할 수 없었지만 머리를 숙일 수는 있었다. 그들은 감정에 북받쳐 그의 말을 들었다. 그 순간 그 사도는 그녀의 영혼을 찢어놓는 현장에서 억지로 그녀를 떼어내 자기 집으로 데려갔다.

이제 종말이 매우 빠른 속도로 다가오고 있었다. 거의 6시간이나 십자가에 매달려 있던 예수 그리스도는 인간의 고통 중에서 가장 참기 힘들다는 갈증의 고문으로 힘들어하고 있었다. 타는 목마름은 십자가 바로 옆에서 로마 군인들이 술을 마시는 모습 때문에 더욱 참기 어려웠을 것임에 틀림없다. 인간에게는 정말 다행하게도, 예수 그리스도는 금욕을 부자연스럽게 과시하는 것을 결코 용인하지 않았다. 그는 인간이 가하는 극한의 고문을 참아내는 동안에 육체적 고통에 대해서는 딱 한 마디만 했을 뿐이다. 그는 큰 소리로 "목이 마르구나."라고 외쳤다.

아마 몇 시간 전에 그 말이 나왔다면, 그 외침은 광적인 조롱거리가 되었을 것임에 틀림없었다. 그러나 지금은 구경꾼들이 예수의 인간적인 면모에 오히려 경외감을 느끼기까지 했다. 십자가 가까운 곳에는 로마 군인들이 마시던 음료수인 포스카(posca)가 담긴 커다란 토기가 하나 놓여 있었다. 토기의 주둥이는 코르크의 역할을 하는 스펀지로 막혀 있었다. 그 즉시 예수의 친구였는지 적이었는지 아니면 단순한 호기심에서 그곳에 온 사람이었는지는 모르지만, 누군가가 스펀지를 뽑아서 포스카에 담갔다가 예수에게 건넸다. 그러나 십자가가 그다지 높이 세워지지 않았음에도 가로대에 위치한 예수의 머리까지는 그 사람의 손이 닿지 않았다. 그러자 그 사람은 길이가 1피트 정도 되는 우슬초 가지 끝에 스펀지를 달아 그것을 바싹바싹 죽어가던 입술에 대어주었다.

이 단순한 동정의 행위조차도 대중의 흥분을 불러일으켰던 것 같다. 구경꾼들이 그 사람에게 "그냥 내버려 둬! 엘리아가 그를 구하러 정말 오는지 두고 보자고!"라고 소리를 질렀다. 그래도 그 사람은 자비의 행위를 멈추지 않았다. 그러나 그 행위가 끝났을 때, 그 사람의 행동 역시 구경꾼들의 말을 그대로 반영하는 것처럼 보였다. 엘리아는 오지 않았다. 인간 위안자도 오지 않았다. 구원의 천사도 오지 않았다. 예수가 '고통을 통해 완벽해지는' 것은 하느님(개신교에서는 하나님이라고 표현함)의 뜻이었고, 하느님의 아들의 뜻이었다. 이 세상이 존속하는 한 그는 그의 모든 자식들의 영원한 본보기가 되기 위해 '끝까지 참아야 했다.'

마침내 마지막 순간이 왔다. 예수 그리스도가 "아버지여, 당신 손에 내 영혼을 부탁하나이다."라고 말했다. 그런 다음에 한 번 더 힘을 모아 그는 마지막 말을 남겼다. "다 이루었도다." 그 큰 외침이 그의 심장 혈관 일부를 파열시켰을 수도 있다. 그 말을 한 직후에 그가 머리를 가슴으로 떨어뜨리고 숨을 거두었기 때문이다. "그의 성스런 삶도 이루었고, 자신의 삶으로 투쟁도 이루었고, 자신의 투쟁으로 일도 이루었고, 자신의 일로 구원도 이루었고, 그 구원으로 새로운 세계의 토대를 이루었다."

바로 그 순간 신전의 휘장이 위에서 아래로 둘로 찢어졌다. 지진이 엄습해 바위를 갈랐다. 유대인들의 동굴 무덤을 덮고 있던 거대한 바위들이 굴러 내렸다.

십자가형을 당할 때 예수의 몸가짐을 지켜본 터에 이런 상황이 벌어지자 잔인하기 짝이 없는 로마 군인들까지도 겁을 먹기 시작했다. 군인들을 지휘한 백부장에게도 그 모든 장면이 엄청난 영향을 미쳤다. 십자가 맞은편에 서서 구세주가 죽어가던 모습을 본 그는 하느님을 찬양하면서 "이 사람이 진실로 옳았고, 이 사람이 하느님의 아들이었다!"고 외쳤다.

이제는 군중들까지도 양심의 가책을 느끼기 시작하면서 자신들이 목격한 장면에는 그들이 깨닫지 못한 신성神性이 있었음에 틀림없다고 생각했다. 그들은 예루살렘으로 돌아가는 길 내내 가슴을 치며 울부짖었다. 이것은 사악의 컵에 담겼던 마지막 물 한 방울이었으며, 그들의 도시와 이름과 인종의 종말을 알리는 시작이었다.

실제로 그 현장은 그들이 알 수 있는 것보다 훨씬 더 장엄한 것이었다. 아무리 회의적인 역사학자라 하더라도 그 사건에서 세계 역사의 구심점을 보지 않을 수 없다. 예수 그리스도를 믿든 믿지 않든, 역사학자라면 이 새로운 종교가 아주 작은 씨앗에서 튼튼한 나무로 성장했다는 사실을, 그래서 하늘을 나는 새들이 그 가지에서 휴식을 취할 수 있게 되었다는 사실을 부인할 수 없다. 예수의 십자가형을 믿는 사람이든 믿지 않는 사람이든 불문하고 그 사건을 고대와 근대를 가르는 경계로 받아들인다. 영적인 것 못지않게 도덕적으로나 육체적으로 예수 그리스도의 신앙은 세상의 '다시 태어남'(palingenesia)이었다. 그것은 '범죄의 만연으로 쇠약해진' 국가들에게는 새로운 봄의 여명처럼 다가왔다. 투쟁은 길고 험했지만 예수 그리스도가 죽는 순간 모든 폭군과 모든 증오에 조종弔鐘을 울렸다. 그 순간부터 성스러움이 예수 그리스도의 이름을 구세주로 받아들이는 모든 사람들의 보편적인 이상이 되었다.

예수 그리스도의 업적이 남긴 효과는 심지어 그를 믿지 않는 사람들에게도 역사적이었다. 그것은 잔인성을 추방하고, 열정을 순화하고, 자살을 악으로 여기고, 영아살해를 처벌했다. 그것은 검투사들을 구했고, 노예들을 해방시키고, 포로들을 보호하고, 병자들을 돌보고, 고아들에게 보금자리를 주고, 여성의 지위를 향상시켰다. 삶의 모든 영역에서 예수 그리스도의 영향력이 느껴졌다. 그것은 악덕이던 동정심을 미덕으로 바꿔놓았다. 그것은 빈곤을 저주에서 행복으로 바꾸었고, 노동을 천박한 것에서 존엄과 의무르 신성시했고, 결혼을 부담스런 전통에서 축복 받은 제도로 바꾸었다. 그것은 자선이라는 개념을 만들어냈으며, 의무의 범위를 이웃의 좁은 울타리에서 인간 종種의 끝없는 지평으로 넓혔다.

여기서는 기독교가 세계적 종교가 된 배경을 살펴보는 것이 중요하다. 예수 그리스도는 이 세상이 그를 맞이할 준비가 되어 있던 시점에 태어났다는 것이 역사학자들이 선호하는 관점이다. 이 세상의 조건이 기독교의 전파 과정과 딱 들어맞았다는 해석이다.

기원을 따지면 기독교는 모母 종교라 할 수 있는 유대교와 매우 밀접하게 연결되어 있다. 그러나 예수의 시대에 사람들에게 알려진 세계는 대부분 로마의 통치 하에 놓여 있었다. 예수가 태어난 곳도 마찬가지였다. 당시 로마 제국은 비교적 평화를 유지하고 있었으며, 최초의 기독교 교도들이 그 평화를 지키도록 만든 것은 성 바오로의 훈계였다. 로마의 광범위한 통치가 그리스도 사도들에게 다양한 나라를 접할 기회를 주었다. 그 나라 중 많은 곳이 로마의 영향 아래 문명화되어 있었다. 그러나 순수한 일신교는 유대인들 사이에만 존재했다. 다른 모든 나라들은 다양한 신들을 섬기며 독특한 형태의 숭배의식을 행하고 있었다.

다신교 대부분에는 진실하고 아름다운 요소들이 있었다. 하지만 도덕적인 원칙과 도덕을 생활에 적용하는 측면에서는 부족한 점이 있었다. 성직자의 지식과 기능도 보통 사람들의 무지와 고지식함을 이용하는 측면이 강했다. 지배적인 철학은 그리스 철학이었다. 로마 사람들도 또한 그리스 철학을 받아들였다. 그러나 철학자들은 여러 갈래로 나뉘었다. 그런 조건에서는 실용적인 종교가 발전할 수 없었다. 불교의 가르침에도 독실하고 자비로운 사람들의 정신과 목적이 발견된다. 하지만 복잡한 신화와 인종적 한계를 비롯한 많은 제약 때문에 불교가 아시아의 반을 정복했음에도 불구하고 인류의 보편적인 신앙이 되지는 못했다.

이 시기에 유대인의 조건은 다른 사람들보다 나을 게 없었다. 지적 통일성이 결여되어 있었으며, 도덕적 이상은 낮았다. 로마의 도움으로 왕이 된 헤롯의 압박에 시달리던 유대인들은 당시 팔레스타인으로 번지고 있던 로마의 사치와 방탕의 영향을 그대로 따랐다. 그때까지도 여전히 성직자와 레위 족에 의해 산헤드린(Sanhedrin: 고대 이스라엘의 의회)의 감독 아래 행해지고 있긴 했지만, 유대인의 종교는 초기의 특색을 많이 상실했다.

철학처럼, 유대교도 파벌 때문에 시끄러웠다. 그랬기 때문에 그곳에는 민족의 구세주에 대한 기대가 팽배했다. 유대인의 자유를 옹호하는 막강한 전사 같은 인물이 필요했다. 예수 그리스도의 초기 집이 있던 갈릴리에서 구세주를 기대하는 열기가 특히 뜨거웠다. 유대 민족의 마음이 그렇던 상황에서는, 또 세계의 제국이던 로마가 번영을 구가하던 단계에서는, 영적 진화의 과정에서도 예수 그리스도와 같은 스승이 한 민족만 아니라 세상 전체의 구원자로 부상하는 것이 자연스럽다.

13장

# 로마, 대화재로 폐허가 되다

(A.D. 64)

PUBLIUS CORNELIUS TACITUS

## 푸블리우스 코르넬리우스 타키투스
(A.D. 56년경– A.D. 117년경)

고대 로마의 역사가. 그의 출생 및 사망 연도와 가족관계에 대한 정확한 기록은 전해오지 않는다. 『역사』와 『연대기』로 유명하다. 이 저작들은 A.D. 14년 아우구스투스의 죽음에서부터 A.D. 96년 도미티아누스 황제의 죽음까지 로마 황제의 역사를 정리한 것이다. A.D. 70년대 후반에 로마의 관리토 경력을 쌓기 시작하여 97년에는 집정관에 선출되었다.

어렸을 때 네로는 철학자 세네카(Seneca)의 보살핌을 받았다. 세네카가 네로의 교육에 특별히 관심을 기울인 것은 당연하다. 네로가 아직 미성년자일 때, 그는 공부에 매달려 그리스어에 상당한 발전을 이루었다. 어머니의 협잡으로 그가 진정한 왕위 계승자이던 브리타니쿠스(Britannicus) 대신에 황제로 선언되었다. 그의 통치 초기에 공적인 임무는 현명하게 처리되었다. 그러나 네로의 사적인 삶은 악덕과 무분별한 방탕으로 지저분하기 짝이 없었다. 아내 포파이아(Poppaea)에 대한 무분별한 사랑이 그의 어머니를 살해하는 범죄로 이어졌다. 황제의 권력을 나눠 갖기를 원한 포파이아가 네로의 어머니 아그리피나(Agrippina)가 살아 있는 한에는 그것이 불가능하다는 사실을 잘 알고는 남편이 어머니의 암살을 승인하도록 유도했기 때문이다. 철학자 세네카와 근위장관 부루스(Burrhus)가 그 암살 계획을 승인했을 것이라는 대목이 참으로 이상하지만, 어쨌든 타키투스는 일이 그렇게 돌아갔다고 인정한다. 통치 8년째 되던 해에 네로는 아내 옥타비아(Octavia)와 이혼하고 포파이아와 결혼했다.

네로는 뛰어난 뮤지션이었으며, 자신이 직접 작곡한 노래를 부르기도 했다. 그는 자신의 작품을 노래로 불러 청중의 갈채를 받는 것을 즐겼다. 네로가 로마 화재의 원인이었는지에 대해서는 역사학자들 사이에 의견이 갈린다. 대화재 동안에 그는 대중의 인기를 끌기 위해 집을 잃은 사람들을 위한 임시 피난처를 짓도록 지시했다. 그럼에도 사람들은 그 행동에 갈채를 보내지 않았다. 로마가 화염에 휩싸여 있던 바로 그 시점에 네로가 자신의 개인 극장에서 강시의 재앙을 고대의 대참사에 빗대어 트로이의 파괴를 노래했다는 소문이 있었기 때문이다. 화재의 진짜 원인으로 쏠리던 대중의 관심을 다른 곳으로 돌려놓기 위해, 네로는 화재의 원인을 기독교 교도에게 덮어 씌웠다. 그 일로 수백 명의 기독교 교도들이 희생되었다. 그는 카아사르 가문의 마지막이었으며, 로마의 파괴가 있고 4년 뒤인 A.D. 68년 6월에 국민들의 저주 속에 스스로 목숨을 끊었다.

### | 푸블리우스 코르넬리우스 타키투스의 글 |

역사학자들의 의견이 엇갈리기 때문에 그것이 우연인지 아니면 그 군주의 사악한 계략에 의한 것인지 알 수는 없지만, 어쨌든 무시무시한 재앙이 따랐다. 그때까지 로마가 경험한 화재 중에서 가장 무서운 재난이었다. 화재가 발발한 곳은 팔라티노 언덕과 카일리우스 언덕에 인접한 키르쿠스의 한 부분이었다. 불쏘시개 역할을 할 물건들이 들어 있던 상점들 때문에, 불은 일어난 순간부터 힘을 얻었으며 바람을 타고 거세게 붙었다. 불은 순식간에 키르쿠스 전체로 번져갔다. 울타리를 한 집도 불을 피하지 못했고, 벽으로 둘러싸인 신전도 안전하지 못했다. 불의 진로를 막을 장애물은 아무것도 없었다.

사방으로 격렬히 타오르던 불꽃은 처음에는 도시의 낮은 지역을 공격한 뒤 높은 곳으로 번져갔다. 그러다 다시 낮은 지역을 삼키면서 불은 인간의 진화鎭火 노력을 좌절시켰다. 불길이 번지는 속도가 너무나 신속한데다가 고대 로마의 골목들이 좁고 복잡하고 불규칙한 탓에 대화재에 취약한 결과였다.

여기다가 공포에 질려 울부짖는 여자들과 허약해 움직이지도 못하는 노인들, 어찌할 바를 몰라 허둥대는 아이들의 모습까지 한번 그려 보라. 자신의 목숨을 구하려고 우왕좌왕하는 사람들과 다른 사람들을 도우려고 애쓰는 사람, 연약한 사람들을 끌고 가는 사람, 힘없는 사람이 따라오기를 기다리는 사람, 걸음을 재촉하는 사람, 길을 잃고 헤매는 사람…. 어딜 가나 혼란과 좌절뿐이었다. 사람들이 뒤를 돌아보며 자신이 막 빠져나온 위험에 안도의 한숨을 내쉬는 순간, 그 불길이 자신들의 앞과 옆에서 날름거리고 있다는 사실을 확인했다. 만약 사람들이 바로 옆으로 도망쳤다면, 아마 혀를 날름거리는 화마에 이미 먹혔을 것이다. 멀리 떨어져 있어서 화재로부터 안전하다고 믿었던 곳까지도 금방 같은 운명에 처하고 말았다.

피해야 할 것이 무엇이고 도피처를 찾아야 할 곳이 어딘지를 모른 채, 시민들은 거리를 메우고 확 트인 들판에 드러누웠다. 어떤 사람들은 당장 생계의 수단마저 잃어버려 고통을 받았고, 또 어떤 사람들은 불길에서 가족을 구하지 못한 아픔에 가족이 불어 타는 고통을 느끼며 몸서리를 쳤다. 그래도 불을 끄려고 나서는 사람은 아무도 없었다. 불을 끄면 큰 화를 입을 것이라는 협박이 되풀이되었기 때문이다. 또 "명령을 내린 사람은 한 사람뿐이야."라고 큰 소리로 외치면서 불붙은 나뭇조각을 공개적으로 던진 사람들이 있었기 때문이다. 그 사람들이 약탈을 쉽게 하기 위해서였는지 아니면 정말로 명령을 받았기 때문에 그랬는지는 알 수 없다.

불이 일어났을 당시 안티움에 머물고 있던 네로가 로마로 돌아왔을 때는 불이 궁전과 마이케나스(Maecenas)의 정원을 연결하던 그의 집에 접근하고 있었다. 그러나 그의 집과 궁전과 주변의 모든 것을 화마로부터 보호하는 데 실패했다. 보금자리를 잃어 절망한 시민들을 돕기 위하여 그는 마르스의 들판과 아그리파(Agrippa)가 세운 기념물들, 심지어 자신의 정원까지 열었다. 그는 또 헐벗은 대중을 위하여 임시 주택들을 세우고, 강 위쪽의 오스티아를 비롯한 이웃 도시들로부터 가정용품을 가져오고, 곡물의 가격을 내렸다. 모두가 인기를 얻을 조치들이었는데도 주민들은 그렇게 받아들이지 않았다. "로마가 화염에 휩싸이던 바로 그 순간, 네로가 자신의 전용 극장의 무대에서 지금의 재앙을 고대의 대재난과 동일시하며 '트로이의 파괴'를 노래했다."는 소문이 쫙 퍼졌기 때문이다.

화재 발생 6일째 되던 날 마침내 불은 에스퀼리아이 언덕 기슭에서 주춤했다. 열린 공간을 만들어 연속성을 끊음으로써 불길을 잡기 위해 엄청나게 많은 수의 건물을 무너뜨린 뒤의 일이었다. 그러나 주민들의 마음이 채 진정되기도 전에 화재가 다시 발생했다. 규모가 전보다 결코 못하지 않았다. 그러나 조금 더 트인 지역에서 일어났기 때문에 인명 손실은 덜했다. 이번에는 신전들과 오락을 위해 세운 건물들이 많이 파괴되었다. 이 화재는 더 심한 구설수에 올랐다. 네로는 새 도시를 건설하여 자신의 이름으로 부를 영광을 노렸던 것 같았다. 로마 시의 14개 구획 중에서 아직 4개 구획은 온전하게 서 있었다. 3개 구획은 완전히 잿더미로 변해 남은 것이 하나도 없었고, 다른 7개 구획에는 반쯤 타다만 집들의 잔해가 드문드문 흩어져 있었다.

그 화재로 소실된 주택과 신전을 헤아리는 것이 쉬운 일은 아니었다. 역사와 종교적 측면에서 특히 두드러졌던 건물도 많이 소실되었다. 세르비우스 툴리우스가 달의 여신 루나에게 봉헌한 신전, 아르카디아인 에반데르가 헤라클레스에게 바친 신전과 제단, 로물루스가 주피터에게 서약한 예배소, 베스타의 신전과 로마의 수호신들이 들어 있던 누마의 궁전이 잿더미로 변했다. 더욱이 수많은 승리를 통해 축적한 보물, 그리스 예술가들의 아름다운 작품들, 천재로 추앙받던 작가들의 글도 한줌 연기로 사라졌다. 새롭게 혁신한 도시의 아름다움이 위대했음에도 불구하고, 주민들은 근대 도시에서는 절대로 재현이 불가능한 고대의 장식들을 무척 아쉬워했다. 이 불이 처음 시작된 시점이 7월을 14일 남겨둔, 그러니까 역사적으로 세노네스(Senones) 족이 그 도시를 점령하여 불을 지른 바로 그 날이었다는 점에 주목하는 사람이 많았다. 다른 사람들도 두 건의 대화재 사이의 연관성을 캐내려고 나름대로 조사 활동을 벌였다.

네로는 자기 나라의 폐허를 자신의 목적에 이용하면서 그 위에 궁전을 지었다. 새 궁전의 경우 옛날과 달리 금과 보석으로 만든 고풍스런 장식보다 땅과 호수가 매력적인 요소였다. 한쪽으로는 숲이 거대한 사막처럼 펼쳐졌고, 다른 한쪽으로는 확 트인 공간과 전망이 확보되었다. 이 계획을 설계하고 감독한 이는 세베루스(Severus)와 켈레르(Celer)였다. 자연의 장애를 감히 기술로 정복하려 들고 네로를 속여 그의 보물들을 빼앗으려 들었던, 창의성이 뛰어나면서도 무모하기까지 한 인물들이었다. 그들은 심지어 아베르누스 호수에서 티베르 강의 어귀까지, 불모의 땅과 산을 가로질러 항해 가능한 운하를 파는 임무를 맡기도 했다. 운하를 파려는 그 지역에 물을 공급할 원천이라고는 폼프티네(Pomptine) 소택지가 유일하고, 나머지는 울퉁불퉁한 바위거나 바싹 마른 황무지뿐이었는데도 그런 무모한 계획이 나왔다. 자연을 극복하는 일이 가능하다 할지라도 거기에 투입될 인간의 땀을 생각하면 터무니없는 프로젝트임에 틀림없다. 그럼에도 네로는 상상을 초월하는 위업을 성취하기를 간절히 바란 나머지 아베르누스 호수에 인접한 산을 뚫는 일에 총력을 기울였다. 지금도 그곳에는 실패한 프로젝트의 흔적이 전해오고 있다.

그러나 로마의 옛터 중에서 네루의 궁전을 제외한 땅은 철저한 설계에 따라 개발되었다. 거리도 통행에 편하도록 넓히고, 건물의 높이도 제한하고, 열린 공간을 두도록 했다. 또 다닥다닥 붙은 주민들의 집을 보호하기 위해 주랑 현관을 설치하도록 했다. 이 주랑 현관은 네로가 자기 돈으로 지어 집 주인들에게 주는 식이었다. 더욱이 그는 주민들의 지위와 개인의 재산에 따라 보상을 제안했으며, 어떤 날을 잡아서 그 날까지 단독 혹은 공동 주택들을 다 짓는 사람은 그 보상을 받을 수 있게 했다.

그는 오스티아의 소택지를 쓰레기 버리는 곳으로 정하고, 티베르 강을 거슬러 곡물을 수송한 배들은 돌아올 때 예외 없이 쓰레기를 싣고 오도록 지시했다. 그리고 건축물들은 일정한 높이까지는 들보를 설치하지 않고 지어야 했으며, 화재에 대비하여 알바의 채석장에서 캔 돌로 아치를 만들어야 했다. 주민들이 개인적 이익을 위하여 빼돌리곤 하던 수원水源들에 감시인들을 두어 물이 대중을 위하여 여러 곳으로 풍부하게 흐르도록 했다. 모든 주민은 자신의 집 뒤뜰에 소방 장비를 둬야 했으며 구획을 나누는 벽을 설치하는 것이 금지되었다. 모든 주택은 별도의 담으로 에워싸야 했다.

실용적인 차원에서 시민들에게 호의적으로 받아들여진 이 규칙들은 새 도시가 아름다움을 간직하도록 유도하기도 했다. 그럼에도 고대의 형식이 건강에 더 유익하다고 믿는 사람들이 있었다. 거리가 좁고 건물이 높을 때에는 태양 광선이 차단되는 반면에 거리가 넓을 경우에는 태양 광선을 가려줄 그늘이 부족하기 때문에 더운 계절에는 열기가 더 뜨거워진다는 이유에서였다. 인간의 판단에서 나온 규정들이 그런 것들이었다.

이제는 신들을 달래야 할 차례였다. 이때는 시빌의 책들이 큰 의지가 되어 주었다. 시빌의 계시에 따라 불칸(Vulcan: 불과 대장장이의 신)과 케레스(Ceres: 곡물의 여신)에게 제물을 바치고, 부인들이 처음에는 카피톨에서 그 다음에는 가장 가까운 해안에서 유노(Juno: 로마 신화의 최고의 여신)를 달랬다. 바다에서 퍼온 물을 그 여신의 신전과 조각상에 뿌렸다. 그 여신을 신성한 의자에 앉히고 밤새워 그녀에게 기도를 올리는 의식은 남편을 둔 부인들에 의해 행해졌다. 그러나 사람들의 기도와 네로가 내놓을 수 있는 모든 보상과 신들에게 올린 그 모든 속죄도 네로를, 그 대화재를 명령했을지도 모른다는 오명으로부터 해방시키지는 못했다. 그리하여 그는 그런 소문을 잠재우기 위해 그 죄를 사람들이 흔히들 기독교 교도라고 부르던 사람들에게 덮어씌우고는 그들을 모진 고문으로 처벌했다. 당시 기독교 교도들은 '터무니없는' 믿음으로 미움을 사고 있었다.

기독교 교도(Christian)라는 이름의 기원이 된 크리스투스(Christus)가 티베리우스의 통치 때 유대의 총독 폰티우스 필라테에 의해 범죄자로 사형에 처해졌다. 그러나 한동안 억눌려 있던 그 해로운 '미신'이

다시 확산되었다. 이번에는 그 해악이 처음 시작된 유대만 아니라 로마 시에도 퍼졌다. 당시에는 무시무시하고 흉흉한 소문이면 무엇이든 사방에서 로마로 흘러들어와 거기서 확대 재생산되었다. 이에 따라 처음에는 스스로 기독교인이라고 고백한 사람이 잡혔으며, 이어 이들의 정보를 바탕으로 엄청난 수의 사람들이, 도시를 불태운 죄라기보다는 인간을 미워한 죄로 유죄 판결을 받았다.

기독교 교도들은 죽음을 당하면서도 오락의 대상이 되었다. 그들은 야생 동물의 가죽을 덮어 쓴 채 개들에게 물어 뜯겨 죽거나 십자가에 못 박혀 죽거나 화형을 당했다. 그렇게 날이 기울면 그들의 시신은 불태워져 어둠을 밝히는 횃불로 쓰였다. 네로가 그런 장관을 연출하는 장소로 자신의 정원을 내놓았다. 네로는 전차 몰이꾼의 복장을 한 사람들과 격의 없이 어울리거나 자신의 전차에 서서 다양한 종목의 경기를 관람했다.

그러던 어느 순간 군중들 사이에 고통을 당하는 사람들에 대한 동정심이 일어났다. 그들이 죄인이고, 그들의 죄가 사형으로 다스려야 마땅할 정도로 무거운 것임에도 불구하고, 그들의 목숨이 공공의 이익을 위해서가 아니라 한 사람의 포악성에 희생되는 것처럼 보였기 때문이다.

한편 네로가 필요로 하는 돈을 조달하기 위해 이탈리아 전역이 약탈당하고, 속주들은 폐허가 되었다. 이 경우에는 신들조차도 약탈에서 면제되지 않았다. 도시의 신전들은 약탈당하고, 로마 사람들이 번영을 구가할 때나 쇠약해질 때 승리에 대한 감사의 표시나 아니면 서약의 이행에 대한 조건으로 바친 모든 금들이 로마로 옮겨졌다. 그리스와 아시아 전역에서 신들에게 바친 선물과 봉헌물. 심지어 신들의 조각상까지 로마로 챙겨오는 사태가 벌어졌다.

# 14장

# 폼페이, 화산재에 묻히다

## (A.D. 79)

GAIUS PLINIUS

## 가이우스 플리니우스 (A.D. 61- A.D. 112)

흔히 소小 플리니우스로 불린다. 고대 로마의 문학가이며 자연철학자, 행정관. 성장하는 과정에 삼촌 대大 플리니우스로부터 많은 도움과 가르침을 받았다. 베수비우스 화산이 폭발할 당시 두 플리니우스 모두 현장을 목격했다. 그 경험을 역사학자 타키투스에게 편지로 전했다. 대 플리니우스가 화산 폭발에 희생되자 가이우스는 삼촌의 유언에 따라 삼촌에게 입양되어 삼촌의 재산을 물려받게 된다. 이때부터 아명 가이우스 카이킬리우스를 쓰지 않게 되었다.

EDWARD BULWER-LYTTON

## 에드워드 불워 리튼 (1803-1873)

영국의 소설가이자 시인, 극작가, 정치인. 리턴은 다작으로 유명하다. '펜은 칼보다 강하다.' 등과 같은 경구를 많이 만든 인물이다. 아버지가 일찍 세상을 떠나고 엄마 손에 끌려 런던으로 이사를 했다. 그는 다양한 기숙학교를 다녔으며, 15세에 시집을 발표했다. 1822년에 케임브리지의 트리니티 칼리지에 들어갔다가 곧바로 트리니티 홀로 옮겼으며, 1825년에는 시로 총장 금메달을 땄다.

인류의 역사적 재난 중에서는 로마 제국의 열 번째 황제인 티투스(A.D 39~A.D 81) 통치 초기에 일어난 베수비우스(Vesuvius) 산의 폭발로 폼페이(Pompeii)와 헤르쿨라네움(Herculaneum)이 파괴된 사건보다 인간의 흥미를 더 강하게 자극하는 것은 없다. 고대 도시의 생활 방식에 대한 연구라는 측면에서도 그렇지만, 상상력 풍부한 문학의 마술적 힘을 통해 당시 주민들에 대한 동정심이 크게 일어나기 때문이다. 화산 폭발에는 지진이 수반되었으며, 두 가지 재앙이 결합하여 도시 2개를 묻고 폐허로 만들어버렸다.

그 재앙을 가장 생생하게 묘사한 글 중 하나가 바로 로마의 역사가 디온 카시우스(Dion Cassius:A.D 173년경~229년경)의 설명이다. 그 재앙으로 사라진 인물 중에는 유명한 박물학자 대大 플리니우스도 들어 있었다.

그 화산 폭발을 그린 글 중에서 가장 유명한 것은 여기에 소개하는 대 플리니우스의 조카인 소小 플리니우스의 글이다. 당시 소 플리니우스는 역사학자 타키투스에게 참상을 생생하게 전하기 위해 편지를 보냈다.

폼페이에서 있었던 중요한 발견 중 하나는 1771년에 발굴된 '디오메데스의 빌라'(Villa of Diomedes)이다. 그런 이름이 붙여진 것은 그 건물의 건너편에 마르쿠스 아리우스 디오메데스의 묘가 있었기 때문이다. 그 이후로 수많은 발굴 작업을 통해 고대 폼페이의 모습이 많이 드러났다. 특히 벽화와 모자이크를 통해 A.D. 1세기 이탈리아의 작은 도시의 생활상이 현재의 일처럼 살아난다.

| 가이우스 플리니우스의 글 |

　나의 삼촌이 죽음을 맞이한 상황을 후손들에게 보다 정확하게 전달하기 위해서는 삼촌의 죽음에 대한 나의 설명이 필요하다는 당신의 말씀에 감사의 뜻을 전합니다. 만약 이 사건이 당신의 펜에 의해 기념된다면, 그 영광이 영원히 상세하게 기억될 것이 틀림없기 때문입니다. 그리고 그 분이 불운한 재난으로 인해 매우 아름다운 시골과 인구가 많은 도시들과 운명을 같이 하셨음에도 불구하고, 그것이 그에게 영원한 기억을 약속할 것 같기 때문입니다. 그 분도 영원히 생명력을 발휘할 저작물을 남기셨지만, 그래도 당신이 불멸의 글에 그를 언급한다면 그의 이름이 불멸의 생명을 얻는 데 도움이 될 것 같습니다.

　저는 글로 표현할 가치가 있는 행위를 하거나 그런 행위를 읽고 싶다는 욕망을 일으킬 정도로 표현력이 뛰어난 사람들이야말로 참으로 행복한 존재라고 생각합니다. 그런 비범한 재능 두 가지 모두로 축복을 받은 사람은 특별히 더 행복할 것입니다. 저의 삼촌의 글들과 당신의 역사가 명백히 입증할 것이지만, 아마 저의 삼촌이 그런 반열에 속하는 분일 것입니다. 그렇기 때문에 저는 지금 당신의 요구에 기꺼이 응하고 있습니다. 당신이 그런 요구를 하지 않았다면 제가 그 일을 요구했어야 했을 것입니다. 당시 그 분은 자신이 지휘하던 함대와 함께 미세눔(Misenum)에 머물고 있었습니다.

　8월 24일 오후 한 시쯤 나의 어머니께서 이상할 정도로 큰 규모와

모양으로 피어오르는 구름을 보라고 하시더군요. 그때 삼촌께서는
일광욕을 끝내고 찬 물에 몸을 담근 뒤 점심을 가볍게 드시고 다시
책을 읽고 있던 중이었습니다. 그러자 그가 즉각 몸을 일으키고는 조
금 높은 곳으로 올라갔어요. 거기서 그는 그 기이한 현상을 조금 더
자세히 살필 수 있었습니다. 멀어서 어느 산(뒤에 베수비우스 산에서 분출
된 것으로 확인)인지는 확실히 몰랐지만, 구름이 솟아오르고 있었어요.
구름의 생김새에 대해서는 소나무 같다는 표현보다 더 적절한 말을
찾지 못하겠습니다. 키가 아주 큰 나무 모양으로 매우 높이 솟구쳤으
니까요. 그 꼭대기에서 다시 구름이 마치 나뭇가지처럼 옆으로 뻗어
나가고 있었습니다. 구름을 위로 밀어올린 갑작스턴 광풍이 위쪽으
로 올라가면서 약해진 거지요. 아울러 구름 자체의 구게 때문에 제가
설명한 그 모양으로 퍼지지 않았을까, 하고 저는 짐작해 봅니다. 구
름은 그 속의 흙과 화산재의 양에 따라 연한 부분도 있고 진한 부분
도 있었습니다.

이런 현상은 저의 삼촌처럼 학식과 호기심을 가진 분에게는 더 깊
이 조사할 가치가 있는 일로 보였을 것입니다. 그가 작은 배를 준비
하라고 지시하시면서, 저도 원한다면 동행해도 좋다고 하시더군요.
저는 하던 일을 계속하겠다고 말씀 드렸어요. 그 분이 제게 맡긴 일
이 있었거든요.

삼촌이 막 집을 나서려는데 바수스(Bassus)의 아내 렉티나(Rectina)
의 편지가 도착했습니다. 당시 렉티나는 생명을 우협하는 눈앞의 재
난에 대경실색하고 있었지요. 베수비우스 산기슭에 자리 잡은 그녀

의 집에서는 대피할 길이 바다 외에는 없었으니까요. 그런 상황에서 그녀가 삼촌에게 도와달라고 간곡히 부탁한 것이지요.

이에 따라 삼촌은 당초 목표를 바꾸었습니다. 처음에는 학문적이거나 철학적인 동기였으나 이제는 고귀하고 자비로운 정신으로 그 위험을 감수하게 되었지요. 그는 전함을 바다에 띄울 것을 명령하고, 렉티나만 아니라 그 아름다운 해안을 따라 흩어져 있던 다른 마을 사람들을 도울 생각으로 배에 올랐습니다. 사람들이 두려움에 치를 떨면서 빠져나오고 있는 그곳을 향해 거꾸로 서두르면서, 그는 곧장 위험 지역으로 향했습니다. 대단한 마음의 평정과 정신 집중이 필요했습니다. 그래야 그 무서운 광경에서 벌어지는 모든 현상과 움직임을 두루 관찰할 수 있었을 테니까요.

그러다 그가 산에 너무 가까이 다가간 탓에 뜨거운 화산재가 배로 떨어졌습니다. 불타는 바위 조각도 섞여 있었어요. 삼촌 일행은 바닷물이 갑작스레 빠질 경우에는 좌초할 위험이 있었을 뿐 아니라 산에서 굴러 내려와 해안을 막고 있던 바위들에 갇힐 위험도 안고 있었습니다. 거기서 그는 배를 멈추고 되돌아가야 할 것인지를 고민했습니다. 그때 키잡이가 삼촌에게 "행운의 여신은 용감한 자의 편입니다. 폼포니아누스(Pomponianus)가 있는 곳까지 가서야 합니다."라고 조언을 했지요. 그때 폼포니아누스가 있던 곳은, 해안이 몇 구비 심하게 휘돈 뒤에 바다와 만나는 만灣으로 인해 떨어져 있던 스타비아이(Stabiae)였지요. 폼포니아누스는 이미 자신의 짐을 배에 실어놓은 상태였습니다. 당시에는 직접적인 위험에 노출되어 있었던 것은 아니

지만 위험이 가까이 다가오거나 하면 거세게 불던 바닷바람이 잦아
지는 순간 바다로 나갈 준비를 끝내놓기 위해서였습니다.

삼촌이 폼포니아누스에게로 간 것이 그에게는 대단한 위안이 되었
습니다. 삼촌은 폼포니아누스가 대경실색하고 있다는 사실을 확인했
지요. 삼촌은 그를 부드럽게 끌어안으며 평정심을 되찾도록 다독거
렸습니다. 어떻게 보면 친구 앞에서 스스로 무서워하지 않는 모습을
보임으로써 자신의 두려움을 달래고 있었던 셈이지요. 그러면서 삼
촌은 목욕물을 준비하라고 일렀어요. 목욕을 한 뒤에 두 사람은 즐거
운 마음으로, 적어도 외관상으로는 영웅의 모습으로 앉아 저녁을 먹
었습니다.

그 사이에 엄청난 크기의 불꽃들이 베수비우스 산 곳곳에서 번쩍
였어요. 밤이어서 화염들이 더욱 밝고 선명하게 보였지요. 그러나 삼
촌은 친구의 불안을 달래주기 위해, 그것은 시골 사람들이 버리고 간
집들이 타는 것일 뿐이라고 말했습니다. 그 뒤에 삼촌은 휴식에 들어
갔으며, 마음이 불안했던 탓에 잠을 깊이 들지 못한 것이 거의 확실
합니다. 삼촌은 몸이 비대하여 호흡이 거칠고 요란했기 때문에 그의
숨소리가 바깥의 수행원에게도 다 들렸을 것입니다.

삼촌의 아파트로 이어진 뜰에는 이제 돌과 재로 거의 차 워졌기 때
문에 조금만 더 지체했다가는 빠져나오는 것이 불가능할 지경이 되
었습니다. 그래서 수행원들이 그를 깨웠습니다. 그는 너두 무서워서
잠자리에 들 생각조차 하지 못했던 폼포니아누스와 다른 일행에게로
갔습니다. 그들은 서로 머리를 맞대고 의논을 했습니다. 초석부터 흔

19세기 러시아 화가 칼 브륨로포가 그린 '폼페이 최후의 날'

들리듯 좌우로 격렬하게 요동치는 집을 믿고 있는 것이 옳은지, 아니면 새카맣게 탄 돌과 화산재들이 소낙비처럼 쏟아지며 생명을 위협하는 들판으로 나가는 것이 옳은지 고민을 했던 것입니다. 그 절체절명의 순간에 그들이 택한 것은 들판이었다. 일행이 공포에 떨면서 길을 서두르는 가운데서도 삼촌은 냉철한 판단력을 잃지 않았어요. 그들은 베개를 머리에 묶은 뒤 밖으로 나갔습니다. 머리 위로 몰아치는 돌의 폭풍우 속에서 그들을 보호할 장비는 그 베개가 전부였습니다.

들에는 낮인데도 캄캄한 밤보다 더한 암흑이 짓누르고 있었지요. 그러나 횃불을 비롯한 각종 불빛이 그 어둠을 어느 정도 밝히고 있었습니다. 그들은 더 아래로 내려가 바다로 안전하게 나갈 수 있는지 살피려 했으나 그때까지도 여전히 파도가 높고 사나웠습니다. 그곳에서 삼촌은 자기 앞에 펴져 있던 범포 위에 누워 찬 물을 두 차례 마셨습니다. 그 순간 한 줄기 강렬한 유황에서 나온 불꽃이 나머지 일행을 덮쳤기 때문에 삼촌도 일어나지 않을 수 없었습니다. 그는 수행원 두 명의 도움을 받아 몸을 일으켰다가 금방 쓰러져 눈을 감고 말았습니다. 짐작컨대 독한 기체에 질식한 것 같습니다. 삼촌께서는 목이 약하셔서 붓는 경우가 자주 있었거든요.

이 불행한 사건이 있고 사흘 째 되던 날 처음으로 주위가 밝아졌을 때 그의 시신은 온전한 상태로 발견되었습니다. 시신에 폭력의 흔적은 하나도 없었어요. 쓰러지실 때 입었던 옷 그대로, 죽었다기보다는 잠들었다는 표현이 더 어울리는 모습이었습니다. 그동안 나와 나의 어머니는 미세눔에 있었는데, 이 대목은 당신의 역사와는 아무런 관계가 없지요. 당신도 나의 삼촌의 죽음에 관한 것이 아닌 내용을 원하지 않을 것 같기에 그 글은 여기서 끝낼까 합니다. 제 자신이 직접 목격한 것과 그 사건이 일어난 직후 들은 것을, 시간이 흘러 진실이 왜곡되기 전에 충실히 전했다는 말씀을 덧붙이고 싶습니다. 당신은 제가 전하는 이야기 중에서 가장 중요한 것을 선택하실 것입니다. 편지와 역사는 다른 것이니까요. 그리고 친구에게 편지를 쓰는 것과 대중에게 편지를 쓰는 것도 다른 일이지요. 아무쪼록 안녕히 계십시오.

폼페이의 원형극장은 문까지 사람으로 꽉 차 있었다. 투기장 안에는 사자가 한 마리 풀려 있었다. 관중은 일제히 이집트 성직자 아르바케스 쪽으로 몸을 돌리며 그를 사자에게 던지라고 외치고 있었다. 관중들이 그의 죽음을 요구하며 그를 향해 목소리를 높일 때, 아르바케스는 무시무시한 환영을 보았다. 그는 교활함을 발휘하며 용감한 척 꾸몄다. 그러면서 그는 자신의 손을 앞으로 쭉 내뻗었다.

그는 우레 같은 목소리로 "보아라!"라고 외쳤다. 그 말에 군중이 쥐죽은 듯 조용해졌다. "신들이 죄가 없는 사람들을 어떻게 보호하는지를 보라! 복수에 불타는 오르쿠스(Orcus: 죽음, 저승의 신)가 나를 고발한 자들의 거짓 증언을 어떻게 보복하는지를 보라!"

군중의 눈길은 그 이집트인의 몸짓을 따르다가 엄청난 양의 거대한 증기가 베수비우스의 정상에서 거대한 소나무의 형상으로 뿜어나오는 것을 보았다. 이루 형용할 수 없는 놀라움이 관중들을 훑고 지나갔다. 시커먼 나무둥치, 나뭇가지들, 불! 매 순간 너울거리며 앞으로 다가오는 불! 눈이 멀 정도로 밝았다가 금방 죽음의 검붉은 빛으로 변했다가는 또 다시 앞으로 맹렬한 기세로 달려드는 불길!

순간, 죽음보다 더 깊은 침묵이 흘렀다. 갑자기 그 침묵을 깨고 사자의 포효가 들렸다. 그 으르렁거림은 원형극장의 벽에 부딪쳐 더욱 날카롭고 맹렬한 포효로 돌아왔다. 관중들에게는 분노한 예언자의 말이 현실로 나타난 것처럼 보였다.

이어서 여자들의 비명이 여기저기서 들렸다. 남자들은 벙어리가 되어 서로를 바라볼 뿐이었다. 그 순간, 발밑으로 지진이 느껴졌다. 극장의 벽들이 흔들리고 멀리서 지붕이 무너져 내리는 소리가 들렸다. 조금 더 있으니 어지러운 모양의 구름이 그들 쪽으로 달려오는 것 같았다. 시커먼 급류처럼 신속히 밀려오고 있었다. 동시에 구름 깊은 속에서 불덩이 바위 조각이 섞인 재가 소낙비처럼 내렸다. 서로 부딪치며 포도나무 덩굴 위로, 황량한 거리 위로, 원형극장 위로 넓고 깊게 내리는 그 바위 소나기의 위용은 참으로 무서웠다.

이제 군중들에게는 정의나 아르바케스에 대한 생각은 조금도 없었다. 오직 자신의 목숨에 대한 생각뿐이었다. 모두 달아나려고 몸을 돌렸다. 서로 부딪치고 누르고 밟고 야단법석이었다. 비명과 기도, 투덜거림이 뒤범벅이 된 가운데 거대한 군중은 무너진 사람을 무모하게 짓밟으면서 통로들로 몰렸다. 그런데 도대체 어디로 도망을 간단 말인가? 어떤 사람은 두 번째 지진을 예상하면서 그때까지의 시간을 이용하여 값진 물건들을 가지러 각자 집으로 걸음을 서둘렀다. 또 다른 사람들은 도로 위로 급속도로 떨어지는 재의 소나기를 무서워하여 가까운 집이나 신전 혹은 오두막의 지붕 밑으로 급히 몸을 피했다. 열린 공간의 공포를 피할 수 있는 피난처면 어디든 파고들었다. 그러나 더 시커멓고 더 크고 더 무서운 구름이 그들 위로 퍼지고 있었다. 한낮의 영역 위로 귀신의 밤이 급습한 것이나 다름없었다.

그 사이에 거리는 이미 한산했다. 군중은 피할 곳을 찾아 흩어졌다. 재들이 도시의 낮은 지역을 채우기 시작했다. 그러나 여기저기서 높이 쌓인 재들을 조심스럽게 밟는 탈주자들의 발걸음 소리가 들렸다. 걸음을 옮길 길을 찾으려고 안간힘을 쓰는 창백하고 초췌한 얼굴들이 높이 치켜 든 횃불의 너울 속으로 보였다. 그러나 곧 끓는 물이나 흩어지는 재. 이따금 돌풍처럼 부는 바람이 단숨에 일어났다가 사라지면서 그 불빛들을 껐고 동시에 그것을 들고 있던 사람들의 마지막 희망까지 꺼뜨렸다.

온갖 공포가 주위를 휘감고 있는 가운데 힘이 불끈 솟은 산이 이번에는 끓는 물기둥을 위로 쏘아 올렸다. 끓는 물은 반쯤 타는 재로 반죽이 된 채 시내를 이루며 거리 위로 흘러내렸다. 이시스(Isis: 풍요의 여신)의 사제들이 제단 위에 불을 피우고 유향을 부으려다 움츠리고 있는 신전으로, 화산재 냄새가 지독한 급류가 흘러 들어와 분노를 토해냈다. 급류는 몸을 구부린 사제들의 몸 위로 흘렀다. 사제의 절규는 곧 죽음이었고, 침묵은 영원의 세계였다. 재가 시커먼 시내처럼 제단 위로 흩뿌리고 지나간 뒤 포도鋪道를 뒤덮었다. 그러고 나자 사제들의 시신이 반쯤 재로 덮인 상태에서 떨고 있었다.

어둠이 짙어질수록 베수비우스 산 주변의 번갯불은 더욱 생생하고 시뻘게졌다. 불꽃의 무서운 아름다움은 불의 색깔만이 아니었다. 그 어떤 무지개도 그 불꽃의 다양하고 풍부한 색깔에 비할 바가 아니었다.

불꽃 소나기가 멈추는 순간 발 아래로 지축이 흔들리는 소리와 성난 바다의 파도 소리가 대기에 넘쳤다. 또 그 소리 아래로는 들릴 듯

말 듯 먼 산의 틈새들 사이로 가스가 빠져나오며 내는 쉬쉬 소리가 깔려 있었다. 간혹 구름이 거대한 덩어리에서 떨어져 나오는 듯이 보였다. 그 구름이 베수비우스 산의 번갯불을 받을 때에는 마치 거대한 인간이나 괴물의 형상이 암흑을 가로질러 성큼성큼 다가오는 것처럼 보였다. 그렇기 때문에 아무 실체가 없는 연기가 이리저리 허둥대는 사람들의 눈에는 마치 공포와 죽음의 사자死者처럼 실체가 있는 거대한 적들로 비쳤다.

이미 재가 무릎까지 쌓인 곳이 많았다. 화산의 뜨거운 숨결에서 나온 끓는 소나기가 숨을 막는 뜨거운 열기와 함께 집들을 덮쳤다. 거대한 바위 조각들이 지붕으로 떨어졌다가 쌓여 길을 막았다. 시간이 지나면서 지축의 흔들림도 더 강하게 느껴졌다. 똑바로 서 있으려 해도 금방 넘어졌기 때문에 기어야 하는 사태가 벌어졌다. 평지에서조차 마차가 균형을 지키기가 힘들었다. 간혹 거대한 바위들이 떨어지며 서로 부딪쳐 박살이 나며 불꽃을 일으키기도 했다. 그 불티가 인화성 강한 물질에 붙으며 불을 피웠다. 도시 너머 평원에서도 이젠 어둠이 다 걷혔다. 여러 채의 집과 포도밭들이 화염어 휩싸였기 때문이다.

문명의 모든 요소들이 깨어졌다. 이따금 번득이는 불빛 속으로 도둑들이 뜻하지 않게 챙긴 소득을 가슴에 가득 안고 히죽 웃는 모습이 보였다. 어둠 속에서 아내가 남편을 잃기라도 하거나 부모가 아이들과 떨어지기라도 하면 재결합의 희망은 제로였다. 모두가 혼동 속에서 맹목적으로 달리기만 했다. 자기보존이라는 원초적인 원칙 말고는 사회적인 삶이라는 복잡하고 다양한 체계에서 남은 것이라고는 하나도 없었다.

화산재가 끓는 물과 섞이지 않은 채 마른 그대로 내려앉은 일부 지역에서는 땅의 표면이 나병에 걸린 사람처럼 무서울 정도로 희었다. 또 다른 곳에는 재와 바위가 쌓여 있었고, 그 밑으로 압사한 사람의 다리가 반쯤 삐어져 나와 있었다.

공포에 눌린 여자들의 비명이 간혹 죽어가는 사람들의 신음을 삼켰다. 칠흑 같은 암흑 속에서 들으면 여자들의 비명에는 인간으로서 어쩔 수 없는 무력감과 도처에 도사리고 있는 위험에 대한 불확실성이 묻어나왔다. 혼란의 소용돌이 속에서도 사람들의 죽음을 부르는 그 산에서 나오는 우렁찬 소리만은 너무도 선명하게 들렸다. 바람이 뜨거운 먼지를 머금은 채 거리를 쓸며 우는 소리를 냈다.

갑자기 모든 것이 이글거리는 불꽃으로 타는 듯 밝아졌다. 밝고 거대한 그것이, 마치 지옥의 벽들처럼 자신을 누르고 있던 어둠을 뚫고 솟아올랐다. 그 산이 훤히 빛났다. 불덩이! 산꼭대기가 둘로 갈라지는 듯했다. 아니 그 산 위로 두 개의 괴물이 서로 대결을 벌이며 솟아오르는 것 같았다. 이 세상을 노려 싸움을 벌이는 악마들처럼. 그것들은 온 대지를 밝히는 불의 진한 핏빛이었다. 그러나 그 아래로는, 용암이 뱀 모양으로 구불구불 흘러내리는 세 곳만 빼고는 산 전체가 암흑에 파묻혀 있었다. 시뻘건 강물이 저주받은 그 도시로 서서히 흘러내렸다. 지옥의 턱에서 플레게톤(Phlegethon: 명계冥界의 불의 강)의 원천들이 갑작스레 뿜어 나오는 것 같았다. 아직도 대기에는 바위 파편

들이 날아다니다가 불의 강에 떨어지며 다른 바위와 부딪치는 소리
가 들렸다. 그 순간 바위는 그 지점에서 시커멓게 타들어갔다.

그리고 열일곱 번의 세기라는 엄청난 세월이 흘렀다. 폼페이라는
도시가 고요한 무덤에서 모습을 드러내기 시작했다. 고대의 빛과 생
생함을 고스란히 간직한 상태 그대로였다. 폼페이의 벽들은 마치 어
제 색을 칠한 것처럼 선명했다. 바닥의 풍요로운 모자이크도 색이 전
혀 바래지 않았다. 포룸(공공 광장)에서는 반쯤 마무리한 기둥들이 이
제 막 장인의 손길을 거친 것처럼 선명하게 남아 있었다. 정원에서는

폼페이의 어느 집 벽에 그려진 부부의 초상화. 변호사 파퀴
우스 프로쿨루스와 그의 아내로 알려졌다.

제물을 바치던 제단이,
홀에서는 보물을 담은
궤가, 목욕탕에서는 때
미는 도구가, 극장에서
는 입장로를 받던 창구
가, 식당에서는 가구와
램프가, 트리클리니아
(triclinia: 다이닝 룸)에서
는 마지막 잔치의 음식
들이, 쿠비쿨룸(cubicu-
lum: 침실)에서는 향수
와 루주가 발견되었다.
그리고 그 순간 사치와
호화로운 삶을 누렸던

사람들의 뼈와 골격이 곳곳에서 나왔다. 디오메드(Diomed)의 집 지하실에서는 문 옆 한 곳에서만 20개의 뼈대가 발견되었다. 모두 보드라운 재에 덮여 있었으며, 재는 틈새로 조금씩 날아 들어와 공간을 가득 채운 것이 틀림없다. 거기에는 보석과 주화, 촛대 외에 암포라(amphora)라는 용기 속에 그대로 굳은 포도주도 있었다. 습기에 의해 단단해진 모래가 골격의 모양을 주형처럼 완벽하게 보호해주었다. 여자의 목과 젊고 둥근 가슴의 형태가 주는 인상은 참으로 묘하다. 그 모습을 처음 발견한 그 여행객에게는 그곳의 공기가 지옥 같은 냄새를 풍기는 것으로 느껴졌을 것 같다. 그 지하실에 살던 사람들은 황급히 문 쪽으로 달렸으나 이미 문이 화산재에 막혔다는 사실을 깨달았을 것이고, 그 문을 열려고 시도하던 중에 대기에 질식해 죽었을 것이다.

정원에서는 뼈만 앙상한 손에 열쇠를 쥔 뼈대가 하나 발견되었으며, 근처에는 동전 주머니가 있었다. 이 뼈대의 주인은 그 집의 주인인 것 같으며, 그 정원으로 달아나려다 공기에 질식하거나 돌에 맞았던 것 같다. 은으로 만든 항아리 옆에는 또 다른 뼈대가 누워 있는데, 이 사람은 아마 그 집의 노예였을 것이다.

폼페이가 어떤 식으로 파괴되었는지를 둘러싸고 다양한 의견들이 개진되었다. 나의 경우에는 일반적으로 가장 널리 받아들여지는 그 이론에 동의한다. 지층을 바탕으로 할 경우 상식적으로 가장 그럴듯한 이론이다. 즉, 거대한 바위까지 섞인 상태에서 소나기처럼 쏟아지던 재와 끓는 물에 의해 파괴되었다는 것이다. 거기다가 땅의 진동도 한몫했을 것이다.

　이와는 대조적으로 헤르쿨라네움에는 화산재의 스나기만 아니라 용암이 강의 범람처럼 흘러내렸던 것 같다. 용암의 믈길은 폼페이보다는 헤르쿨라네움으로 흘렀음이 분명하다. 폼페이를 폐허로 만든 주범은 화산뢰火山雷(화산이 폭발할 때 뿜어져 나온 연기 속에서 일어나는 불꽃 방전)였음에 틀림없다. 파피루스를 비롯한 다른 가연성 물질들이 불에 탄 상태로 발견된다. 일부 금속 물질은 부분적으로 녹아 있다. 한 청동상은 벼락에 맞은 것처럼 완전히 부서져 있다.

　도시의 파괴를 지나치게 간략하게 묘사했다는 점만을 빼고는 대체로 내가 지금까지 그린 내용에는 창작이 거의 없을 것으로 딘는다.

제 15장

# 유대인, 전세계로 흩어지다

(A.D. 132)

CHALES MERIVALE
**찰스 메리베일** (1808-1893)

영국 역사학자이며 성직자. 수년 동안 엘리 성당의 주임 사제를 맡았다. 1829년 시작된 옥스퍼드와 케임브리지의 보트 경주를 제안한 사람 중 한 사람이다. 1833년에 부제, 1834년에 사제 서품을 받은 뒤에 칼리지와 대학 교육도 성공적으로 끝냈다. 1863년에는 영국 하원의 신부로 임명되었다. 그 뒤에도 그는 죽을 때까지 영국 교회 발전에 큰 기여를 했다.

| 엮은이 서문 |

마카비스(Maccabees)가 B.C. 164년경에 아시리아 왕 안티오쿠스 에
피파네스(Antiocus Epiphanes)의 냉혹한 박해에 반란을 일으켜 성공한
것은 유대인 역사에서 영광의 시대를 연 쾌거였다. 그때부터 유대인
들은 자신들의 제사장 밑에서 자유를 누렸다. 그러다 B. C. 63년에
폼페이우스(Pompey) 통치 하의 로마 사람들이 예루살렘을 점령했다.
이로써 로마의 전제정치와 압제의 시대가 시작되었다.

A.D. 66년부터 70년 사이에 유대인들의 대반란이 일어났다. 그러
자 로마인들은 예루살렘을 불태워 잿더미로 만들었다. A.D. 1세기의
역사가 플라비우스 요세푸스는 이 반란에서 죽은 사람이 1백10만 명,
포로로 잡힌 사람이 9만7천 명에 이른다고 말한다. 살아남은 사람 중
에서 17세가 넘는 유대인들은 예외 없이 이집트로 가 광산에서 일하
거나 속주로 가 공공 극장이나 야생 짐승과 벌이는 결투에서 검투사
로 활동해야 했다.

그리고 약 50년 뒤인 A.D. 116년에 동부 지중해의 유대인들이 격
렬한 봉기를 일으켰다. 여기서도 수많은 유대인들이 목숨을 잃었다.
봉기는 트라야누스 황제에 의해 신속히 진압되었으며, 처벌은 그 전
에 일어났던 폭동 때와 마찬가지로 잔인했다.

그러나 이 불굴의 민족은 아직도 정복되지 않았다. 하드리아누스
황제가 A.D. 130년에 제국을 순방하는 길에 예루살렘을 찾은 적이
있다. 그때 황제는 유대인의 신성한 도시를 로마의 식민지로 다시 건

설해야겠다고 다짐하고 그 도시의 이름을 아엘리아 카피톨리나(Aelia Capitolina)로 바꿨다. 이어서 유대인들에게는 그 도시에 거주할 자격을 주지 않았다. 이런저런 조치로 인해 유대인 국가의 성직자와 애국자 사이에 다시 한 번 반란의 불꽃이 피어났다. 팔레스타인에 거주하던 유대인들이 A.D. 132년에 로마와 비잔티움, 알렉산드리아와 바빌론에 있던 동포들의 기도와 맹세, 물질적 지원에 용기를 내어 무기를 들었다. 유대인의 함성은 문명화된 세상 곳곳에서 울려 퍼졌다.

반란을 선동한 지도자가 곧 시몬 바르코케바스(Simon Barcochebas)라는 사람으로 확인되었다. 당시 영국에 머물면서 멀리 떨어진 그 속주의 문제를 처리하고 있던 율리우스 세베루스(Julius Severus)에게 이제 혁명의 수준으로 확대되어 팔레스타인의 로마 당국의 존립을 위협하던 소요 사태를 진압하라는 명령이 떨어졌다.

이어 벌어진 충돌은 A.D. 132년부터 135년까지 계속되었으며, 양측 모두 매우 치열하게 싸움에 임했다. 유대인 군사력이 패배한 것은 지도자 바르코케바스가 수천 명의 추종자들이 보는 가운데 쓰러진 뒤의 일이었다. 이 마지막 혁명에서 로마군이 장악한 요새가 자그마치 50개라는 기록이 전해 온다. 또 9백85개의 마을이 점령되었으며, 죽은 사람만 58만 명에 달했다고 한다. 이 충돌이 있은 뒤 유대인들은 당시에 알려진 세상 곳곳으로 흩어지게 되었다. 하드리아누스의 새 도시는 계속 존재했으나 번창하지는 못했다. 유대인들은 예루살렘에 발을 들여놓았다가는 사형을 당했다.

　불화가 제국 전체에 걸쳐 동시에 일어나지만 않는 한, 제국의 생명선은 쉽게 끊어지지 않는 법이다. 트라야누스가 알렉산드로스처럼 동쪽 지방에서 갑자기 숨을 거두었다. 그도 알렉산드로스처럼 공인된 후계자를 남기지 않았다. 그러자 외국에 있던 장군들 몇 명이 트라야누스의 권력을 요구하고 나설 수도 있고, 로마에 있던 원로원 의원들 몇 명도 자신들이 왕권을 받을 인물로 조금도 손색이 없다고 생각할 수도 있는 상황이었다. 제국 안의 모든 군대와 도당들은 저마다 좋아하는 인물을 내세우며 그 사람을 위해 몸을 바칠 태세를 갖추고 있었다.

　그런 한편으로 병합되고 얼마 되지 않은 속주에서는 동요의 기미가 역력했다. 변경의 반 정도에서 브리튼 족과 게르만 족, 사르마티아 족들이 침공을 위해 군사력을 모으고 있었다. 제국의 상당 부분에 걸쳐 지독한 폭동 하나가 여전히 전개되고 있었다. 그럼에도 불구하고, 로마 공화국의 탄탄한 통일체는 특유의 응집력 덕에 여전히 견고했다. 푸블리우스 아일리우스 하드리아누스가 A.D. 117년에 제국의 황제 자리를 승계했다. 그는 선임자들로부터 물려받은 영토를 계속 지키기 위해 온 힘을 쏟았다.

　이제는 동쪽의 문제, 즉 유대인들의 대봉기와 그에 따른 영향을 살펴보도록 하자. 트라야누스가 죽은 시기는 그의 입장에서 보면 참으로 다행한 때였다. 만약 그가 죽음을 맞이할 당시에 로

마가 처한 어려움을 목격했더라면 아마 그의 거만한 정신이 엄청
난 타격을 입었을 것이기 때문이다. 아시아와 팔레스타인에서는
유대인의 반란이 점점 널리 퍼지고 있었고, 제국의 변방에서는
브리튼 족과 무어 족, 스키타이 족의 침공이 있었다. 키프로스
(Cyprus)와 키레네(리비아)에서 일어난 폭동이 일시적으로 성공을
거두자 로마의 지배를 받던 사람들 사이에 정복자들도 더 이상
무적無敵이 아니라는 인식이 팽배해졌다.

　새로운 왕이 처음 취한 조치는 유프라테스 강 너머의 새로운 속
주들을 정식으로 포기하는 것이었다. 이제 아라비아도 괴롭힘을
당하지 않게 되었고, 인도도 더 이상 위협을 받지 않게 되었다.
아르메니아는 다시 한 번 경쟁을 벌이는 두 제국 사이에 놓이게
되었다. 한 제국은 아르메니아를 점령할 수 있을 정도로 강하지
못했고, 다른 한 제국은 아르메니아를 지켜나갈 정도로 강하지
못했다.

　동쪽에 있던 로마의 모든 병력은 유대인 반란을 진압하는 일에
투입되었다. 먼 지역에서 터져 나온 봉기의 불꽃들이 옛날의 유
대인 중심지에서 있었던 봉기 때보다 더 치열하게 타올랐다.

　팔레스타인 사령관으로 임명된 마르티우스 투르보(Martius
Turbo)가 보기엔 놀라운 점이 한두 가지가 아니었다. 무엇보다도
로마군이 신앙을 조롱하고, 희망을 좌절시키고, 젊은이들을 죽이
고, 늙은이들과 여자, 어린이들을 노예로 팔아넘기고 있음에도
불구하고, 그곳 사람들이 광적일 정도의 믿음을 보일 뿐 아니라

그 숫자도 엄청나다는 사실이 충격이었다. 티베리아스의 박사들의 가르침 아래 신앙이 소중히 지켜졌고 희망도 다시 지펴졌다.

유대인들의 도시와 신전이 무너지고 유대인들이 여기저기 흩어진 뒤에 그들의 지도자들이 사라질 운명에 처한 민족을 지켜나갈 새로운 수단을 창조해냈다고 상상하는 것은 그렇게 터무니없는 것이 아니다. 유대인들도 익히 잘 알고 있었듯이, 그들의 정복자들 역시 자신들이 정복하는 곳 어디서든 유대인들처럼 흩어져 살고 있었다. 그럼에도 불구하고 다른 민족들 사이에서도 로마의 법과 예절, 전통은 거의 훼손되지 않고 간직되고 있었다. 이는 정치적 생명의 물을 끌어낼 원천, 즉 국가의 중심이 존재한다는 인식이 있었기에 가능한 일이었다. 그러나 유대인의 경우에는 뿔뿔이 흩어짐과 동시에 그들의 구심점이 될 도시마저 완전히 파괴되었기 때문에 민족성을 이어가는 일이 결코 쉽지 않았다.

다른 방식으로 유대 민족의 존재를 지켜가는 길이 한 가지 제시되었다. 바로 유대인들의 경전이었다. 거기에는 유대인의 유대를 강하게 이어가는 법과 원칙이 들어 있었다. 이 경전을 통해서 유대인들은 티베르 강가에 사는 사람이든 아니면 유프라테스 강가에 사는 사람이든 불문하고 더없이 소중한 '영약'靈藥을 소유할 수 있었다. 유대인 대중 연설가들과 지도자들은 자기 민족에 강한 애착을 느끼면서 경전에 담긴 법과 법의 역사, 법의 문구와 그 속에 담긴 의미를 연구하는 일에 몰두했다. 티베리아스에서는 학파들 사이에 경전 속 법들의 해석을 놓고 논쟁이 뜨겁게 전개되었다. 각 학파는 스승의 이름을 따라 샴마이(Schammai) 학파와 힐렐(Hillel) 학파로 불렸다.

유대교의 박사들은 보다 융통성 있는 체계를 선호하기로 결정했다. 그에 따라 경전 문구에 대한 배타적인 해석이 어느 정도 누그러졌고, 팔레스타인의 거친 부족들의 법도 코스모폴리탄 사회의 다양한 취향과 기질에 맞춰 다듬어졌다. 반면에 경전 자체는 구드점과 주석에 관한 정교한 원칙인 마소라(Masora)에 의해 영구히 보존되었다. 마소라의 각 요소에는 경전의 보존을 확실히 보장하기 위해 신비적인 의미가 덧붙여졌다. 이런 신비한 장치를 통하여 유대교 경전 속의 글자 하나하나는 영원히 신성시되기에 이르렀다. 반면에 그 법의 정신은 현재 또는 미래의 급박한 사정에 따라 다시 다듬어질 수 있었다. 그러다 보면 그 정신은 원래의 저자들은 물론이고 최근의 제자들마저도 더 이상 알아볼 수 없는 상태로 바뀔 수도 있다. 젊은 유대인들이 새로운 전통과 주석에 대한 공부에 광적으로 매달렸다. 그 열기를 따지면 반세기 전에 로마 군인들과 맞서 싸우다 죽어간 사람들에 못지않았다. 아키바(Akiba)라는 랍비가 부활한 유대교의 해설자로 각인되었다.

그에 대한 묘사들은 신화와 상징으로 더 잘 설명된다. 그는 1백20세까지 산 것으로 전해진다. 경전 속에서 그의 원형原型이랄 수 있는 입법자 모세의 나이와 똑같다.

그는 다윗처럼 젊었을 때에는 산에서 양을 쳤고, 야곱처럼 예루살렘의 부유한 시민을 보살폈다. 그때만 해도 아직 예루살렘이 존재하고 있었다. 그의 주인의 딸이 그에게 애정의 눈길을 보내며 비밀 결혼을 제안했다. 그러나 이 처녀는 예루살렘의 비유에 지나지 않는다. 유대인들의 마음에 예루살렘이 처녀나 부인, 과부의 형상으로 상상되는 경우가 자주 있었다. 이 신비한 처녀는 그에게 학교에 다니고 지식과 지혜를 쌓아 제자들이 그를 에워싸도록 만들어라고 요구했다. 우리가 본 것처럼, 이는 유대교의 새로운 보호자들이 실제로 취한 정책이었다.

그 처녀는 분개한 아버지에게 꾸지람을 들었다. 그러나 12년의 세월이 지나서 아키바가 1만2천 명의 학자들을 거느리고 돌아와 신부를 내놓으라고 요구했을 때, 그녀의 대답은 지금까지 한 세월만큼 더 공부하여 지식을 배로 늘리라는 것이었다. 그러자 그는 참을성 있게 다시 공부로 돌아가 학교를 12년 더 다녔다. 그렇게 12년의 세월이 다시 흘러 그가 2만4천 명의 제자들을 거느리고 그녀에게로 돌아왔다. 이번에는 아내가 그를 기쁨으로 맞이했다. 그러자 그가 놀라움을 감추지 못하는 추종자들에게 자신이 지혜와 명성, 행운을 누리게 된 것은 순전히 그녀의 덕이라고 소개했다.

유대 민족의 보호에 기여한 새로운 배움에 관한 전설은 그런 식이었다. 팔레스타인 영토에 로마 병력을 집결시킨 것이 봉기를 꾀하던 모든 노력을 한동안 억누른 것처럼 보였다. 유대인 지도자들은 추종자들의 영혼에 희망을 불어넣을 수 있는 한에서는 추종자들에게 어떠한 반항의 행동도 취하지 않도록 말렸다. 그렇기 때문에 하드리아누스의 통치 14년째가 되어서야 결정적인 반란이 터지게 되었다.

팔레스타인의 유대인이 전쟁에 돌입하자, 아키바 박사가 전사 바르코케바스에게 자리를 물려주었다. 유대 민족의 마지막 영웅인 이 전사는 '별의 아들' 이라는 칭호를 얻었다. 이 칭호는 유대 민족 지도자들에게, 자기 민족이 신성의 구원을 애타게 기다리고 있다는 증거로 주어지는 것이었다. 이 전사와 관련하여 이야기되는 것 중 많은 부분은 전설이다. 그의 몸집과 힘은 인간으로서는 상상하기 힘들 정도로 크고 강했다. 하드리아누스가 마침내 뱀에게 감긴 그의 시신을 보고는 이런 말을 뱉은 것으로 전해진다. "이 거인을 쓰러뜨린 것은 인간의 팔이 아니라 신의 팔이었다." 그가 말을 할 때에는 입술에서 불꽃과 연기가 나왔다고 한다. 몇 세기 뒤에 이 이야기는 지어낸 것으로 받아들여지게 된다.

이제 나이가 많아진 아키바가 그 옛날의 사무엘(Samuel)처럼 새로운 다윗을 유대 민족의 우두머리에 지명했다. 아키바는 바르코케바스에게 여호와의 검을 들려주고 지휘봉을 건네고, 그가 말의 안장에 오를 수 있도록 손수 등자를 잡아주었다.

유대인들의 마지막 폭동을 부른 직접적인 원인은 트라야누스의 통치 하에 일어난 반란 때문에 취해진 엄격한 조치들이었다. 유대인들은 하드리아누스가 유대교 경전 속의 법을 제 마음대로 주무르려 한다고 비난했으며, 학대와 배신을 일삼는 그에게 분개를 느꼈다. 하지만 이런 주장을 뒷받침할 수 있는 근거는 전혀 없다. 오히려 종교에 강한 호기심을 보인 이 군주가 유대인의 신앙과 의식의 신비를 알고 싶어 했을 수도 있는 것이다.

그러나 이 대목의 실상이야 어떠하든, 그는 유대교와 기독교를 명백히 구분하고 자신이 예루살렘의 폐허 위에 다시 건설하고 있던 도시에 유대인이 사는 것을 금지하는 한편으로 그들의 경쟁자에게는 접근을 허용함으로써 그들에게 씻을 수 없는 상처를 안겨주었다. 그는 유대인들이 서양의 여러 민족들과의 차별을 꾀하는 데 꼭 필요한 의례인 할례까지 금지시켰던 것으로 전해진다.

마침내 유대인들이 무장봉기를 일으키자 그는 가장 훌륭한 장군들을 보내 진압에 나서게 했다. 티니우스 루푸스(Tinnius Rufus)의 경우에는 오랫동안 고투를 벌이며 패배한 적도 종종 있었으나 율리우스 세베루스는 베스파시아누스의 전술을 따르면서 유대인들이 자극해와도 끊임없이 전투를 거부하면서 우수한 훈련과 자원을 바탕으로 연속적으로 유대인들의 근거지를 줄여나갔다. 유대인 지도자 바르코케바스는 절망적인 투쟁을 벌였다. 양측 모두 극도의 잔인성을 보였다. 치열했던 이 전투의 세세한 내용에 대해서는 전해오는 것이 거의 없다.

그 후의 기독교 작가들은 그 유대인 지도자의 야만성이 주로 자신들을 표적으로 한 것이었다는 주장을 폈다. 흥미로운 해석이긴 하지만, 믿어야 할 만큼 훌륭하지는 않는 것 같다. 유대인 쪽의 이야기에서는 기독교도라는 표현조차 경멸의 대상이 되고 있다. 그러나 유대인들의 이야기는 로마 군대가 베타르(Bethar) 요새를 공격하고 바르코케바스가 전사했을 때, 랍비 중에서 학식이 가장 높았던 인물 10명이 잡혀 잔인하게 죽음을 당한 장면을 전하고 있다. 맨 마지막에 죽기로 되어 있던 아키바가 뜨거운 쇠꼬챙이에 몸이 갈가리 찢기면서

로마의 티투스 개선문(A.D 81년 건립)에 새겨진 부조의 한 부분. 로마인들이 예루살렘의 유대인 신전에서 약탈한 보물들을 지고 개선하는 장면을 묘사하고 있다.

도 유대교 교리 중에서 가장 중요한 원칙을 외쳤다고 한다. "신은 한 분뿐이다!"라고.

이 마지막 전투에서 죽어간 유대인들은 수십 만 명으로 전해진다. 이 수치를 볼 때 우리는 반란을 진압한 끝에 무자비한 추방과 대대적인 체포가 따랐다고 결론지을 수도 있을 것이다. 이로써 불행한 한 민족의 분산이 종결되었다. 예루살렘의 성스러운 땅은 로마 식민단에게 점령당하고, 도시의 이름도 그곳을 건설한 황제와 이교도 신화의 최고신의 이름을 따서 아일리아 카피톨리아로 지어졌다.

신성한 신전이 있던 자리에는 주피터의 신전이 세워지고, 기독교 교도들 사이에 예수 그리스도가 십자가에 못 박힌 곳으로 신성시되던 곳에는 베누스(Venus)의 사당이 건립되었다. 하지만 하드리아누스에게는 예수 그리스도의 제자들을 모욕할 뜻이 전혀 없었다. 그 전설이 옳다면, 이런 신성모독은 아마 우연의 산물일 것이다. 유대인들의 전설에 따르면, 새로운 도시의 성문 위로 유대인을 조롱하여 돼지의 형상이 조각되었다고 한다. 그러자 유대인들도 로마인들에게 모욕적인 말로 응수했다. 유대인들 사이에 매우 저열하고 추잡한 먹성의 상징으로 통하는 그 불결한 동물의 조각상이야말로 그 식민단과 도시의 창설자에게 딱 어울리는 상징이라고 대꾸했던 것이다.

훗날 기독교 작가들이 하드리아누스가 자신들을 특별히 배려했다고 생각한 것은 오해에서 비롯된 것 같다. 하드리아누스가 종파들 중에서 기독교 교도들에게 자기 앞에서 그 종교의 강점과 교리를 설명하도록 할 정도로 너그러움을 과시했다는 이야기가 전해온다. 그리고 그의 호기심이 제국 내 일부 지역에서 그 종교가 뜨거운 관심을 불러일으킨다는 사실에 자극을 받은 것도 분명하다. 하지만 그때 이미 기독교도들이 유대교 신자들로부터 자신들을 분리하고 있었음에도 불구하고, 하드리아스누스가 기독교도들을 독립시키거나 그들에게 자행되던 박해를 금지시킬 정도로 자비로운 마음을 가졌다는 증거는 어디에도 없다.

기독교 신자들은 자신들의 경쟁자인 유대교 신자들의 예를 보면서 많은 것을 배웠다. 우대교 신자들의 처지를 통해서 그들은 중심지나 정치적 지위 없이 흩어져 있는 공동체에게는 자신들이 아는 신앙과 관례의 기준을 성스러운 기록으로 담는 작업이 얼마나 중요한지를 이해했을 것이다.

신약성서의 말들이 유대교 랍비의 말처럼, 그들의 신의 성체가 들어 있는 성궤聖櫃로서, 그리고 신과의 결합을 위한 서약으로서 지성소를 대신하기에 이르렀다. 그들의 신성한 책들에 담긴 법규들은, 그 것이 제아무리 격식을 고려하지 않은 형태일지라도, 분명히 신의 뜻에 의한 발전이었다. 주교들과 박사들이 기독교 창시자의 말씀을 언급한 내용이나 최초의 사도들의 글들이 기독교 교도들에게 신앙의 적절한 원천을 제공했으며, 동시에 그들에게 진짜와 가짜를 구별하라고 가르쳤다.

전해오는 2세기의 기독교 문헌들이 매우 빈약함에도 불구하고, 그 기록들은 새로운 율법이 그때 이미 널리 알려졌고 신성한 것으로 인식되었다는 사실을 뒷받침한다. 또 그 기록들은 예수 그리스도의 교회가 이미 중요한 사회적 사실이 되었으며, 제국 안에 또 하나의 제국으로 자리 잡았음을 보여준다.